Histoire des Commandos

1944-1945**

DU MÊME AUTEUR

DANS LA MÊME COLLECTION

Histoire des Commandos
1939-1943*
•
Histoire des Commandos
1945 à nos jours***

PIERRE MONTAGNON

Histoire des Commandos

1944-1945 **

Pygmalion

Sur simple demande adressée à
Pygmalion 87, quai Panhard et Levassor, 75647 Paris Cedex 13
vous recevrez gratuitement notre catalogue
qui vous tiendra au courant de nos dernières publications.

ISBN 978-2-7564-0541-4

Abréviations

AFN	Afrique française du Nord
APYL	Armée Populaire Yougoslave de Libération
BAR	Browning Automatic Rifle
BFMC	Bataillon de Fusiliers Marins Commandos
BS	Bataillon Sacré
CA	Corps d'armée
DAP	Division aéroportée
DB	Division blindée
DCA	Défense contre avions
DFS	Deutsche Forschunginstitut für Segelflug
DI	Division d'Infanterie
DZ	Dropping Zone (zone de saut)
EBS	Explosive Boat Section
EDES	Armée démocratique grecque
ELAS	Armée de Libération du peuple
FM	Fusil mitrailleur
FFL	Forces françaises libres
FNFL	Forces navales françaises libres
FS	Fighting Knife
GA	Groupe d'Armées
KG	Krieg Gefang (Prisonnier de guerre)
LCA	Landing Craft Assault (Navire de débarquement)
LCG	Landing Craft Gun (" ")
LCI	Landing Craft Infantry (" ")
LCVP	Landing Craft Vehicule and Personal. (Engin de débarquement)

LRDG	Long Range Desert Group
LSF	Levant Schooner Flotilla
MG	Maschinengewehr (mitrailleuse)
ML	Motor Launch
MSC	Motor Submarine Canoe
OKW	Oberkommando der Wehrmacht
PC	Poste de commandement
PIAT	Projector Infantry Anti-Tank
PM	Pistolet mitrailleur
RAF	Royal Air Force
RCP	Régiment de chasseurs parachutistes
RMBPD	Royal Marine Boom Patrol Detachment
SAS	Special Air Service
SAS	Section Administrative Spécialisée (Guerre d'Algérie)
SBS	Special Boat Section
SOA	Sangle d'ouverture automatique
SOE	Special Operations Executive
SRF	Special Raiding Force
SS	Schütz Staffel
SSEF	Support Squadron Eastern Flank
TD	Tank Destroyer
UNRRA	United Nations Rehabilitation and Relief Association
US	United States
VL	Voiture légère

Avant-propos

Si l'on en croit le *Grand Larousse encyclopédique*, le terme commando, d'origine portugaise, remonte à la guerre des Boers en Afrique du Sud, au début du XXe siècle. Un commando, à l'époque, désigne un petit groupe de francs-tireurs à cheval chargé d'effectuer des coups de main contre les Britanniques.

Avec la Seconde Guerre mondiale, le sens du vocable évolue en deux directions opposées. Pour les Anglo-Saxons, restant fidèles aux sources, un commando représente une troupe spécialisée chargée de mener des actions de toute nature sur les arrières ennemis. Pour les Allemands, un Arbeitskommando ou Kommando correspond à un détachement de travailleurs, en principe des prisonniers de guerre, affectés à divers travaux.

Le sens adopté par les Anglo-Saxons prévaut aujourd'hui. Un commando regroupe des hommes relativement peu nombreux, quelques dizaines, rigoureusement sélectionnés et minutieusement préparés, afin d'effectuer une mission ponctuelle impliquant professionnalisme, intelligence et audace[1].

Commando ! Qui, à ce mot, ne croit voir des hommes au visage grimé rampant dans la nuit ? Le poignard à la main, ils

1. Le vocable s'est élargi pour désigner non seulement les hommes mais l'action qu'ils mènent. D'où l'expression populaire : « Faire un commando. »

s'apprêtent à se débarrasser d'une sentinelle importune. Après quoi, toujours silencieux, ils poursuivront...

Cette image n'est pas fausse. Les commandos de la Seconde Guerre mondiale furent, en de nombreux cas, de ce type. Soldats de l'ombre, ils surgissent inattendus, frappant comme l'éclair avant de s'évanouir, travail accompli.

Ce serait toutefois singulièrement les minorer que de les ramener à ce seul type de combattants. Les progrès de la technique ont procuré tant d'armes et de moyens nouveaux ! Ainsi par exemple pour le transport. Avions, sous-marins, vedettes rapides, parachutes, planeurs autorisent des approches inédites alliant la vitesse à la surprise. Une opération de commando prend désormais tous les visages. Elle se mène aussi bien sur terre, sur mer que dans les airs.

*

Le présent ouvrage se donne pour ambition de poursuivre la relation des actions les plus spectaculaires des commandos de la Seconde Guerre mondiale[1]. Elles sont, au-delà des nationalités, le témoignage d'exceptionnelles qualités humaines et militaires. Par leurs résultats et leur incidence sur l'ensemble du conflit, nombre d'entre elles sont entrées dans l'Histoire. Certaines ont pesé lourdement sur le déroulement de la guerre.

1. L'*Histoire des Commandos* comportera également un tome consacré au quart de siècle suivant l'après-guerre.

Chapitre premier

L'ENLÈVEMENT D'UN GÉNÉRAL

L'ÉVOLUTION DES MISSIONS DES COMMANDOS

A la fin de 1943, même si la guerre n'est pas encore gagnée pour les Alliés, l'horizon s'éclaircit. L'année écoulée les a vus porter des coups sévères à leurs adversaires et réaliser des avancées territoriales significatives.

– Janvier a apporté la reddition du maréchal Paulus à Stalingrad et la prise de Buna en Nouvelle-Guinée.

– En février, les Japonais ont dû abandonner Guadalcanal.

– En mai, les forces germano-italiennes d'Afrique du Nord ont capitulé en Tunisie.

– Le 3 septembre, les Anglo-Américains ont débarqué en Italie et cinq jours plus tard le gouvernement italien a signé l'armistice rompant l'axe Rome-Berlin.

Ces acquis laissent escompter un succès final dans un avenir toutefois mal défini.

Durant cette période, les commandos, dans les deux camps, ont été actifs sous des formes diverses. Le 27 février, un commando norvégien a détruit le stock d'eau lourde de l'usine de Norsk-Hydro. Le 16 avril, l'amiral Yamamoto a été victime d'une interception aérienne bien montée. Le 12 septembre,

Mussolini a été libéré du Gran Sasso par des parachutistes allemands surgissant en planeurs.

Ces coups de commando, comme ceux des années précédentes, ont eu des répercussions importantes sur le déroulement du conflit. Norsk-Hydro a écarté le danger atomique allemand. Yamamoto disparu, le Japon a perdu son principal organisateur. Mussolini libéré a pu relancer des forces italiennes du côté de Berlin. Toutes ces actions avaient valeur stratégique.

Les résultats obtenus débouchent sur une situation nouvelle. Il n'est plus guère d'enjeux majeurs. La guerre finira de se gagner par des victoires sur le terrain. La première de ces futures victoires est la réalisation d'un débarquement d'importance en Europe occidentale pour porter l'estocade finale au nazisme en liaison avec l'Armée rouge attaquant à l'Est.

Dès lors, l'emploi des unités de commandos, dont le principe n'est pas remis en cause étant donné l'efficience qu'ils ont démontrée, s'inscrit dans un cadre plus étroit. Ils auront à contribuer à remporter ces batailles, ultimes marches à gravir pour arriver au succès définitif. Les commandos de 1944-1945 mèneront des opérations parallèles d'intérêt tactique au profit des armées ou des résistances intérieures aux prises avec l'adversaire. Leurs actions pour soutenir le débarquement allié de Normandie en seront l'un des exemples les plus notoires.

Ce type d'utilisation n'interdira pas, à l'occasion, de sortir d'un tel cadre. Cela sera particulièrement vrai du côté des Allemands. Les opérations menées par les commandos de Skorzeny à Budapest ou dans les Ardennes témoignent d'une large ambition : empêcher la Hongrie de basculer dans le camp soviétique ou rompre le front des armées alliées en Europe occidentale. Ce seront là des cas extrêmes et limités.

Les commandos, dans la phase finale de la Seconde Guerre mondiale, se présenteront en troupes d'élite, hautement spécialisées. Ils y démontreront toujours leur aptitude professionnelle et leur héroïsme au service de leur pays.

*

Le 20 mai 1941, la Wehrmacht, forte de son succès dans les Balkans, notamment en Grèce, déclenche l'opération Mercure. Ses troupes aéroportées, sous les ordres du général Student, attaquent la Crète. Elles surgissent du ciel, parachutées ou amenées par planeurs.

Dix jours plus tard, tout est terminé. Les dernières troupes alliées[1] qui n'ont pu être évacuées capitulent. Si le succès est total, il est pour les Allemands une victoire à la Pyrrhus. Sur les 22000 hommes engagés, 6000 d'entre eux, en majorité des aéroportés de la première heure, sont morts[2] ou portés disparus. Cet holocauste aura des répercussions.

Hitler, traumatisé par le pourcentage de pertes, renoncera aux opérations aéroportées d'envergure. Student, le premier, le déplorera. Avec ses paras, il se sentait de taille à enlever Chypre et à poursuivre au Proche-Orient, sur le Canal de Suez.

La Crète, île grecque, vit donc désormais sous la botte allemande. Ses habitants n'ont pas caché, durant les combats, leurs sympathies. Ils ont soutenu les Britanniques et leurs compatriotes, se mêlant à l'occasion à la lutte. Cette participation s'est payée au prix fort. Les Allemands ont massacré sans pitié ceux qu'ils regardaient comme des francs-tireurs. Des civils, des otages ont été exécutés par dizaines. Obligatoirement, des haines irrémédiables se sont créées.

L'occupation achevée, le calme ne s'instaure pas pour autant. La Résistance crétoise prend forme. Elle assiste les soldats alliés traqués qui ont refusé de se rendre. Elle soutient les agents britanniques et grecs introduits dans l'île et les renseigne sur les activités ennemies. L'aide apportée au commando Bergé-Jellicoe en juin 1942[3] fournit un exemple de cette action des résistants locaux (même si un «faux frère» se glisse dans l'affaire).

Par contrecoup, le cycle des représailles s'accentue. La Gestapo débarque en Crète. Elle est aussitôt suivie de son cortège habituel de crimes et d'ignominies.

Au Caire, comme en Crète, les généraux allemands en poste dans l'île sont, non sans raison, regardés comme les grands responsables de l'impitoyable répression. Au début de 1944, deux sont en fonction. Le général Bruno Brauer, qui, en mai 1941, commandait le Fallschirmjäger Regiment 1, a rang de gouverneur de la Crète avec PC à Malemé. Ce titre lui donne autorité territoriale. Le général Müller à Héraklion commande la 22e Bremen Panzer Grenadier Division. Les opérations contre la guérilla lui incombent. Plus encore que Brauer, il apparaît comme l'individu le plus haï des Crétois et le représentant numéro un de l'oppression

1. Britanniques, australiennes, néo-zélandaises et grecques.
2. Le cimetière militaire allemand de Malemé compte près de 4000 tombes.
3. Cf. *Histoire des Commandos*, tome 1, chap. XIII.

nazie. L'éliminer serait un coup de haute portée symbolique. Il serait une démonstration de force, réconfort pour la population et avertissement pour les Allemands : attention, vous n'êtes pas invulnérables !

Une telle idée ne peut que trouver l'assentiment de l'Etat-Major du Caire. La Crète, malgré le reflux allemand, reste une épine dangereuse en Méditerranée. Longue de 250 kilomètres sur 50 de large en moyenne, elle barre la mer Egée au sud et sert de point d'appui aux îles du Dodécanèse encore occupées. Ses aérodromes sont des bases de départ pour des raids dangereux contre les convois alliés.

La décision est prise de lancer une opération contre Müller. Dans le cas précis, il ne s'agira pas d'un assassinat pur et simple, type celui d'Heydrich en 1942[1]. Lidice a prouvé les conséquences possibles d'un tel acte. En un sens, le projet est plus ambitieux et, à priori, de plus fort retentissement. Le plan retenu prévoit un enlèvement. Le bourreau des Crétois, fait prisonnier par un commando léger, sera ramené en Egypte. Par la suite, il aura à rendre compte de ses crimes devant la justice internationale.

Pour mener à bien cette opération, deux jeunes officiers ont été retenus : le major Patrick Leigh-Farmor, Pasdy pour ses amis, et le capitaine William Stanley-Moss, dit Billy. Ils appartiennent tous les deux au SOE, ce *SPECIAL OPERATIONS EXECUTIVE* voulu en juillet 1940 par Winston Churchill pour «*mettre le feu à l'Europe*».

Leigh-Farmor a servi dans les Irish Guards et l'Intelligence Corps en Roumanie. Il a vécu les replis de Grèce et de Crète. Devenu agent secret, il est retourné dans l'île de Minos. Pendant 18 mois, il a œuvré avec la Résistance crétoise avant d'être rappelé au Caire fin 1943 pour un repos bien mérité. Elément non négligeable pour l'affaire qui se trame, il pratique couramment la langue de Goethe.

Stanley-Moss, son cadet, 23 ans, vient des Goldstream Guards. Il s'est battu en Afrique. Parlant un peu le grec et encore mieux le russe, il a été envoyé en Crète comme Leigh-Farmor. Ces deux officiers connaissent donc bien le pays et le milieu où ils sont appelés à intervenir une nouvelle fois.

Le 6 février 1944, Leigh-Farmor saute sur la haute plaine de

1. Cf. tome 1, chap. XII.

Lassithi dans la partie orientale de la Crète[1]. Au second passage sur la petite DZ, la brume ne permet pas au pilote de retrouver les signaux de reconnaissance. L'avion doit rentrer sans que les autres passagers aient pu sauter. Les tentatives de largage, les jours et les semaines suivants, sont vaines. Enfin, dans la nuit du 4 avril, Stanley-Moss touche les rivages crétois en arrivant par mer. Deux enfants de l'île, Georges Tyrakis et Manoli Paterakis, l'accompagnent. Résistants de la première heure, ils avaient gagné l'Egypte pour parfaire leur entraînement.

Le débarquement s'effectue dans une petite crique discrète de la côte sud. Héraklion est à quelque 50 kilomètres au nord-nord-ouest. Leigh-Farmor, avec une faible escorte, était au rendez-vous pour accueillir son camarade. Il apporte d'entrée une information qui ne remet pas en cause la mission mais en modifie partiellement la nature. Muller n'est plus là. Fin mars, il a été relevé à la tête de la 22e Division par un certain Kreite arrivant du front de l'Est. Quel homme est exactement ce Kreite ? Trop tôt pour se prononcer. Son enlèvement reste un coup spectaculaire mais n'aura pas le même caractère de sanction que celui de Muller.

*

En Crète occupée, les déplacements d'un groupe d'une dizaine d'hommes avec armes et bagages ne peuvent se réaliser que de nuit et à pied. Le relief montagneux quasi général multiplie les dénivelés à gravir et dévaler. Le commando a devant lui plusieurs longues et pénibles étapes pour gagner sa zone d'action. Les renseignements fournis par la Résistance sont assez précis. Le général Kreite a son PC dans le petit village d'Arkanès à 10 kilomètres au sud d'Héraklion. Chaque soir, il regagne son domicile près du site de Knossos, à mi-route entre Héraklion et Arkanès. Les Allemands ont réquisitionné à cet effet la villa Ariane, très belle demeure édifiée par l'archéologue britannique Evans. Ce savant, au début du XXe siècle, a tiré la capitale du roi Minos de son sommeil millénaire.

Enlever Kreite à son PC d'Arkanès ou à la villa Ariane de Knossos s'avère hors de question. Les lieux sont trop bien gardés. Barbelés, fils électrifiés, sentinelles imposeraient une

---

1. Altitude moyenne de près de 900 mètres. Cette plaine est remarquable par ses 10000 moulins à vent utilisés depuis des siècles pour pomper l'eau d'irrigation.

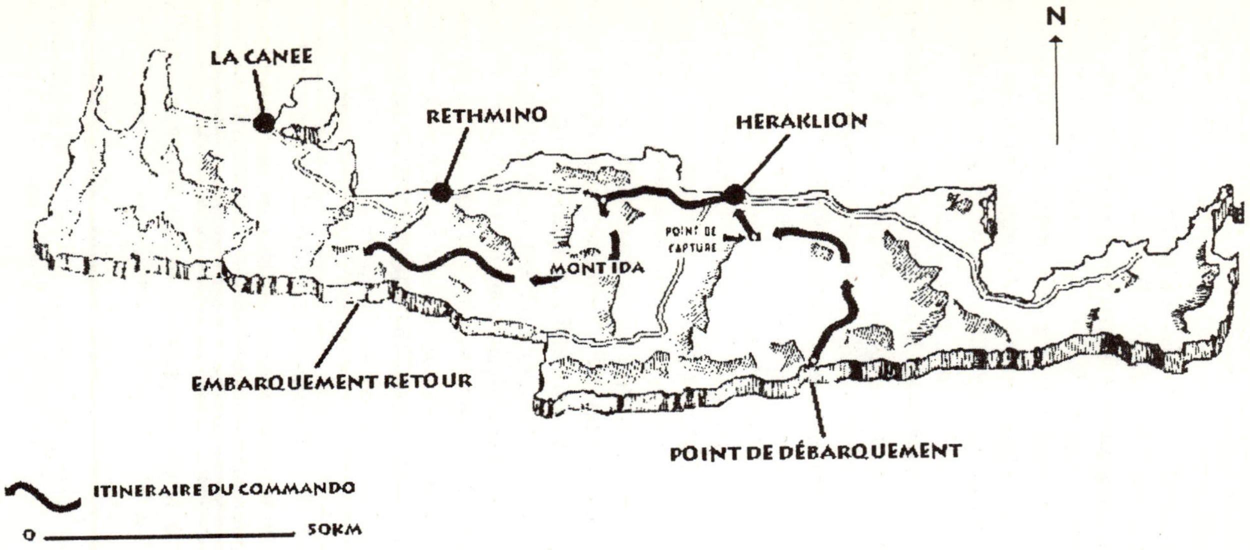
N
LA CANEE
RETHMINO
HERAKLION
POINT DE CAPTURE
MONT IDA
EMBARQUEMENT RETOUR
POINT DE DÉBARQUEMENT
ITINERAIRE DU COMMANDO
0
50KM

La Crète

bataille rangée à l'issue aléatoire. La seule formule possible est l'interception, sur son parcours, de la VL amenant le général chez lui en fin de journée.

Cette opération se heurte à trois difficultés principales. Ne pas se tromper de véhicule. Se couvrir face à une intervention éventuelle, escorte ou autre. Eviter des représailles contre la population locale.

Un jeune étudiant, Elias Athanassakis, doit permettre d'éliminer le premier écueil. Il se fait fort, après plusieurs soirées d'observation, de reconnaître, à la silhouette, aux phares et au bruit du moteur la voiture de Kreite. Par un moyen quelconque, torche ou sonnette électrique, il en signalera l'arrivée. L'avenir montrera qu'il ne se vantait pas.

Pour se protéger d'une fâcheuse réaction impromptue, les deux officiers font appel à Athanasios Bourdzalis et à son groupe d'*Andartes* (traduire guérilleros). Ces garçons-là, dont certains ne sont plus tout jeunes, bien qu'armés de bric et de broc, n'ont pas froid aux yeux et ont la haine au cœur.

Dans l'espoir d'écarter le risque de représailles, les Britanniques signeront leur acte. Ils laisseront un message attestant que le général a été enlevé par un commando de Sa Majesté. Ils mentionneront leurs noms et grades, et abandonneront sur place quelques pièces d'équipement made in Great Britain.

Le scénario d'interception sera audacieux mais simple. Leigh-Farmor et Stanley-Moss revêtiront des uniformes de la Feldgendarmerie que la Résistance se charge de leur procurer. Se postant au travers de la chaussée, ils intimeront à la voiture de stopper comme pour un contrôle. Aidés par trois équipiers dissimulés dans l'ombre des bas-côtés, ils neutraliseront Kreite et son chauffeur. Puis Stanley-Moss au volant, la berline disparaîtra avec le général.

26 AVRIL. 20 HEURES

Depuis l'arrivée de Stanley-Moss, trois semaines se sont écoulées très vite, en déplacements, reconnaissances, études, préparatifs, etc. Une maisonnette, proche de Knossos, a offert gîte et couvert les derniers jours. L'opération, initialement prévue pour le 24, a été annulée, le général ayant, ce jour-là, regagné la villa Ariane avant le coucher du soleil. Le 25, à la suite d'une forte présence allemande dans le voisinage, l'affaire a été reportée au lendemain.

Maintenant, l'instant décisif approche. Les dernières heures n'ont connu qu'une alerte. L'ELAS (la Résistance communiste) a fait parvenir un message aux Britanniques, les menaçant de les dénoncer aux Allemands s'ils persistaient dans leur projet.

La nuit est tombée depuis un quart d'heure apportant un sentiment de sécurité. Le commando est en place aux abords du carrefour. Tapis dans le fossé, Leigh-Farmor et Stanley-Moss ont tout à fait la figure de l'emploi. Bottes, casquette, ceinturon à grosse boucle, matraque, écusson de bras, décorations. Rien ne leur manque. Ils représentent bien deux caporaux en service de la Feldgendarmerie.

Elias Athanassakis, l'étudiant chargé d'annoncer l'arrivée de la voiture, est posté avec un camarade sur une butte à environ 300 mètres en amont. Les deux guetteurs dominent parfaitement l'itinéraire qui sera emprunté. Manoli Paterakis, Grigori Chnaras et Wallace Beery, deux autres fidèles, se camouflent sur le bord droit de la route. Le Marlin Gun[1] à la main, ils sont prêts à se précipiter sur le général assis, en principe, sur le siège avant à la droite du chauffeur. De l'autre côté, Georges Tyrakis et quatre *Andartes* du groupe Bourdzalis se tiennent en garde pour le cas où !

Un fil électrique a été tiré entre les guetteurs et le lieu de l'embuscade. Il permet d'actionner une sonnerie. L'entendant grésiller, Dimitri Tzatzas, alias « Mitso », l'un des *Andartes*, lancera des appels de lampe.

Au total, ils sont douze pour kidnapper le commandant de la 22e Panzer Grenadier Division.

Deux Volkswagen, deux camions, une moto défilent, laissant, au passage, voir des visages casqués.

21 heures 30 bientôt. L'immobilité rend sensible au froid nocturne. Les deux Britanniques s'interrogent du regard. Que se passe-t-il ? Pourquoi le général ne rentre-t-il pas ?

Soudain, la torche clignote trois fois. Le code était convenu : « Pas d'escorte. Elle arrive. »

La réaction est immédiate :

« Allons-y ! »

Les deux faux gendarmes se dressent et se campent au milieu du carrefour. Les phares qui se rapprochent les inondent de lumière. Comme prévu, le chauffeur ralentit à l'arrivée sur la

1. Arme entre le PM et le fusil semi-automatique.

bifurcation. Leigh-Farmor crie «Halte ! !» en brandissant son disque de stop.

La voiture s'arrête tandis que les deux Britanniques s'avancent de chaque côté de la chaussée. Arrivant au niveau de la portière gauche, Leigh-Farmor interpelle en allemand :

«Papier bitte schön[1].»

Avant même la réponse, tout se déroule très vite. Les portières sont ouvertes. Les lampes torches des deux gendarmes éclairent l'intérieur de la berline. Il n'y a bien que deux passagers à bord, saisis de stupeur au commandement :

«Hände hoch[2] !»

Dans un réflexe, le chauffeur essaie de saisir son automatique. Stanley-Moss est plus prompt. Sa matraque s'abat avec violence. L'homme s'affaisse, assommé. Georges Tyrakis, accouru, l'extrait pantelant, de son siège. Au même moment, Leigh-Farmor et Manoli Paterakis agrippent le général et le tirent à l'extérieur. L'Allemand se défend avec fureur des pieds et des jambes. Sans doute est-il persuadé qu'il va être tué.

Les secondes sont comptées. Un autre véhicule peut surgir à tout moment.

Stanley-Moss s'installe au volant. Leigh-Farmor se place sur le siège près de lui. Le général a été maîtrisé. Paterakis, Tyrakis et Stratis le plaquent sur la banquette arrière, un poignard sur la gorge pour l'empêcher de crier.

Stanley-Moss démarre. Ils sont désormais six dans la voiture. Deux Britanniques à l'avant. Trois Crétois à l'arrière surveillant le prisonnier. Les autres Crétois s'empressent de filer, emmenant avec eux l'infortuné chauffeur titubant, le visage en sang.

Les ravisseurs connaissent quelques instants d'euphorie. Ils chantent. Ils ont réussi ! Ils tiennent entre leurs mains le général, toujours persuadé que sa dernière heure est proche. Pour le calmer et le rassurer, Leigh-Farmor lui glisse qu'il a été capturé par un commando dirigé par des officiers britanniques et qu'il sera traité comme un prisonnier de guerre. Cette révélation l'apaise. Avec les Crétois, il se voyait déjà le cou tranché. Par la suite, il implorera les deux Britanniques de ne jamais le laisser seul.

La voiture du général est une Opel flambant neuf aux réservoirs pleins et nantie des insignes représentatifs de la fonction de

1. Papiers, s'il vous plaît.
2. Haut les mains !

celui qu'elle transporte. Là se situe le meilleur des blancs-seings. Qui oserait supposer que l'Opel du général, fanion déployé, ne véhicule pas Kreite en personne.

Les solutions pour se dégager du site de l'embuscade ne sont pas légion. La route mène droit à Héraklion à cinq kilomètres de là. Stanley-Moss fonce dans cette direction, se doutant bien que les rencontres délicates ne manqueront pas. Mais le commando est en état de grâce. Il se sent de taille à affronter le diable. Moins d'une minute après son départ, l'Opel croise un important convoi. Les camions sont remplis de troupes. Du coup, les chanteurs baissent le ton.

Un peu plus loin, une lanterne rouge signale un poste de contrôle. Cette éventualité était attendue. Stanley-Moss ralentit pour bien montrer le fanion sur le capot de l'Opel puis accélère. Le factionnaire s'écarte et laisse passer. Un tournant a tôt fait de dissimuler les feux arrière de la voiture. Quelques minutes plus tard, scénario identique. Ils franchiront ainsi 22 points de contrôle. A chaque fois, les fanions produisent un effet magique. L'homme de garde relève si besoin la barrière, salue ou présente les armes. Leigh-Farmor a coiffé la casquette du général. C'est à lui, à peine entrevu sur le siège avant, que s'adressent ces marques de respect.

Kreite a été plaqué contre le plancher dans une position peu confortable et s'en plaint. Leigh-Farmor lui demande de donner sa parole d'honneur de ne pas crier ni tenter de s'évader. Le prisonnier acquiesce et se voit autorisé à se caler un peu moins mal entre les Crétois.

A hauteur de la villa Ariane, les sentinelles reconnaissent l'Opel, dégagent les chicanes et saluent d'abondance. Personne ne semble s'inquiéter que la voiture poursuive vers Héraklion et ne s'arrête pas devant la résidence habituelle du général.

La Résistance avait informé qu'une séance de cinéma avait lieu ce soir-là à Héraklion. Effectivement, l'entrée de ville connaît des mouvements de véhicules reconduisant les spectateurs dans leurs cantonnements. L'artère principale est encombrée de permissionnaires de la garnison rentrant à pied. Stanley-Moss doit rouler à 40 kilomètres à l'heure même si les intéressés se rangent respectueusement au vu du fanion de l'Opel.

La place centrale, par contraste, si active de jour avec le marché, est totalement désertée. Le soir, les habitants se terrent chez eux. La cité doit être traversée de part en part pour atteindre la porte ouest qui ouvre sur la route de Rethmino. Le passage dans les remparts vénitiens est étroit et des blocs antichars en béton imposent d'avancer au pas. Une sentinelle se détache. Leigh-Farmor lance un vigoureux « General Wagen » suivi d'un autre « Gute Nacht » tandis que Stanley-Moss s'efforce d'accélérer. A l'intérieur, les Crétois ont le doigt sur la détente. L'homme de garde n'insiste pas. Ses camarades, en retrait, non plus. La voiture se faufile et passe. Bientôt, elle peut filer sur une route dégagée.

Le général a tout suivi mais ne s'est pas manifesté. L'obstacle franchi, il a un mot de compassion pour les vigiles de la Porte ouest. Ils seront sanctionnés, dit-il, pour ne pas avoir mieux contrôlé le véhicule. Il parle en connaissance de cause.

Au bout de quelques kilomètres, la route de Rethmino [1] quitte la plaine côtière et grimpe en tournant. La montagne, masse noirâtre, il y a peu objectif lointain, s'amorce, symbole de sécurité. L'ennemi est derrière dans les fonds qui s'estompent. La lune s'est levée, semblant offrir un sourire moqueur au bon coup qui vient d'être joué. Le commando sent que les trois quarts du job sont réalisés. Il n'est plus qu'à rentrer au Caire pour y remettre le prisonnier. La tension nerveuse se relâche. Inconsciemment le soulagement se manifeste. Des cigarettes s'allument entre des chants et des palabres.

23 heures 15. L'Opel roule depuis une heure trois quarts. Elle a gagné en altitude et atteint la moyenne montagne. Héraklion se situe à une vingtaine de kilomètres vers l'est.

Il est temps de passer à l'acte suivant. Stanley-Moss s'arrête. Le général est prié de sortir et s'exécute sans rechigner. Leigh-Farmor le salue, prend à son tour le volant et s'éloigne avec Georges Tyrakis. Les deux hommes vont conduire l'Opel un peu plus loin en un emplacement proche du rivage et d'une crique connue des Allemands pour de précédents débarquements. L'ambition est d'arriver à leur faire croire que le commando s'est enfui par la mer grâce à un sous-marin venu le récupérer. Les ravisseurs espèrent ainsi, vœu pieux, éviter des représailles contre la population. Une lettre a été rédigée à cet effet. Elle sera laissée en évidence dans la voiture abandonnée.

---

1. Il s'agit de l'ancienne route Héraklion-Rethmino passant par l'intérieur des terres. Une nouvelle route, baptisée un peu pompeusement autoroute, a été construite depuis, longeant sensiblement le bord de mer.

«Aux autorités allemandes en Crète

Messieurs,

Votre Commandant de division, le général Kreite, vient d'être capturé par un commando britannique sous notre commandement. Lorsque vous lirez ces lignes, lui et nous serons sur le chemin du Caire.

Nous voulons vous faire remarquer de façon catégorique que cette opération a été réalisée sans le concours de Crétois ou de partisans crétois. Les seuls guides utilisés sont des soldats des forces de Sa Majesté le Roi de Grèce. Votre général est un honorable prisonnier de guerre et sera traité avec toute la considération due à son rang.

Toutes représailles contre la population locale seraient totalement injustifiées.

Au revoir (en allemand).

Signatures de Leigh-Farmor et Stanley-Moss.

PS (avec la petite pointe d'humour britannique). Nous regrettons de devoir abandonner cette magnifique voiture.»

*

Ils ne sont plus que quatre à marcher plein sud, en tout terrain, dans la nuit : Stanley-Moss, Manoli Paterakis, Kreite et Stratis qui ouvre la marche.

Le général boitille un peu. Il se plaint de sa jambe et d'un mauvais coup reçu lorsqu'il a été extrait brutalement de son véhicule. Ses gardiens se sont assurés qu'il ne portait pas d'arme et le soutiennent à l'occasion. L'Allemand, du reste, se montre plutôt coopératif. Les échanges se feront en français, langue que Kreite maîtrise modérément car Stanley-Moss ignore celle de Goethe.

Vers 5 heures du matin, le petit groupe approche du village d'Anogia, une bonne douzaine de kilomètres, à vol d'oiseau, de la côte. Il fait halte au bord d'un ruisseau. C'est là qu'a été fixé le rendez-vous avec Leigh-Farmor et l'équipe qui a emmené le chauffeur.

Avec le jour, Stanley-Moss découvre un peu mieux son prisonnier. L'homme a les cheveux gris ; il frise la cinquantaine. Il est assez corpulent avec un visage aux yeux bleus bien teutons. Assez loquace, il dit être le treizième enfant d'une famille de quinze. Son père était un modeste pasteur luthérien du Hanovre.

Sa situation présente de général lui apporte une solde convenable qui lui permet de nourrir tous les siens. A priori, il ne paraît pas être un nazi fanatique mais il a su faire ce qu'il fallait pour s'élever dans la hiérarchie. Dans son aventure, dont il affirme avoir eu une certaine prémonition, un point le désespère. Il a perdu sa Ritter Kreuz gagnée lors de la poussée vers Leningrad (Saint-Pétersbourg). Sans elle, il se sent nu.

*

La Crète n'est, dans l'ensemble, qu'un pavé montagneux. La chaîne centrale s'élève parfois à 2000 mètres. Dans ce terrain peu couvert, basculer du versant septentrional sur celui du sud sera difficile. Les Allemands sont alertés. Ils disposent de 22000 hommes et vont traquer sans relâche les ravisseurs de leur général.

Leur chasse ne tarde pas. L'artifice de l'Opel abandonnée ne les a pas trompés. Dans l'après-midi, le groupe Stanley-Moss, réfugié entre-temps dans une grotte, est survolé à basse altitude par un Storch[1]. Stanley-Moss distingue nettement l'observateur arrière scrutant le paysage. D'autres avions rôdent plus loin. Certains lancent des tracts qu'il sera possible de récupérer à la nuit tombée. Manifestement, ces textes de propagande visent à effrayer la population afin d'obtenir des renseignements :

«*A tous les Crétois*
La nuit dernière le général allemand Kreite a été enlevé par des bandits. Il est maintenant caché dans les montagnes crétoises et ses déplacements ne peuvent être ignorés de la population. Si le général ne revient pas dans les trois jours, tous les villages rebelles dans le district d'Héraklion seront rasés et les plus sévères mesures de représailles seront supportées par la population civile.»

Le rédacteur dit vrai. La population n'ignore pas ce qui se passe. Mais elle se tait. Par haine de l'occupant. Par crainte aussi des sanctions de la Résistance.

La réaction allemande, prévisible, impose donc une extrême vigilance. Les déplacements ne peuvent se réaliser que de nuit, en dehors des axes. Dans la journée, il faut rester terré. Heureusement, les grottes ne manquent pas dans l'île.

1. Avion léger de liaison et d'observation.

En sus de la complicité des habitants et du soutien des résistants, les deux Britanniques peuvent aussi compter sur l'assistance des agents introduits de longue date en Crète. Bien implantés, ces affidés britanniques disposent de moyens radio assurant la liaison avec Le Caire. Les messages concernant les modalités du retour passeront par eux.

*

L'enlèvement a eu lieu le 26 au soir.

En fin de journée du 27, le groupe Stanley-Moss et le duo Leigh-Farmor-Paterakis se retrouvent à Anogia. Les deux derniers ont mené à bien leur opération voiture. Outre la lettre, ils ont laissé des indices supplémentaires : un paquet de cigarettes Players, un béret de commando et un livre d'Agatha Christie. Mais ils ont emporté les fanions du général en trophée souvenir.

Anogia, village vieux de 900 ans, est bien connu en Crète. Il a la réputation d'être un foyer de farouches combattants et passe pour très anglophile. (Durant l'été, les Allemands dynamiteront et brûleront toutes ses maisons à l'exception de l'église. La majorité des habitants, ayant fui à temps dans la montagne, parviendra à échapper au massacre accompagnant d'habitude ce type d'exactions.)

Leigh-Farmor s'est procuré une mule pour porter le général qui ne s'avère pas un grand marcheur. Par des sentiers de chèvres, le commando gagne le massif du Psiloritis (ou Mont Ida), le plus élevé de Crète avec ses 2456 mètres. Toute cette région, où Zeus aurait grandi, a été déclarée zone interdite par les Allemands. Non sans risques, des bergers continuent d'y garder leurs troupeaux. Connaissant tous les recoins de la montagne, ils seront d'un précieux recours pour le gîte et le couvert.

Ce cadre sauvage, avec ses éboulis, ses ravines, ses grottes, constitue aussi une zone repaire pour les « Andartes » qui y ont implanté un PC. Leigh-Farmor et Stanley-Moss ont la joie de trouver en leur compagnie trois compatriotes : un lieutenant, un caporal, un opérateur radio. Ces trois Britanniques, cheveux longs, tête enturbannée, se sont pleinement intégrés au paysage. Ils font figure d'authentiques Crétois. Malheureusement, leur appareil radio est en panne. Une pièce est défectueuse sans possibilité de rechange avant le prochain parachutage.

Force est donc d'expédier des coureurs vers d'autres agents

munis de radio afin d'organiser l'accostage du bateau du retour. Dans l'immédiat, il n'est qu'à attendre en se dissimulant.

La troisième équipe, celle de la protection, partie avec le chauffeur de l'Opel les rejoint. Plus d'Allemand avec elle. Les Britanniques comprennent vite. Le manche d'un poignard s'orne certainement d'une encoche supplémentaire. Un Crétois a résolu le problème de ce voyageur encombrant. «Par surprise. En une minute.» Le malheureux n'a pas eu le temps de voir venir le coup qui le frappait. Son cadavre a été dissimulé sous des pierres. Les Britanniques sont forcés d'admettre que cette disparition était la moins mauvaise solution pour éviter d'être repérés.

Les journées sont longues, les nuits froides et la caverne refuge bien étroit. Impossible de faire du feu de crainte d'être localisés. Leigh-Farmor a découvert que le général était un helléniste. A l'amusement des Crétois, les deux hommes se récitent des vers de Sophocle. Car Kreite a fini par accepter sa situation avec philosophie. Il apprécie le raki, l'alcool local. Il explique son retard le 26: il s'était attardé à jouer au bridge. Mais deux choses le contrarient. Toujours la perte de sa Croix de Fer et les puces qui s'acharnent sur lui. Peut-être était-il, auparavant, trop bien nourri pour attirer ainsi ces désagréables insectes.

30 avril. Les guetteurs ont signalé une forte incursion allemande dans le secteur. Evacuer les lieux est prudent pour éviter d'être cernés par le bouclage. Le commando se met en route afin de gagner le versant méridional de l'île par le sommet de l'Ida. Au-dessus de 2000 mètres, la montagne est enneigée, glacée, semée de fondrières. Sur la pente, la mule du général peine. Son cavalier doit franchir les crêtes à pied, suivant de son mieux ses gardiens de vingt ans plus jeunes. L'urgence, les obstacles à affronter imposaient de se déplacer de jour. Heureusement, sur les hauts, la brume limite la visibilité et élimine l'observation aérienne.

Cette marche de près de 12 heures conduit dans une nouvelle retraite. Son entrée, à peine visible, est très étroite mais l'intérieur se révèle spacieux. Cette grotte servait, paraît-il, de refuge traditionnel aux Crétois du temps des Turcs. La légende veut qu'elle ait été le lieu de naissance de Zeus.

Au fil des heures, des messagers arrivent. Deux d'entre eux proviennent d'Héraklion avec des nouvelles surprenantes. L'aide de camp de Kreite et les sentinelles, accusés de complicité, ont été arrêtés par la Gestapo. Informé, le général déplore le sort réservé à des lampistes mais ne se soucie guère de celui de son ancien collaborateur. Un crétin selon lui!

Une autre information, beaucoup plus grave, apprend que la grève envisagée pour prendre la mer était occupée par une grosse compagnie allemande. Le plan prévu est à repenser. Les deux Britanniques décident, en conséquence, d'éclater. Leigh-Farmor rejoindra, à une journée de marche, un agent équipé d'un poste radio. Stanley-Moss, avec le général et une petite escorte, glissera vers l'ouest dans la perspective d'un autre point de récupération par la Navy.

Malgré les conditions présentes et sa vie errante, Stanley-Moss a tenu fidèlement son journal de marche. Il a pu ainsi reconstituer son périple :

– 4 mai. Il a plu toute la nuit. Le groupe Stanley-Moss qui a fait mouvement est trempé jusqu'aux os. Le général se console avec du raki.

– 5 mai. A mi-journée, bruits d'explosion dans les lointains. Un « Andartes » communique que les Allemands ont détruit trois villages.

– 6 mai. Echo de Leigh-Farmor. Il a pu transmettre un message au Caire.

– 7, 8, 9 mai. Déplacements d'une cache à une autre.

Le printemps est là, délivrant chaleur bienvenue et chants d'oiseaux. Le moral s'en ressent.

Un message de Leigh-Farmor signale qu'un commando des Forces de Raid, sous les ordres de Jellicoe, l'homme d'Héraklion en juin 1942[1]*, serait en mer. Il voudrait tenter un coup de main en force pour récupérer les « kidnappeurs » et leur prisonnier. Leigh-Farmor a demandé d'annuler cette opération risquée qui ne se justifie pas.*

– Nuit du 9 au 10. Leigh-Farmor rejoint le groupe Stanley-Moss.

– 10 mai. Récupération de quatre prisonniers russes. Employés comme travailleurs à Rethmino, ils ont réussi à s'évader. Les malheureux sont en très mauvaise condition physique. Le comportement des nazis vis-à-vis des prisonniers soviétiques manque totalement d'humanité[2].

– 11 mai. Le général est tombé de sa mule durant la marche de nuit. Il a chuté lourdement sur des rochers et s'est blessé à l'épaule. Ses compagnons lui ont fait un pansement sommaire et

1. Cf. *Histoire des Commandos*, tome 1, chap. XIII.
2. On estime à 3 millions le nombre de prisonniers russes littéralement morts de faim dans les camps allemands.

mis le bras en écharpe. Sa dignité s'en ressent. Il est prisonnier mais un prisonnier blessé.

– 12 mai. Journée d'attente.

– 13 mai. Des camions remplis d'Allemands sont signalés. Le commando doit se camoufler dans une grotte jusqu'à la fin de l'alerte. Dans la nuit, le général fait une nouvelle chute qui aurait pu le tuer. Il a dévalé de plusieurs mètres dans un ravin. Il s'en sort indemne mais moralement traumatisé. Un messager, en provenance de la station radio, prévient qu'un navire est annoncé.

– 14 mai. Confirmation: « Un bateau accostera la nuit prochaine sur la plage de Rokadino. »

Rokadino ! Sa plage sur la côte méridionale se situe, à vol d'oiseau, à 100 kilomètres sud-ouest d'Héraklion. Dans tous ses déplacements, le commando a effectué plus de 200 kilomètres à pied. Il a déjoué les poursuites de l'ennemi, grâce à la complicité des Crétois et à l'assistance des résistants procurant guides, coureurs, escortes. Les modestes bergers apportant nourriture ou raki ont été parmi les plus dévoués.

15 mai. A 21 heures, le commando atteint la grève fixée, une petite anse abritée des vues sauf du côté de la mer. Des postes de surveillance allemands ne sont pas très loin: à 1 500 mètres de part et d'autre. Vers 22 heures, au moment d'émettre vers le large le signal lumineux convenu, une difficulté inattendue surgit. Personne ne connaît l'alphabet morse. Comment envoyer les deux lettres S.B. de reconnaissance à renouveler de cinq minutes en cinq minutes ? Stanley-Moss se souvient du SOS. Trois brèves, trois longues, trois brèves. La moitié du code sera bonne. Dans l'espoir que Brian Coleman, le patron de la vedette attendue, comprenne. Après quelques signaux, un bruit de moteur se perçoit au large. Il grandit puis faiblit tandis que les trois brèves continuent en escamotant les trois longues. Va-t-il s'éteindre emportant les espoirs de départ ?

Soudain, une voix appelle: «Paddy, Willy ! »

Les prénoms de Leigh-Farmor et Stanley-Moss. C'est Denis Ciclititras, un agent britannique du SOE avec lequel le commando a déjà eu contact. Il marche depuis 24 heures, amenant avec lui deux prisonniers allemands et un déserteur de la Gestapo. Opérateur radio, le morse lui est familier.

Entre ses mains, la torche clignote à nouveau. Trois brèves. Une longue. Trois brèves – Trois brèves. Une longue. Trois brèves. Le signal est correct. Un bruit de moteur se fait entendre à nouveau. Un navire se dessine. Son ombre se rapproche. A cinquante mètres du rivage, il stoppe et coupe les moteurs. C'est bien la vedette de Brian Coleman, celui qui avait déposé Stanley-Moss, trois semaines plus tôt, à 100 kilomètres de là. Deux dinghies sont mis à l'eau avec des hommes armés jusqu'aux dents. Manifestement, ceux-là se préparaient à batailler ferme. Inutile ! le coin est tranquille.

Les partants ont du mal à quitter leurs compagnons d'aventure. Les marins doivent presser l'embarquement. Auparavant, chacun sacrifie à un rituel : abandonner ses chaussures, bien précieux, à ceux qui restent. Soutenu par ses gardiens, le général se hisse à bord de la vedette qui bat en arrière avant de s'éloigner rapidement.

16 mai. Minuit. La vedette touche Marsa Matruh sur la côte égyptienne. Un général britannique attendait. Les deux généraux, le Britannique et l'Allemand, se saluent avant de converser longuement. Les routes se séparent. Au matin du 17, les deux officiers anglais qui seront décorés du DSO pour leur exploit font leurs adieux à leur prisonnier. « Il nous a souri avec une expression de tristesse non dépourvue de bienveillance, puis il est parti », écrira Stanley-Moss.

Après la guerre, rentré en Allemagne et reconverti en courtier en valeurs, l'ancien général reconnaîtra volontiers que son enlèvement lui avait certainement sauvé la vie. Muller, son prédécesseur, Bauer, le commandant territorial de la Crète, avaient été condamnés à mort pour crimes de guerre par un tribunal militaire grec et exécutés.

*

L'enlèvement du général Kreite, le 26 avril en Crète, ne fait sur-le-champ qu'une victime : le chauffeur de l'Opel liquidé autant par souci de se débarrasser d'un prisonnier encombrant que par haine de l'occupant. A brève échéance, le commando réussi se paiera d'un autre prix. Les représailles allemandes en destructions de villages et exécutions d'otages ou résistants seront sévères. Ce coût se justifiait-il ?

En mai 1944, la Seconde Guerre mondiale en Europe a encore un an à vivre. L'Allemand n'a pas relâché sa pression sur la Crète et les Balkans. En Crète, même le commando lui démontre qu'il n'est pas obligatoirement le plus fort. Il doit se méfier et intensifier ses mesures de sécurité quitte à rétrécir son dispositif.

Ce qu'il sera contraint de faire, se repliant dans la partie occidentale de l'île. La population crétoise dans son opposition silencieuse, la Résistance dans son combat sont confortées et stimulées par le défi heureusement relevé. L'enlèvement d'un général commandant de division, en plein cœur d'un territoire contrôlé par 22000 soldats en armes, sonne comme un coup de gong annonçant l'inéluctable victoire.

Chapitre II

LE PREMIER COMMANDO HÉLIPORTÉ

Les Français en Algérie, les Américains en Indochine ont largement démontré l'intérêt de l'hélicoptère comme engin de transport d'assaut. Les conflits survenus par la suite l'ont confirmé. L'hélicoptère se pose au plus vite et au plus près. Moins tributaire des conditions météo que le parachutage ou l'acheminement par planeur, il dépose, sans dispersions et, peut-être, à risques moindres, des sticks prêts à s'engager immédiatement. Avec lui, les progrès techniques fournissent au combattant un nouveau moyen d'intervention sur le champ de bataille. Son utilisation est devenue un élément de base de la guerre moderne. Elle se révèle, en particulier, un outil précieux pour les commandos agissant sur les arrières.

Quel fut le premier commando héliporté retenu par l'Histoire ? Paradoxalement, peut-être, il ne se présente pas en acte de mort. Il vise à sauver des vies humaines.

*

Depuis 1943, Anglais, Américains, Chinois même conduisent en Birmanie une lutte difficile pour reconquérir un territoire perdu dans sa quasi-intégralité au lendemain de Pearl Harbor. Les enjeux, surtout l'un d'eux, sont d'importance. Réoccuper le nord du pays permettrait de rouvrir la fameuse route de Chine. Ce cordon ombilical indispensable pour ravitailler correctement la Chine nationaliste du maréchal Tchang Kaï-chek[1].

Le terrain est particulièrement difficile avec ses dénivelées, sa végétation, son humidité, ses moustiques, ses sangsues... Dans cette bataille, Wingate, le Britannique jamais à court d'idées neuves et de solutions originales, s'efforce de saper les arrières japonais. Ses «Chindits[2]» se sont enfoncés profondément en Birmanie dans l'espoir de créer des abcès de fixation capables de porter atteinte aux voies de communications ennemies. Si militairement le résultat n'atteint pas les espérances premières, les Britanniques ont néanmoins prouvé qu'ils étaient capables de frapper leur adversaire chez lui. Les Américains les ont imités avec l'unité Galahad, mieux connue sous le nom de «Maraudeurs de Merrill[3]».

Au début de 1944, des troupes britanniques ou américaines se battent donc, au-delà de lignes plus ou moins nettes, dans le nord de la Birmanie. Leur ravitaillement s'accomplit par parachutage ou par aérotransport. Dans ce but, des pistes sommaires ont été dégagées dans la jungle. Elles autorisent dans des conditions acrobatiques l'atterrissage et le décollage des DC3[4].

Ces combattants des Long Range Penetration Troops[5] sont confrontés à un souci grave: l'évacuation de leurs blessés. Le climat humide et malsain exige des soins rapides que réclame tout autant la gravité de certaines blessures. Les Américains disposent d'un petit monomoteur de liaison, le Stinson L5 Sentinel[6]. Cet appareil à décollage court (une piste de 150-200 mètres lui suffit) a été transformé en avion-ambulance. En cas de besoin,

1. A défaut, la Chine est ravitaillée par un pont aérien depuis l'Inde, par-dessus la «Bosse» de l'Himalaya. Soit environ 6000 tonnes par mois, bilan globalement insuffisant. (Un DC3 ne transporte que 2,5 tonnes.)

2. Littéralement «Lions de pierre». Soldats britanniques, gurkhas ou birmans enrôlés par Wingate.

3. Du nom de leur chef, le général Merrill.

4. Ou C 47 en version militaire.

5. Traduire Troupe de pénétration à long rayon d'action. Terme similaire à celui de LRDG (Long Range Desert Group). Cf. *Histoire des Commandos*, tome 1, chap. VII.

6. Ce L5 sera produit à 3000 exemplaires durant la Seconde Guerre mondiale.

un terrain d'urgence est aménagé au mieux à proximité. Le L5 enlève le ou les blessés et les ramène sur un point de transfert par DC 3. Les évacués partent alors pour l'Assam en Inde où les Britanniques sont fortement implantés.

Les L 5 relèvent du «Number One Air Commando Force», groupement aérien réunissant des avions de chasse, de transport et de liaison sous les ordres du colonel Cochran. «L'Air Commando One» a été ainsi baptisé en l'honneur de Lord Mountbatten, ancien patron des Commandos britanniques, devenu en août 1943 commandant en chef du Sud-Est asiatique. Il a reçu pour les tester quelques nouveaux hélicoptères Sikorski YR 4.

Le 21 avril 1944, un L 5 est contraint de se crasher, une conduite de carburant ayant été touchée par un tir japonais. Le pilote, le sergent Hladovcak, mieux connu sous le pseudonyme de Murphy avec son nom peu facile à prononcer, se réfugie dans la jungle avec les trois blessés qu'il transportait. Ce petit groupe se trouve dans une situation délicate. Aucun terrain pour avion léger à proximité. La base la plus proche, «Aberdeen [1]», se situe à plus de 100 kilomètres. Que faire pour sauver rapidement ces quatre hommes, isolés dans une région où grouillent les Japonais?

Le YR4 du lieutenant Carter Harman, seul hélicoptère disponible, vient d'achever ses essais à Calaghat dans le nord-est de l'Inde. Cet appareil, construit par Sikorski, à ossature en tubes d'acier et au fuselage en toile, possède des caractéristiques modestes. Il vole à 90 kilomètres/heure et, outre son pilote, n'enlève qu'un passager. 250 kilomètres en ligne droite séparent Harman de la zone d'intervention. Il ne peut emprunter la ligne droite; ses 175 chevaux ne sont pas assez puissants pour franchir des crêtes de 9000 pieds. De surcroît, «l'air chaud birman n'est pas porteur [2]». Harman est contraint d'effectuer un large crochet en demi-cercle de près de 800 kilomètres pour s'enfoncer en Birmanie. Tous les 150 kilomètres, il doit refaire le plein dans des positions avancées.

Enfin, à la mi-journée du 25 avril, il atteint la base «Aberdeen», aménagée pour réceptionner les C47, sensiblement à mi-distance entre Myitkyna et Mandalay, la capitale historique de la Birmanie. La vallée de l'Irrawaddy, axe majeur de pénétration du pays du sud au nord, est proche.

---

1. Ces bases «arrière» portent des noms spécifiquement anglo-américains: Aberdeen, Broadway, Piccadilly, White City.

2. Langage des aéroportés.

A « Aberdeen », Harman peut mettre sur pied son plan d'action. Un L5 se rendra sur les lieux. Il larguera un message à Murphy pour lui signaler qu'un « ventilateur » se dirige vers lui. Les blessés seront évacués un par un vers un point d'appui britannique de la rivière Mesa, distant d'une quinzaine de kilomètres. Un L5 s'y posera et assurera les évacuations jusqu'à « Aberdeen ».

Il était temps d'intervenir. Dans la jungle, l'état des blessés empire. L'opération se déroule comme prévu. Harman dirige son hélicoptère vers une petite clairière proche de la cache où se terre le groupe Murphy. Le poser et le décollage sont scabreux. Les voyants de contrôle sont dans le rouge mais le pilote a du métier. Un premier blessé est enlevé puis un second. Le moteur du YR4, surchauffé, refuse de décoller à nouveau. Un violent orage s'abat sur tout le secteur. Murphy et le troisième blessé sont forcés de passer une autre nuit dans la jungle en se camouflant des Japonais qui ont certainement repéré les mouvements de l'hélicoptère.

Au matin du 26, Harman est de retour dans la petite clairière. Désormais, Murphy est seul, sa carabine à la main. Obstiné, Harman retournera et embarquera Murphy. Au moment du décollage, des hommes jaillissent des fourrés brandissant un drapeau rouge. Des Japonais ? Non, des Chindits ! Ces courageux ont quitté « Aberdeen » il y a quatre jours. Depuis, ils se battent sans relâche avec une nature hostile pour venir au secours de Murphy et de ses infortunés compagnons. Sans doute sont-ils désappointés de voir tous leurs efforts réduits à néant par un petit appareil descendu du ciel et s'envolant au-dessus de leurs têtes.

25-26 avril 1944. Premier commando héliporté de l'Histoire. Bien d'autres prendront le relais ! A commencer par ceux réalisés, les jours suivants, par le lieutenant Harman.

Chapitre III

PRENDRE TITO MORT OU VIF OU L'ÉCHEC D'UN COMMANDO

«*Prendre Tito mort ou vif*», aurait ordonné Hitler si l'on en croit Skorzeny. Le SS affabule souvent pour se donner le beau rôle. Dans le cas présent, il n'est certainement pas loin de la vérité. Ce qu'il rapporte correspond sûrement à la pensée profonde du Führer. Au début de 1944, Joseph Broz, dit Tito, représente un danger tel que le maître du IIIe Reich ne peut qu'aspirer à sa disparition, quel qu'en soit le moyen. Le chef des partisans yougoslaves d'obédience communiste dirige une véritable armée [1]. Près de 250000 combattants, hommes et femmes, organisés en plusieurs divisions, contrôlent le tiers de la Yougoslavie de l'époque. Ils sont bien armés. La désintégration de l'armée italienne après l'armistice du 8 septembre 1943 leur a donné l'opportunité de récupérer de l'armement de tous calibres. Depuis juillet 1943, ils bénéficient de l'assistance des Britanniques qui ont lâché leur concurrent, le monarchiste Dara Mihaïlovic et ses Tchetniks. La IIe Panzer Armee, engagée contre eux, se heurte à forte partie.

1. Constituant officiellement l'APYL, l'Armée Populaire Yougoslave de Libération.

Le général Löhr, commandant du Groupe d'armées F en Yougoslavie et en Albanie, n'a pas la prétention de venir à bout de cette guérilla servie par un terrain découpé. Il n'en a pas les moyens aussi bien en hommes qu'en matériel. A défaut, s'il élimine sa tête, il l'affaiblit considérablement. Sa conviction profonde rejoint celle du Führer.

La dernière opération d'envergure, la cinquième du genre menée contre les partisans yougoslaves, a eu un résultat. Tito a abandonné Jajce[1] pour gagner Drvar, bourgade bosniaque de quelques milliers d'habitants avant la guerre, 80 kilomètres à l'ouest. L'emplacement dans le fond de la vallée de l'Unac, au cœur d'un massif montagneux et forestier, est bien choisi. Par voie terrestre, il n'est accessible que par un long défilé relativement facile à garder. Ce transfert du PC de Tito, avec son personnel et son matériel, a été pour la Résistance une lourde servitude. Son mouvement n'est pas passé inaperçu et les partisans titistes ne drainent pas que des sympathies. Les services de renseignements allemands ont pu cibler la nouvelle résidence de Tito: une grotte aménagée avec des entrées soigneusement camouflées, à flanc de montagne, à quatre à cinq kilomètres de Drvar.

Cette localisation précise conduit Löhr à décider une nouvelle opération d'envergure contre les partisans. Elle sera baptisée «Rossëlsprung» (« le Saut du Chevalier»). Dans la Wehrmacht, comme dans toutes les armées du monde, les ordres redescendent en cascade. Du GA/F, ils passent à la IIe Panzer Armee qui répercute sur le IVe Corps de montagne, lequel, le 21 mai 1944, fait paraître son plan d'opérations pour répondre aux directives de Löhr:

– Objectif non avoué: éliminer Tito.

– Renseignements: 12000 hommes avec artillerie et canons antichars défendent le secteur de Drvar.

– Moyens engagés dans «Rossëlsprung»: 7e Division SS de montagne «Prinz Eugen», renforcée de diverses unités dont un bataillon de parachutistes et des blindés.

– Intention: larguer le bataillon de parachutistes sur Drvar et le PC Tito. Simultanément faire converger sur la ville les forces rassemblées en périphérie de la zone à nettoyer.

Manifestement, si le but visé par «Rossëlsprung» est la saisie «mort ou vif» de Tito, tout repose sur les paras. Eux seuls bénéficieront de l'effet de surprise et peuvent surprendre le maréchal

1. 100 kilomètres nord-ouest de Sarajevo.

au gîte. Les troupes au sol se heurteront obligatoirement aux défenses organisées autour de Drvar. Elles perdront du temps, laissant à Tito toute latitude pour s'échapper.

Pour réussir, les paras ont à mener un coup de commando. Surgissant à l'improviste du ciel, ils doivent se poser au plus près et se précipiter sur l'objectif. Leurs premières minutes seront décisives. Ou ils gagnent d'entrée ou ils échouent ! L'effet de surprise estompé, la résistance se durcira.

Un homme, décidément omniprésent, n'approuve pas le plan retenu qui prévoit une intervention aérienne avant le débouler des aéroportés. Skorzeny, car c'est lui, le juge trop conventionnel. Jamais à court d'idées, il présente un autre schéma : infiltrer de nuit un commando de faux partisans. Ce type d'approche offre les seules chances d'arriver jusqu'à Tito. La suggestion Skorzeny répond-elle à une réelle possibilité ou à une vue de l'esprit ? N'ayant pas été retenue, il est difficile de se prononcer à son sujet. (Les états-majors allemands restent très traditionnels.) On peut penser que le commando Skorzeny aurait peut-être atteint Drvar et le PC du maréchal. Mais aurait-il éliminé Tito ? Impossible de répondre. A coup sûr, avec son faible effectif, il aurait par la suite connu des moments difficiles. A moins d'être immédiatement secouru, son sacrifice aurait certainement été le prix de son action, succès ou non.

L'unité de parachutistes désignée pour le commando contre le PC Tito est le 500e Bataillon de parachutistes SS [1], formation relevant des Waffen SS, créée en octobre 1943 à Chlum en Tchécoslovaquie. Elle comprend trois compagnies de combat et une compagnie d'armes lourdes (mortiers, mitrailleuses, lance-flammes). Contrairement à certaines insinuations la présentant comme une troupe pénitentiaire et disciplinaire, elle est composée de volontaires [2]. Le jeune haupsturmbannführer [3] Kurt Rybka en a pris le commandement en avril 1944. Le personnage est à l'image de son faciès carré au menton agressif. Il fera tout pour exécuter la mission qui lui est confiée. Mais celle-ci se complique. Il est demandé à Rybka d'enlever le PC Tito, la « Citadelle », et de plus d'occuper Drvar. Dans la ville, se trouveraient des missions

---

1. Très exactement en allemand : SS Fallschirmjäger Battalion 500.

2. Ces volontaires proviennent généralement de la Waffen SS. Nombreux veulent, il est vrai, se racheter d'une faute passée (indiscipline, outrages à supérieur, marché noir et même dans quelques cas diffamation envers le régime et son chef). Ils ont au 500e Bataillon possibilité de faire oublier ces antécédents.

3. Equivalent de commandant dans la hiérarchie de la Waffen SS.

anglaise, américaine et soviétique auprès du maréchal ainsi que des centres de communications et des dépôts de matériel.

Rybka raisonnerait peut-être comme Skorzeny mais il n'en a pas le choix. Il est tributaire des impératifs fixés par sa hiérarchie. Ils ne lui permettent guère d'agir en commando tout en souplesse. Fort néanmoins de certains précédents, Eben Emael, le Gran Sasso, il décide de poser ses hommes en planeurs au plus près de leurs objectifs. Les avantages d'une telle formule sont bien connus: arrivée discrète et précise, regroupement immédiat des participants. Réclamant les moyens aériens nécessaires, le commandant du 500e Bataillon éprouve une déconvenue. Le Reich du printemps 1944 n'est plus celui des printemps 1940 et 1941. Il est dans l'impossibilité de fournir ce que lui réclame l'officier para. Faute de potentiel, son bataillon arrivera scindé en deux: moitié en planeurs, moitié parachuté. Pire, faute de JU 52, gros transporteurs, le parachutage s'opérera en deux rotations. Pratiquement, 320 Waffen SS surgiront en planeurs et 314 sauteront. Ils seront ensuite rejoints par 300 autres largués par la seconde rotation des JU 52.

Eu égard au mode de transport, les SS parachutés occuperont Drvar. (Rybka estime qu'ils s'en rendront maîtres en une heure.) Leurs camarades «planés» se chargeront des objectifs ponctuels et seront ventilés en six groupes:

Le groupe «Panther», fort de 110 hommes, aura la mission essentielle, à savoir détruire la «Citadelle» de Tito. La formule dans le contexte du moment ne prête pas à ambiguïté. Elle sous-entend l'élimination des gardiens des lieux: l'équipe PC et son chef. Si tout se passe bien, un emblème à svastika sera déployé à l'entrée de la grotte. Dans le cas contraire, une fusée rouge sera tirée. Un autre groupe («Sturmer») renforcé par des éléments parachutés viendra alors à la rescousse.

Les groupes «Greifer», «Sturmer» et «Brecher» à 40 ou 50 hommes attaqueront les trois missions alliées.

Le groupe «Draufgänger», 50 hommes encore, détruira le central radio. Outre ses 50 SS, ce groupe inclut des officiers de renseignements issus des Brandebourgeois ou des troupes bosniaques recrutées par les Allemands[1]. Ces Bosniaques seront très utiles par leur connaissance de la langue et du pays.

1. La Waffen SS a recruté et mis sur pied en Yougoslavie deux divisions avec des musulmans bosniaques: – 13e SS «Handschar» – 22e SS «Krama». Les hommes portent le fez.

Enfin, le groupe «Beisser», à 20, s'emparera d'une station radio hors ville puis ira épauler le groupe «Greifer» plus léger.

Ainsi environ 600 paras allemands surgiront au cœur d'un dispositif évalué à 12000 hommes. Combien seront aptes à combattre ? L'expérience le rappelle. Le planeur, le parachute ne garantissent jamais un posé sans dommages. Le pourcentage d'accidentés risque d'être élevé, affaiblissant d'autant le 500e Bataillon confronté à la diversité de ses objectifs.

*

Les regroupements débutent dans la nuit du 22 mai. Afin de dissimuler leur identité, les paras, pour quelques heures, abandonnent leurs tenues bariolées. Pour ne pas éveiller les soupçons sur une opération aéroportée, ils se présentent en simples et modestes fantassins. Les uns font mouvement en train, les autres en camions, ignorant tout du lendemain. Ils ne seront «briefés» qu'au matin du 24, apprenant enfin ce qu'on attend d'eux. A cet effet, chacun reçoit une photographie supposée identifier Tito. Un cliché plutôt flou. Des centaines de Serbes ou de Croates ressemblent à l'individu présenté. Détail supplémentaire précisé, l'homme recherché serait en uniforme mais sans galons. Encore un renseignement caractéristique !... Par contre, sur les défenses en général, sur celles de la «Citadelle» en particulier, rien ! Aucune information sur la protection rapprochée du chef des partisans, les systèmes de guet et de défense, etc. Ce commando de «Rossëlsprung» plonge dans l'inconnu même si les divers objectifs sont localisés [1].

Les éléments parachutés décolleront de Nagy Betskerek pour la première rotation, de Banga Luka pour la seconde. Les planeurs seront pris en remorque sur l'aérodrome de Zagreb. Le temps de vol sera court. De l'ordre d'une heure en moyenne.

1. On peut s'interroger sur la précipitation de la mise sur pied de l'opération «Rossëlsprung» malgré le manque d'informations précises. Le commandement local de la Wehrmacht veut-il couper l'herbe sous le pied à Skorzeny et se parer d'un succès de taille ? Cette hypothèse n'est pas à écarter. Skorzeny, assuré de la protection du Führer, se croit tout permis et ne draine pas la sympathie de la hiérarchie militaire.

25 MAI[1]

3 heures 30. Le réveil secoue les cantonnements. La nuit a été brève. Une heure plus tard, les paras sont prêts, parachutes sur le dos, armement dans les gaines. Les sticks se rassemblent.

Avant d'embarquer, chaque commandant d'unité passe une ultime revue de ceux qui partent avec lui sans oublier de rappeler les consignes habituelles :

«*Ne gaspillez pas les munitions. Ne vous arrêtez pas pour les blessés. Foncez sur l'objectif!*»

Bien des paras vont vivre leur premier saut opérationnel. Il n'est pas mauvais d'entonner le chant traditionnel des aéroportés : «*Le soleil brille...*» pour se donner du cœur au ventre.

5 heures. En périphérie de la zone à investir, les détachements blindés ou à pied se mettent en route direction générale Drvar. Le dispositif qui s'ébranle ne manque pas de puissance. Pétarades de moteurs, grincements de chenilles, les guetteurs yougoslaves auront tôt fait de percevoir qu'une importante opération est en cours et qu'elle est ciblée. Dès le lever du jour, Stukas et Messerschmitts piquent sur Drvar. Multipliant les passages, ils l'écrasent sous les bombes et «straffent» l'enfilade des rues. La défense aérienne ne les gêne pas beaucoup. Les partisans ne possèdent que des mitrailleuses légères sur affûts. A moins de coups heureux sur le poste de pilotage, ils ne sauraient briser le ballet des chasseurs bombardiers. Les Stukas fondent sur eux, réduisant au silence ces braves qui s'acharnent à pointer leurs armes contre les oiseaux de mort.

Drvar renfermait encore des habitants. Apeurée, la population s'enfuit et s'égaille dans les collines et montagnes proches afin d'échapper au carnage.

6 heures 50. La formation aérienne se profile à l'horizon. Les hautes colonnes de fumée qui montent de Drvar la guident sans ambiguïté sur la cité. A l'intérieur des carlingues des JU 52, les paras se lèvent. Avec soin, ils accrochent le mousqueton de leurs SOA[2]. Pied contre pied, ils poussent vers l'arrière de l'appareil. La porte pour s'éjecter est basse et exige de se plier pour la franchir. Dans ce type d'avion, les grands gabarits sont mal lotis.

Premiers à la porte, les chefs de sticks profitent de ces instants pour se repérer et observer le terrain qui s'étale devant eux. Les

1. La petite histoire retient que c'est le jour anniversaire de Tito.
2. Sangle d'ouverture automatique.

JU volent bas et en formation compacte par trois afin de réduire la dispersion. La descente ne durera qu'une vingtaine de secondes. Après quoi interviendra le roulé-boulé[1] au hasard du point d'impact.

7 heures. Les coupoles commencent à éclore aux abords de Drvar. Les formations se suivent à moins d'une minute et larguent 45 paras chacune (15 par appareil). En moins de cinq minutes, les 320 largués de la première rotation tomberont sur le sol yougoslave.

Le «straffing» se poursuit non sans efficacité autour de la DZ. Les partisans éparpillés un peu partout, dans et autour de la ville, ajustent de leur mieux les silhouettes qui, sitôt dégrafées, se précipitent sur leurs gaines d'armement. Certaines ne se relèvent pas. Blessure par le tir d'un partisan ou fracture à l'atterrissage. Une section compte deux tués par balle.

Les paras sautent en tête mais, presque simultanément, les Heinkels libèrent les planeurs qu'ils remorquaient. Les pilotes de ces DS 320 sont des as et ne sont pas à leur coup d'essai. A peine lâchés, ils ont repéré leur point de chute.

Dans un fracas impressionnant, les planeurs touchent terre, trains arrachés, ailes disloquées, suivant les obstacles rencontrés sur les quelques mètres de glissade. Heureux les passagers qui sortent indemnes de l'aventure ! Les trente appareils se posent au plus près de leurs objectifs à l'exception d'un seul. Il est vu piquant à la verticale assez loin de Drvar. Pourquoi ce crash sans aucun survivant? Avec lui, disparaît le chef du groupe «Greifer».

Les rescapés, parachutés ou «planés», appliquent leurs consignes : «*Foncer sans se préoccuper des camarades blessés.*» Partout, c'est une course folle, ponctuée de rafales de pistolets mitrailleurs, pour effacer l'adversaire qui se dévoile.

Le groupe «Draufgänger» s'est posé sur la place du centre ville. Quelques jets de pierre seulement le séparent de la vaste bâtisse abritant les services de transmissions radio des partisans. La rupture des câbles filant vers les antennes extérieures est rapidement menée par des charges explosives bien placées. Dans l'immeuble voisin, occupé par les centraux téléphoniques, la

1. Le terme roulé-boulé étant ici inexact. Il correspond à la technique d'arrivée au sol des Anglo-Américains et des Français. Les Allemands qui sautent avec un parachute littéralement plaqué sur les fesses se reçoivent sur les quatre membres.

lutte se prolonge. Les nombreux opérateurs, des femmes dans l'ensemble, se défendent avec rage. Les dix paras chargés de neutraliser le site sont contraints d'appeler du renfort pour en venir à bout. Chaque pièce exige d'être nettoyée à la grenade. Après quoi, le bâtiment est livré aux explosifs.

En ville même, l'opposition est faible. Les partisans, hormis le personnel des services, n'y stationnent pas. Ils vivent sous les couverts forestiers environnants. Le principal danger provient des snipers camouflés dans les étages. Une balle claque. Un homme tombe. Aussitôt, les rafales convergent sur la fenêtre d'où est parti le coup. Parfois, le tireur est un civil sans uniforme ni insigne, armé de son seul fusil. Franc-tireur ! Son sort est promptement réglé et son cadavre défenestré sans ménagement.

En moins d'une heure, Drvar est sous contrôle des assaillants. Les blessés sont rassemblés près de l'antenne chirurgicale sommairement aménagée. Des patrouilles s'éloignent pour reconnaître les fermes environnantes et les points hauts. Les demeures des missions alliées étaient vides. Leurs occupants avaient déserté les lieux. Depuis deux jours pour les Anglais et les Américains. Du coup, les Soviétiques les accuseront d'avoir été prévenus et de ne pas les avoir informés.

Et Tito ? Et la « Citadelle » ? Si tout par ailleurs se déroule normalement, c'est là que le bât blesse. Le groupe « Panther » connaît de très sérieuses difficultés. Pourtant, il s'est bien posé là où c'était prévu et non loin de la grotte de Tito. Jaillissant de leurs six planeurs, les hommes sont immédiatement cloués au sol par de violents tirs de mitrailleuses. La puissance de feu les surprend. Ils ne s'attendaient pas à une telle réaction qui fauche leurs rangs. Au mieux, des MG 42 peuvent être mises en batterie pour battre l'entrée de la grotte.

Rybka a installé son PC sur une petite éminence pour dominer la situation. De son observatoire, il perçoit l'écho si caractéristique de ses MG et, plus inquiétant, le grondement d'obus de mortiers. Il s'agit bien de la réplique des partisans puisque ses hommes sont démunis de ce type d'arme !

Fusée rouge ! Echec devant la « Citadelle » ! Les groupes « Greifer », « Sturmer », « Brecher », sont disponibles, les missions alliées ayant décampé. Des ordres partent : « Ralliement au PC pour attaque de la “Citadelle”. » Sitôt les réserves en place, la réplique se monte rapidement. Appui de feu ! Assaut ! Du travail classique, propre à des combattants qui n'ont pas peur d'en découdre à bout portant. Se lançant ainsi en avant, les paras ignorent ce qu'ils ont exactement devant eux. Depuis l'arrivée de Tito en janvier, les alentours de son PC ont été transformés en camp retranché : boyaux creusés, fortins édifiés, champs de tir dégagés. Les défenseurs sont nombreux, beaucoup plus que les assaillants et largement pourvus en munitions.

Les paras ont du métier et utilisent entraînement et expérience. Ils progressent par bonds, de points abrités en points abrités, se couvrant mutuellement par des feux bien ajustés. Leur stricte discipline s'appuie sur un courage sans faille.

Progressivement, ils gagnent du terrain et se rapprochent de l'entrée de la « Citadelle ». Vont-ils l'emporter et pénétrer dans le repère du maréchal ? Brusquement, tout bascule.

Des renforts yougoslaves surgissent. Ils déferlent des bois et des pentes, courant au canon. Les premiers, venus de Sipoulyani, leur centre de formation près de Drvar, appartiennent à une compagnie d'élèves officiers et se précipitent à marche forcée. Ils contrent avec vigueur les attaquants. De chaque côté, des hommes tombent et pas question de faire des prisonniers. Comment les garder ?

9 heures 30. Le soleil pointe haut dans un ciel sans nuages. La chaleur écrase les versants conduisant à la « Citadelle ». Rybka demande l'intervention des Stukas. Les pilotes qui cerclent au-dessus des combattants sont incapables de distinguer les leurs. Dans cette mêlée rapprochée, la lutte se mène d'homme à homme.

Qu'est devenu Tito ? Depuis longtemps, il a abandonné les lieux. Les paras l'ignorent, d'où leur acharnement pour enlever la place. Sitôt le commencement des bombardements sur Drvar, le maréchal a réalisé qu'une opération d'importance se déclenchait contre lui. Avec son état-major et quelques gardes du corps, il a quitté la grotte. Empruntant le lit à sec d'un ruisseau assurant un cheminement dérobé, il a gagné la montagne.

Pertes à l'arrivée, pertes dans les combats de rues, pertes devant la « Citadelle ». Les effectifs des Allemands sont laminés. Leur infériorité numérique éclate alors que les partisans ne cessent de s'étoffer. Une brigade complète de la 6e Division se porte à l'ouest de Drvar et passe à la contre-attaque.

Rybka est sans illusions. La seconde rotation ne viendra pas avant trois heures. D'ici là ses éléments éparpillés risquent d'être submergés. Il devient impératif de les replier pour organiser un point d'appui. Lorsque les camarades rejoindront, l'assaut sera relancé.

Le repli se déroule en bon ordre mais non sans nouvelles pertes.

Les blessés doivent être laissés sur place après prélèvement de leurs munitions, combien précieuses.

La vague de la mi-journée saute dans les pires conditions. Les JU 52 donnent l'impression de se traîner[1]. Les partisans ont le temps de préparer leur réception avec mitrailleuses et mortiers pour battre la DZ. Bien des paras sont touchés sitôt leur sortie d'avion ou à l'arrivée au sol.

Les valides foncent se regrouper près du PC de Rybka qui, grâce à eux, repart de l'avant. S'appuyant sur leurs armes automatiques, les paras progressent en force, bien décidés à atteindre le refuge du chef de l'APYL. Ils y parviennent presque lorsque le combat, une nouvelle fois, bascule. Rybka est blessé, touché au bras par un éclat de grenade. Un renfort yougoslave supplémentaire entre en lice. Le 1er Bataillon de la 1re Brigade relève le bataillon de protection et la compagnie d'élèves officiers à l'ouvrage depuis plusieurs heures.

Cette troupe fraîche force la décision. Les Allemands fléchissent. Les adjoints de Rybka se rendent compte que la pression ennemie de tous côtés devient par trop forte. Le reliquat du 500e Bataillon est à la merci d'être enveloppé et détruit. Il n'a plus les moyens d'enlever la «Citadelle» que Tito y soit ou non. Trop de ses hommes sont tombés et il est isolé.

Le ravitaillement par voie aérienne est tombé en grande partie chez l'ennemi. La division 373 qui devait, impérativement, assurer la jonction dans la journée ne donne aucun signe de vie.

16 heures. Les gourdes sont vides, la chaleur lourde. Les paras ont soif, faim aussi et ceux arrivés le matin sont épuisés. C'est à leur salut qu'il faut penser et ne pas laisser à des partisans le triomphe d'avoir anéanti un bataillon complet de la Waffen SS.

Des coureurs partent porter les ordres de regroupement dans le vieux cimetière de Drvar. Ce petit enclos fournit le seul site défensif possible. D'épais murs en pierre le ceinturent et permettent de se retrancher.

Groupe par groupe, section par section, les Allemands décrochent. Ils reculent en «tiroir», s'appuyant mutuellement à tour de rôle. Les MG 42[2] qui crépitent à la cadence folle de 1200 coups/minute protègent chaque mouvement en arrière.

---

1. Le trimoteur JU 52 baptisé *Tante Julie* atteint avec peine 270 km/h et largue à 140 voire moins.

2. La MG 42, calibre 7,92, poids 11,5 kilos, alimentation par bandes, a succédé à la MG 34. Avec sa formidable cadence de tir, elle était grosse consommatrice

La technique, le métier des paras ne freinent pas l'ardeur des partisans qui sentent leurs adversaires à leur portée. Ils multiplient les assauts et arrivent fréquemment au corps à corps dans des combats qui, après les PM et les grenades, s'achèvent à la baïonnette ou à l'outil de tranchée.

Un petit détachement isolé dans une ferme à quelques centaines de mètres de Drvar n'a pas été touché par la consigne de repli. Les élèves officiers l'ont encerclé et ont juré de l'anéantir. Le dernier Allemand tombera peu avant minuit.

Le cimetière s'est transformé en forteresse, les caveaux sont devenus des blockhaus. Un périmètre extérieur protège un périmètre intérieur plus réduit. Après chaque engagement, un homme de «l'intérieur» remplace un camarade de «l'extérieur».

Le 1er Bataillon de la 1re Brigade est résolu à l'emporter. Les paras se doutent de la nuit qui va suivre. Vaincre ou mourir ! Pour des SS en Yougoslavie, il n'est pas d'autre alternative. A intervalles, les partisans tentent d'escalader les murs d'enceinte et de pénétrer dans le réduit. A la lueur des fusées éclairantes, MG et PM se déchaînent pour repousser les assaillants. Les survivants garderont le souvenir d'une nuit terrible, froide, sans eau, avec la crainte d'être submergés.

L'ultime assaut survient peu avant le lever du jour. L'aurore qui pointe redonne espoir. Les renforts ne tarderont pas. L'aviation pourra à nouveau se manifester.

Chez les Yougoslaves, conscients de ce que la journée du 26 apportera, le décrochage s'amorce. Les partisans se retirent de Drvar, mission remplie. Ils ont résisté suffisamment longtemps pour permettre à Tito de s'échapper[1]. A cette heure, il est loin.

Le jour répond à l'attente des assiégés du cimetière. Les éléments de tête de la division «Prinz Eugen» ont forcé les résistances à l'est et se présentent les premiers devant le réduit. D'autres unités surviennent à leur tour du nord et du sud. L'investissement de Drvar est réalisé. Du ciel, Stukas et Messerschmitts

---

de munitions et son canon qui s'échauffait rapidement devait être changé. Elle était regardée comme une arme sûre. On estime que 750 000 MG42 furent fabriquées avant 1945. (La MG42 survivra à la guerre et se retrouvera dans la Bundeswehr avec le calibre 7,62 mm de l'OTAN.)

1. Ils ont même fait plus : dépassant les consignes de Tito de simplement résister, ils ont voulu anéantir le 500e Bataillon.

mitraillent les partisans en plein repli et surpris à découvert sur les pentes dégagées. Les pertes sont lourdes.

26 mai – 16 heures. Les Allemands sont complètement maîtres de Drvar et de la « Citadelle ». Comme ils s'y attendaient, le PC de Tito est vide. Les vainqueurs du moment ne pourront arborer comme trophée qu'un uniforme du maréchal[1], sa jeep et du matériel servant à la propagande. Aucun document, aucun papier intéressant dans les tiroirs !

*

L'opération anti-Tito a échoué. Trop lourde, trop conventionnelle et surtout trop d'objectifs : Drvar, les missions alliées, la « Citadelle ». *Qui trop embrasse mal étreint…*

Un objectif unique, d'intérêt stratégique, la « Citadelle » de Tito, était concevable. Un poser en planeurs tout autour, type Gran Sasso, aurait eu des chances. Soutenu sitôt après par un largage de parachutistes, il y aurait peut-être eu un résultat et Tito pris au piège… L'histoire ne se refait pas…

Un commando doit savoir limiter ses ambitions en offrant de l'inédit hors des sentiers battus.

*

Dans l'opération « Rossëlsprung », les Allemands annoncent 213 tués, 881 blessés, 59 disparus appartenant en majorité au bataillon para SS 500. C'est dire que ce bataillon n'existait pratiquement plus[2].

Les Yougoslaves admettent 200 tués, 400 blessés, 60 disparus, chiffres faibles eu égard à la puissance de feu allemande. (Les Allemands estiment les pertes des partisans à plus de 6000, chiffre à son tour excessif.)

---

1. Les Russes lui en offriront un autre, superbe selon Churchill, bleu et or, très serré au col. Les galons d'or viendront des Etats-Unis.

2. Il se retrouve à 15 officiers, 81 sous-officiers, 196 hommes de troupe sur un effectif initial de près d'un millier d'hommes. Renforcé et devenu 600 SS Battalion, il participera en octobre 1944 à l'opération Panzerfaust conduite par Skorzeny pour enlever l'amiral Horthy à Budapest. Puis, certains de ses hommes feront partie des commandos de Skorzeny dans les Ardennes. Le bataillon combattra sur le front de l'Est jusqu'au 1er avril 1945 et sera ramené dans le nord de l'Allemagne où il finira la guerre.

*

En fait, les Allemands auront marqué un point positif. Tito assez traumatisé se réfugiera dans l'île de Vis, le Malte anglais de l'Adriatique. La résistance yougoslave pâtira quelque temps de ce déplacement.

Chapitre IV

LES COMMANDOS DU JOUR « J »
PEGASUS BRIDGE

Le Jour J, ce 6 juin 1944, date du débarquement anglo-américain en Normandie, s'est inscrit dans l'Histoire. Il représente aussi une journée mémorable pour les commandos alliés. Ils interviennent aux places d'honneur sur les plages, à l'arrière des rivages, et même parfois très loin dans l'intérieur des terres pour disloquer le dispositif adverse.

Bien suivre les actions menées par ces commandos du Jour J implique, au préalable, un retour sur le passé. Dès 1940, Churchill a montré le chemin. La suite lui a donné raison. A Bruneval, à Dieppe, à Saint-Nazaire, en Libye, en Crète et en bien d'autres circonstances, les commandos voulus par le Lion britannique ont prouvé leur intérêt. Combattants d'élite, soigneusement sélectionnés, durement entraînés, ils sont en mesure de porter à l'ennemi des coups qui font mal. Conscient de cette réalité, songeant en particulier aux opérations spéciales à mener sur le continent lors du futur débarquement, le commandement britannique n'a cessé de les développer. A la veille du 6 juin 1944, ils se décomposent en plusieurs fractions :

– Les SAS issus du régiment SAS de Stirling en Libye[1]. Ramenés en Grande-Bretagne au début de 1944, à l'exception de la valeur d'une compagnie demeurée en Italie, leurs effectifs ont été augmentés. Ils ont ainsi été renforcés de deux bataillons de Français Libres (futurs 2e et 3e RPC), d'un squadron belge et d'un régiment de reconnaissance (Régiment Phantom). L'ensemble compte environ 2500 hommes sous les ordres du général Roddy McLeod (les régiments ne sont donc que de petits bataillons[2]). Ces SAS sont destinés à œuvrer par petites équipes, très mobiles, en liaison avec la Résistance française, largement en arrière de la zone de bataille. Ils se situent dans la conception de Stirling: harceler les points sensibles et les communications de l'ennemi.

– La 1re Brigade Spéciale de Commandos du général Lord Lovat, héritière des commandos de Vaägso et de Dieppe. Elle comprend les commandos nos 3, 4, 6 et le commando 45 des Royal Marine.

– La 2e Brigade du Special Service du général TDLC Churchill avec les commandos nos 2, 3 et les commandos nos 40 et 43 des Royal Marine[3].

– La 3e Brigade du Special Service du général DI Nonweiler avec les commandos nos 1, 5 et les commandos nos 42 et 44 des Royal Marine, officiellement basée en Inde, évolue en Extrême-Orient.

– La 4e Brigade du Special Service du général «Jumbo» Leicester, avec les commandos nos 41, 46, 47 des Royal Marine et le commando interallié n° 10[4]. Ce dernier sera par la suite remplacé par le commando n° 48 des Royal Marine. Pour être complet, il est encore à signaler le SBS (Special Boat Section) de Lord Jellicoe, véritable commando intervenant par voie maritime dans les îles du Dodécanèse, ainsi que le Raiding Forces[5]. (Des groupes du SBS opèrent aussi en Extrême-Orient.)

Un commando dirigé par un lieutenant-colonel est en principe fort de cinq troops de 62 hommes et d'une troop d'armes lourdes

1. Cf. *Histoire des Commandos*, tome 1.

2. Un bataillon équivaut sensiblement à un millier d'hommes.

3. Les commandos de Royal Marine ont été formés à partir du printemps 1942. Après Ardentinny en Ecosse, ils ont, à leur tour, été formés à Achnacarry.

4. Ce commando interallié comprenait des troupes belge, hollandaise, norvégienne, danoise, polonaise et les fusiliers marins commandos français avant leur départ pour le commando n° 4 du colonel Dawson.

5. Forces de raid du Moyen-Orient issues du LRDG et du SAS.

(mortiers et mitrailleuse). Au total, il compte 760 commandos, presque tous formés à Achnacarry et portant le béret vert.

Les Britanniques parlent de commandos. Les Américains, par réminiscence du passé, préfèrent le vocable Rangers. Au plan historique, les troupes dénommées Rangers voient le jour au XVIIIe siècle durant les guerres contre les Français, puis contre les Anglais. Leurs missions relevaient de l'infanterie légère, infiltration, reconnaissance, raid coup de poing, etc. En 1776, Washington lui-même avait chargé le colonel Knowltown de constituer une unité de Rangers de 120 hommes. Par la suite, les Rangers se battront contre les Indiens, et seront en nombre durant la guerre de Sécession. Sont-ils, alors, véritablement des commandos ? Il serait plus exact de les baptiser troupe de choc, à l'instar du Bataillon de Choc français de la Libération.

C'est au début de 1942 que le général Marshall, patron de l'armée américaine, se référant à l'expérience britannique, décide de lancer des commandos appelés Rangers pour ne pas reprendre le vocable anglais. Le 1er Bataillon de Rangers est créé en juin 1942 et suit un entraînement rigoureux «à l'anglaise». Au total, six bataillons seront mis sur pied[1]. Les 1er, 3e et 4e Bataillons combattront sur le théâtre méditerranéen, les 2e et 5e en Europe occidentale, le 6e dans les Philippines. Utilisés comme infanterie d'assaut, ils éprouveront presque toujours de lourdes pertes (le 4e Bataillon sera décimé à Anzio en Italie).

Lors du débarquement en Normandie, ces commandos britanniques ou ces Rangers américains conduiront une série d'opérations au profit de troupes déferlant sur les plages. Ces actions éclatantes se nomment :

- Le pont de Benouville (Pegasus Bridge[2]).
- La batterie de Merville.
- La Pointe du Hoc.
- Ouistreham.

Significatives de l'esprit et du travail «commando», elles méritent, à ce titre, d'être particulièrement évoquées.

---

1. En août 1943, ils seront officiellement dénommés Rangers Infantry Battalion.

2. Ce n'est qu'après la guerre que le pont de Benouville sera dénommé Pegasus Bridge afin de rendre hommage aux parachutistes de la VIe Airborne.

Le 6 juin 1944, les deux ponts de Benouville et Ranville sont désignés par les indicatifs de «Euston I» et «Euston II».

Avec une remarque pour rendre à César ce qui est à César. Les opérations du pont de Benouville et de la batterie de Merville ne sont pas menées par des unités spécifiques de commandos ou de Rangers. Elles relèvent des hommes de la VIe Division aéroportée britannique. Mais ces combattants ont reçu une formation commando et exécutent un véritable travail de commando.

*

Le pont de Benouville (Pegasus Bridge)

Le plan d'ensemble du débarquement allié en Normandie, la célèbre opération Overlord, est bien connu. Dans la portion ouest, les Américains débarqueront à Omaha Beach et Utah Beach, soit à hauteur de Saint-Laurent-sur-Mer et Sainte-Marie-du-Mont. Ils seront couverts sur leur droite par les 82e et 101e Divisions aéroportées américaines, larguées à la base du Cotentin, dans la région de Carentan Sainte-Mère-l'Eglise. A l'est, les Anglo-Canadiens toucheront terre sur les trois plages, Gold, Juno, Sword, de Port-en-Bessin à Ouistreham. Sur leur gauche, ils seront flanqués par la VIe Division aéroportée britannique, parachutée ou amenée par planeurs entre Orne et Dives. Il s'agira pour cette division d'empêcher une riposte allemande prenant, en écharpe, les zones de débarquement.

A cette VIe Airborne, chargée d'une mission capitale, la géographie apporte sa contribution. Deux voies d'eau, orientées sud-ouest nord-est, l'Orne et son canal latéral[1], joignent Caen à la mer. Elles constituent d'excellents fossés antichars à condition d'être tenues. Pour les enjamber, n'existent que deux ponts : celui de Benouville, futur « Pegasus Bridge » sur le canal, et celui de Ranville sur l'Orne, 400 mètres à l'est. (L'un et l'autre portent les noms des deux villages proches[2].) Le CD 514 arrivant de Cabourg les emprunte pour atteindre Benouville où il éclate : CD515 vers Caen, CD514[3] toujours vers Ouistreham et la côte.

---

1. Appelé officiellement canal maritime de Caen à la mer.

2. Benouville compte alors 570 habitants, Ranville 500. Ranville, au cœur de la zone de saut de la VIe Airborne, s'honore d'avoir été le premier village libéré de France.

3 Aujourd'hui départementales 514 et 515.

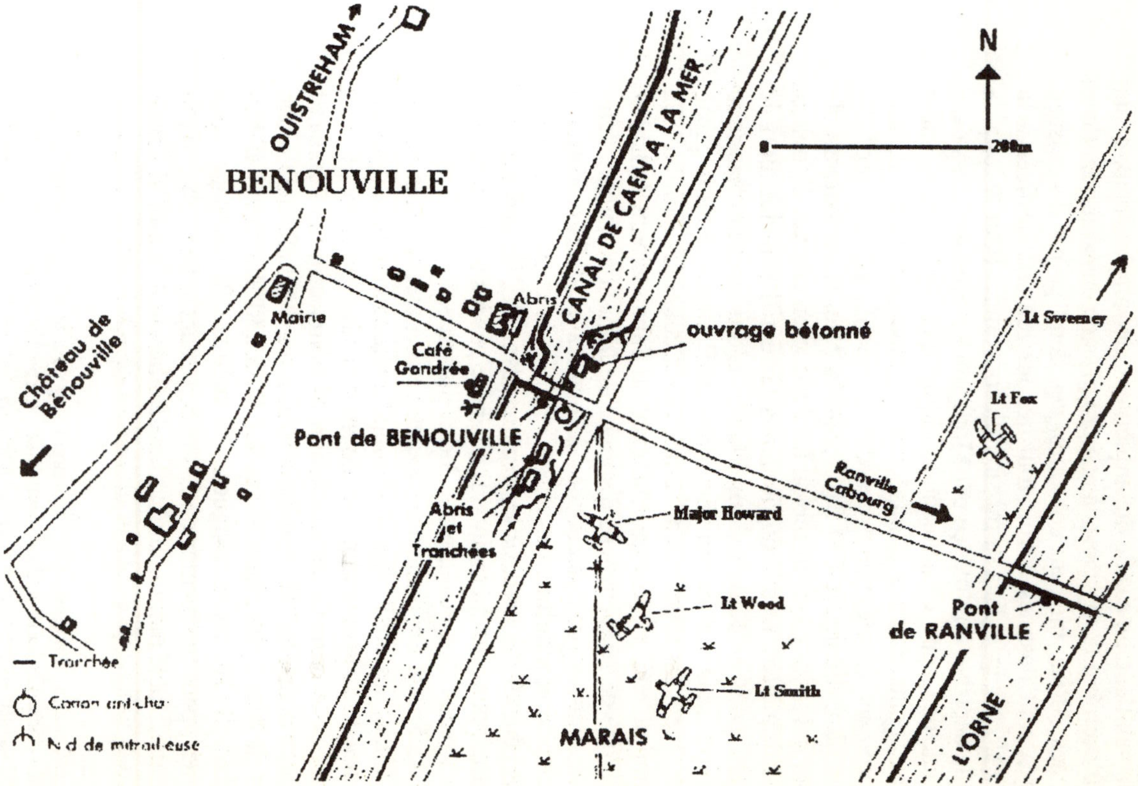

Pegasus Bridge

Eu égard à ces ponts, le raisonnement du commandement allié planifiant Overlord paraît pertinent. Les Allemands ont voulu faire de la vallée de la Dives un secteur infranchissable. C'est pourquoi ils l'ont en grande partie inondée. Il s'annonce logique qu'ils veuillent, en cas de débarquement, détruire ces deux ponts afin d'accroître les obstacles à une progression ennemie vers l'est. Pour les Alliés, bien au contraire, ces deux points de passage obligés sont destinés à voir transiter les renforts destinés à la VIe DAP, engagée dans sa mission de couverture. Pour le reste, la bataille décisive sera menée par Montgomery avec ses chars dans la plaine de Caen[1]. Conclusion pratique : il est impératif de saisir les deux ponts intacts et d'empêcher les Allemands de les détruire.

Comment se présentent ces deux objectifs à préserver ? Au départ de Cabourg, le CD 514 longe la côte. L'embouchure de l'Orne qui s'élargit en tromblon lui impose un crochet d'environ trois kilomètres vers l'intérieur des terres. Il franchit alors le premier pont de Ranville sur l'Orne. L'ouvrage est classique en maçonnerie. Le second pont, celui de Benouville sur le canal, est de type basculant étant donné la circulation maritime. Sa machinerie cubique, assurant la levée ou l'abaissement du tablier métallique de 36 mètres, se distingue de loin. Tout autour, s'étalent les grasses prairies coupées de marécages de la Normandie « herbagère et mouillée ».

Le général Richard Gale, commandant la VIe Airborne, le reconnaît dans ses mémoires. Il n'ignore pas les exploits réalisés par les paras allemands, grâce à des planeurs, à Eben-Emael ou au Gran Sasso. Un planeur a l'avantage de poser, au plus près et en silence, des combattants regroupés. Un parachutage disperse la troupe larguée et manque de discrétion.

Gale opte donc pour la solution planeurs afin de s'emparer des deux ponts. Les Britanniques disposent, à cet effet, d'un bon engin de plus forte capacité que les DFS 230 allemands. L'Airspeeed AS 51 Horsa, longueur 20 mètres 42, équipage deux hommes, peut transporter de 25 à 28 passagers avec leurs équipements. Tracté par un bombardier Halifax ou Albermale, il possède une vitesse de croisière de l'ordre de 160 km/h[2].

1. On sait qu'il n'en sera rien. Montgomery aura le plus grand mal à s'emparer de Caen. La décision de la bataille de Normandie sera obtenue par Patton et sa IIIe armée américaine perçant à Avranches.

2. Il a été construit à 3 655 exemplaires durant la Seconde Guerre mondiale. Le Waco CG 4A US, construit à 13900 exemplaires, peut transporter 42 personnes.

Le patron de la VIe Airborne ne manque pas de cadres chevronnés. Dans le lot, il ne se trompe pas en désignant pour diriger «l'opération ponts» un jeune officier de 32 ans, commandant la compagnie D[1] du 2e Bataillon du Oxfordshire and Buckinghamshire Light Infantry. Précis, méticuleux, soucieux des détails, le major John Howard ne négligera rien pour accomplir la mission impartie:

«*Votre travail consiste à saisir intacts les ponts sur l'Orne et le canal à Ranville et Benouville et à les tenir jusqu'à la relève par le 7e Bataillon de parachutistes.*»

«*La capture de ces ponts sera un "coup de main[2]", dépendant largement pour son succès de la surprise, de la vitesse et de l'audace.*»

Confronté à son problème pour lequel il a carte blanche, Howard se livre à une étude fouillée. Les photographies aériennes lui révèlent des espaces bien dégagés à proximité immédiate. La Résistance française lui précise la nature des défenses. A la sortie ouest du pont de Benouville, le café Gondrée compte parmi sa clientèle la garnison allemande locale. Madame Gondrée est alsacienne. Elle comprend tout ce qui se colporte devant son zinc et autour des tables. Son époux a pu transmettre les informations recueillies et confirmées par d'autres résistants. Les défenseurs du site, une cinquantaine d'hommes, dorment dans des bunkers édifiés de chaque côté du canal. Outre leur armement individuel, ils disposent de six mitrailleuses légères, d'une mitrailleuse lourde et d'un canon antichar. Quant au pont de Ranville, on y décèle ni blockhaus ni garnison fixe. Des sentinelles venues de Benouville se contentent de s'y relayer.

Sur ces bases, et tout bien pesé, Howard choisit de multiplier ses chances. Il posera non pas un mais trois Horsa près de chaque pont. Contre celui de Benouville, le seul véritablement défendu, le scénario retenu et répété dans un site identique de la campagne anglaise prévoit:

– Le premier planeur, lieutenant Brotheridge, neutralisera la mitrailleuse lourde, les dispositifs de destruction et les défenses de la rive ouest.

1. Dans les Armées britannique et américaine, les compagnies sont désignées par une lettre et non par un numéro à l'instar de l'Armée française.

2. En français dans l'ordre écrit du 2 mai 1944.

– Le second planeur, lieutenant Wood, nettoiera les bunkers de la rive est.

– Le troisième planeur, lieutenant Smith, soutiendra le premier.

Au pont de Ranville, qui devrait être aisément enlevé, les sections des trois autres planeurs s'installeront en points d'appui prêts à se porter vers Benouville si besoin.

Les six planeurs d'Howard atterriront 30 minutes avant le début du largage de la VIe Airborne. Les paras du 7e Bataillon, après leur arrivée au sol, viendront les appuyer dans l'attente des commandos de Lord Lovat débarqués le 6 au matin à Ouistreham. Lovat a promis d'être là à « midi pétante ». Il est de nature à tout faire pour tenir ses engagements.

Chaque Horsa devrait enlever 28 passagers. Pratiquement, ils seront 30 ou 31 par appareil, soit 23 fantassins, 5 sapeurs, deux pilotes. Tous lourdement chargés avec armement, munitions, explosifs, PIAT, etc. Cette surcharge représente un gros risque. En le constatant, un commando paniquera et s'éclipsera. Même un commando peut craquer.

Les fantassins proviennent majoritairement de la compagnie D de Howard qui a été renforcée par deux sections de la compagnie B. Tous, sous la poigne de Howard, ont subi un entraînement rigoureux et la compagnie D n'a pas été retenue par hasard. Elle est regardée comme la meilleure. Les sapeurs proviennent des Royal Engineers. Ils devront neutraliser les dispositifs de destruction. Quant aux pilotes et copilotes, issus du Glider Pilot Regiment, ils ont durant des semaines expérimenté des posés d'assaut, de jour comme de nuit. Tous ces hommes, appartenant à la 1re Air Landing Brigade de la VIe Airborne [1], portent le béret rouge et le Pégase ailé insigne de la division.

*

Le vent souffle avec force. Rafales de 80 à 90 km/h avec des bourrasques de pluie.

Les six Horsa du commando Howard ont décollé de 22 heures 56

1. La VIe Airborne compte trois brigades :
– 3e et 5e Brigades parachutées ;
– 1re Air Landing Brigade planée, c'est-à-dire transportée par planeurs.

à 23 heures 02[1] de la base de Tarrant Rushton dans le Sussex. Tirés par 350 pieds de câble, ils tanguent lourdement derrière les Halifax qui ont mis le cap sur la Normandie. Dans les habitacles, les hommes sont assis, recroquevillés les uns sur les autres. Heureusement qu'il y a des petits sacs pour réceptionner les haut-le-cœur. L'inconfort du moment n'altère pas le moral. Ces combattants, au visage noirci par des bouchons brûlés, savent qu'ils seront les premiers soldats de la Liberté à toucher la terre de France. Cet honneur, si redoutable soit-il, estompe le reste.

Le risque majeur, dans l'immédiat, provient d'une éventuelle rupture du câble de traction. Ses 3 pouces 3/8 ne sont pas à l'abri d'une secousse par trop brutale. Au-dessous, dans les trouées de la couche nuageuse, la clarté de la lune presque pleine permet de deviner les flots agités de la Manche.

La côte française se rapproche. Le grondement des moteurs des Halifax faiblit légèrement. L'altitude décroît.

0 h 07. Le planeur de tête avec Howard et la section Brotheridge passe à la verticale du rivage, un peu à l'est de l'embouchure de l'Orne. Une plongée brutale. Le sergent-chef Wallwork vient de décrocher son câble de traction. Il est désormais livré à lui-même, ainsi que ses autres camarades pilotes en charge des Horsa qui suivent, échelonnés de minute en minute.

Wallwork, comme Ainsworth, son copilote, est un maître. Ce 6 juin, il accomplit son 44e poser. Cette fois, il n'a absolument pas droit à l'erreur. Attention à être ni trop long ni trop court. Il doit plaquer son appareil dans un espace triangulaire à quelques dizaines de mètres au sud-est du pont. Une inquiétude que partage Howard le hante. Ne tomberont-ils pas sur des « asperges de Rommel », ces pieux plantés contre les aéroportés ?

Le rivage a été survolé à 2000 mètres. Avec le vent arrière, le Horsa, perdant de l'altitude, file à près de 160 m/ph. Wallwork sait qu'il doit perdre de la vitesse, chuter à 90-100 m/ph, pas plus pour l'atterrissage. En un geste précis, il cabre son planeur. Gardant un œil sur ses instruments, compas, altimètre, badin, il cherche tout autant à se repérer. Le bois de Bavent, masse forestière, devrait apparaître sur son avant gauche ? Les nuages empêchent de le localiser.

Ainsworth surveille le chronomètre : « 4, 3, 2, 1, virage à droite ».

1. Heure anglaise. Il existe un décalage d'une heure entre la Grande-Bretagne et le continent occupé. Il n'est donc que 21 h 52 et 22 h 02 en France. L'horaire mentionné par la suite sera celui de la France.

180° par la droite terminé. Wallwork s'est placé face au vent. Le badin n'est plus qu'à 90 m/ph. L'horizon se dégage. Merci la lune pour cette lumière diffuse ! Le canal brille à main gauche. Pont en vue. Derrière, la Flak de Caen tonne et des projecteurs balaient le ciel.

« Get ready, Sir ! » lance Wallwork.

Howard a compris. Ses hommes aussi. Le poser est imminent. Tous croisent les bras et relèvent les pieds. Le plancher risque de se désintégrer à l'impact.

0 h 16. Les roues touchent le sol et se brisent aussitôt. Le Horsa glisse sur ses patins tandis que le parachute de freinage se déploie. Les passagers, malgré leurs ceintures, sont projetés pêle-mêle. Enfin, à 60 km/h, le planeur s'immobilise brutalement, stoppé par des barbelés. Il est à 40 mètres en amont du pont. Son cockpit a éclaté. Pilote et copilote ont été propulsés au-dehors. A l'intérieur de la carlingue, un grand silence se fait. Les hommes, hébétés, assommés, ont besoin de longues secondes pour reprendre leurs esprits. Ne se perçoit plus que l'écho des bourrasques dans les peupliers bordant les rives du canal.

Derrière, à intervalle d'une minute, se posent successivement les planeurs de Wood et Smith. Au choc, ils font tous une violente abattée sur la droite alors que quelques dizaines de mètres seulement les séparent d'Howard. Les pilotes des trois Horsa ont parfaitement rempli leur mission.

Le général Leigh Mallory, commandant des forces aériennes alliées du débarquement, considérera cet atterrissage comme le plus grand exploit de pilotage de la Seconde Guerre mondiale. Les trois planeurs se sont posés en bordure du canal à portée immédiate de leurs objectifs. Les pilotes ont évité les arbres et une mare proche, utilisant au mieux un espace dégagé triangulaire herbeux ou recouvert de roseaux.

*

Deux sentinelles veillent au pont. La première relativement statique à l'entrée ouest. La seconde l'arpentant d'une extrémité à l'autre. Il en est encore une troisième que le commando découvrira. Elle garde l'accès à un bunker édifié sur la berge est.

L'une des deux sentinelles, d'origine polonaise, a été tuée. Son camarade, un jeune Berlinois de 18 ans, Helmut Romer, a survécu. Fait prisonnier par la suite à Benouville, il a narré ce qu'il avait cru distinguer dans la nuit.

Très distinctement, il a remarqué les Halifax volant non loin par groupes de trois. Il les a pris pour des bombardiers venant s'en prendre aux ponts. La DCA s'est déchaînée et il a perçu le bruit proche d'une chute. Il a pensé qu'un avion atteint par la Flak s'était abattu. Jamais il n'a songé à l'arrivée d'un planeur. Certes, il a envisagé d'aller vérifier ce qui s'était passé exactement mais impossible de s'éloigner de son poste. Rendre compte à son supérieur ? Difficile encore. Ce chef ne l'aime pas et le déranger pour lui signaler quoi ? Romer a gardé pour lui ce qu'il avait constaté et a poursuivi ses aller et retour sur le pont. Son compagnon, en poste fixe, n'a pas bougé non plus.

*

L'absence de réaction des sentinelles est une chance quasi miraculeuse pour les occupants des trois planeurs. Progressivement, ils s'extraient des Horsa éventrés. Enfin, ceux qui le peuvent ! Plusieurs, sérieusement touchés, sont incapables de se déplacer. Un malheureux a même été projeté inconscient dans une mare où il se noiera. Il est l'unique accident mortel de l'atterrissage.

La zone de poser se situe à environ deux mètres en contrebas de la route et du tablier du pont. Elle forme une zone d'ombre, ce qui explique que Romer bien qu'ayant entendu n'ait rien vu et continué à ne rien voir du regroupement qu'Howard amorce à quelques dizaines de mètres de lui.

Brotheridge a rassemblé une dizaine d'hommes, Wood 18. Chez Smith, dont le cockpit du planeur a piqué dans un trou d'eau, il n'en manque que six. Le commando du pont de Benouville, bien qu'incomplet, est suffisant pour passer à l'action. Howard avait eu raison de prévoir large.

Wood s'est vu confier le « sale boulot » : éliminer sans bruit, c'est-à-dire à l'arme blanche, les locataires du bunker rive est. Suivant les bonnes méthodes répétées à l'entraînement, son groupe rampe dans les hautes herbes vers l'entrée du blockhaus en question. Un petit escalier y conduit, gardé par une sentinelle. Le Feldgrau n'a pas l'air particulièrement sur ses gardes. Assis, son Mauser en travers des genoux, il donne l'impression de somnoler. Deux commandos se glissent près de lui. Entre leurs mains, le poignard FS est une arme redoutable [1].

1. Il s'agit du FS Fighting Knife. FS du nom de ses deux créateurs, les capitaines Fairbarn et Sykes, instructeurs à Achnacarry. Fairbarn, après de

L'Anglais, à Achnacarry, s'est entraîné maintes fois sans jamais aller jusqu'au bout. Cette fois, il ne retiendra pas son geste de mort. Son compagnon lance un caillou dans l'eau du canal, puis un second. L'Allemand, intrigué, se lève. Une ombre fond sur lui et le FS fait son œuvre. Le corps s'affaisse, soutenu jusqu'au sol par le porteur du coup afin d'éviter tout bruit.

La voie est libre. A cette heure, à l'intérieur du bunker, tout le monde doit dormir. Inutile d'utiliser les Sten.

« Go ! » murmure Wood.

Effectivement, les torches ne laissent apparaître que des dormeurs. L'un d'eux, cependant, entend bouger et se dresse. Un autre se méprend et croit qu'un camarade le réveille pour son tour de garde. Ils ne comprendront pas la suite. En moins d'une minute, ils ne sont plus que d'anciens soldats du IIIe Reich.

Les chambrées-abri se prolongent par un long couloir menant au canon antichar puis au poste de mitrailleuse situé en avant de la route. Wood fait signe à une seconde équipe de s'enfoncer en reconnaissance. Le faisceau de la lampe distingue des câbles électriques. Certainement les fils de commande des charges explosives du pont. Une pince coupante les sectionne rapidement.

Soudain des pas se font entendre alors qu'une ampoule s'allume. Deux Allemands se découpent à l'extrémité du couloir. Ce sont les deux factionnaires de la mitrailleuse. Quelque chose les a intrigués. L'un d'eux questionne :

« Was ist das ? [1] »

Les Anglais sont tapis dans l'ombre. Le sergent, chef du groupe, s'est fait passer une Sten. Il laisse approcher avant de déclencher deux brèves rafales presque à bout portant.

Le crépitement de la Sten n'a pas pu passer inaperçu. Wood qui surgit fulmine contre son sergent. L'alerte a dû être donnée prématurément. Crainte dépassée ! Des explosions retentissent à l'extérieur. Brotheridge vient de passer à l'action.

L'équipe du caporal Bailey, comme prescrit, attaque à la grenade le poste de mitrailleuse. (Sans savoir que les hommes de Wood en avaient déjà éliminé les deux défenseurs.) Une giclée de Mills [2] s'abat sur la position.

Simultanément, Brotheridge, avec le reste de sa section, s'est

---

longs séjours en Extrême-Orient, avait mis au point une méthode de combat au corps à corps. Le FS possède une lame en losange de 17 centimètres.

1. Qu'est-ce que c'est ?
2. Grenade défensive anglaise.

engouffré sur le pont. La sentinelle fixe tire mais Brotheridge ne lui laisse pas le temps de réarmer son Mauser. La seconde, Romer précédemment évoqué, à la vue des silhouettes au visage noirci, s'enfuit et s'échappe par le jardin du café Gondrée.

Partout le succès se dessine en quelques minutes. Sur la rive est la garnison du bunker est éliminée, le poste de mitrailleuse neutralisé, le canon antichar découvert dépourvu de servants. Sur l'autre rive, des emplacements de mitrailleuses qui commençaient à se démasquer sont réduits à la grenade. A l'intérieur des abris, les commandes des charges explosives ont été sectionnées. Curieusement, du reste, les sapeurs ont constaté que les alvéoles aux culées étaient vides. Les Allemands, contrairement à ce que pensaient les Anglais, voulaient garder les ponts en l'état pour acheminer leurs renforts. Par crainte d'un coup de main de la Résistance, ils n'avaient pas disposé d'explosifs.

Nul ne pouvait le prévoir. A cette heure, le sergent Hickman assure une liaison automobile entre Ouistreham et Breville[1]. Para de Sicile et d'Italie, Hickman a du métier. Son itinéraire le fait passer par Benouville. Débouchant dans le village, il reconnaît, sans erreur possible, le claquement d'une Sten. Pour ne pas se faire remarquer, il poursuit aussitôt à pied avec les quatre hommes sous ses ordres.

Aux approches du pont, les ombres qu'il distingue lui semblent celles de paras britanniques. Un « Yes, Sir ! » parfaitement distinct ne lui laisse aucun doute. Au jugé, il vide le chargeur de son MP 40 dans la direction des voix et se replie pour rendre compte de ce qu'il a constaté.

Le lieutenant Brotheridge se trouvait au milieu du pont conduisant l'attaque. Il est le premier Anglais tué. Son ami Wood, sortant du bunker enlevé, s'écroule presque simultanément. Une rafale venue d'on ne sait trop où l'a grièvement atteint à la cuisse.

*

0 h 22. Howard a installé son PC près du canon antichar. A ses côtés, son opérateur radio a déployé son antenne et ouvert son poste.

Le pont du canal est tenu sur les deux rives. Les défenseurs allemands sont morts ou se sont enfuis vers Benouville et au-delà.

1. 4 km à l'est de Benouville.

Le coup de main a réussi. La situation serait bonne s'il n'y avait pas les pertes de l'encadrement. Brotheridge tué. Wood grièvement blessé. Smith a eu le poignet déchiqueté par une grenade. Heureusement, les sergents sont à la hauteur et prennent le commandement des sections.

Liaison radio avec le pont sur l'Orne. Le lieutenant Fox rend compte. Objectif occupé sans résistance.

Howard apprendra par la suite les détails de l'opération. Deux planeurs se sont posés assez loin du point fixé mais sans grands dommages. Celui du lieutenant Fox, à environ 200 mètres, celui du lieutenant Jweeney à 800. Les deux sentinelles apeurées ont pris la fuite à l'apparition des assaillants. Howard découvrira aussi que le troisième planeur de Ranville, avec son adjoint le capitaine Priday, s'est égaré, dérouté par le vent [1].

0 h 50. Les paras de la VIe Airborne commencent à descendre entre Orne et Dives. Howard voudrait prévenir son chef, le général Poett, commandant la Ve Brigade, que la mission est présentement remplie. Mais Poett ne répond pas. Il a perdu son radio à l'atterrissage et erre pratiquement seul au milieu d'un champ de blé.

A défaut d'un contact en bonne et due forme, l'opérateur de Howard, dans l'espoir d'être capté, émet sans relâche des «*Ham and jam*» («Jambon et confiture»), indicatif de réussite totale convenu.

*

Avoir saisi les ponts intacts est bien mais pour le commando Howard reste à accomplir la seconde partie de la mission. Garder les lieux en l'état jusqu'à la relève: camarades largués à proximité, puis commandos de Lovat devant débarquer à l'aube.

Le danger immédiat peut surtout provenir du château de Benouville. Cette belle bâtisse, édifiée au XVIIIe siècle par Claude-Nicolas Ledoux, avec une façade en hautes colonnes, abrite, outre une maternité française, une compagnie du 736e Régiment de grenadiers. Cette compagnie-là est autrement mieux armée que le commando débarqué des planeurs, et elle n'est distante que d'un petit kilomètre à vol d'oiseau du pont. La nuit risque d'être longue.

---

1. Ses occupants seront faits prisonniers, mais Priday et son adjoint réussiront à s'échapper.

*

Les paras de la VIe Airborne se sont éparpillés un peu au hasard suite au vent et à d'inévitables erreurs de largage. Au sifflet, leurs chefs s'efforcent de les regrouper. La tâche est loin d'être aisée.

Le général Poett, dans sa marche à travers les blés et les pâturages, a récupéré un jeune para qu'il a découvert à demi groggy par une arrivée brutale. Il n'est plus seul. Progressant vers l'ouest, la boussole à la main, il finit par distinguer un son dans le lointain. Le sifflet d'Howard pour guider les égarés. Trois brèves, une longue. Le V de Victory en morse.

Un général et un private [1]. Telle est la première relève du commando. Fortuitement, dix minutes après, les hommes des planeurs de Ranville, à l'exception d'une escouade laissée de garde au pont, se présentent. Ceux-là sont en pleine forme. Ils ont atterri « dans un fauteuil ».

Leur arrivée coïncide avec un grondement croissant de chenilles. Une masse noirâtre se profile sur la route de Benouville. Un Tigre avec un canon de 88 ! D'où sort-il ? L'instant n'est pas aux interrogations. Les Britanniques sont tapis dans les fossés et les tranchées conquis il y a peu. Que faire face à ce Goliath à priori accompagné de congénères ? D'autres grincements de chenilles se font entendre derrière lui.

Le monstre s'avance et s'immobilise. On distingue nettement sa tourelle qui pivote, entraînant le tube du canon qui donne l'impression de rechercher une cible. Un silence absolu s'est installé. Ne se perçoivent que le bruissement du vent dans les peupliers, quelques coassements dans les marais et le ronronnement régulier du moteur du char.

L'inespéré se produit. Trompé par le calme ambiant, le tankiste, venu en reconnaissance et certainement mal renseigné, manœuvre et repart en direction de Caen.

L'alerte a été chaude. D'autres de même nature sont susceptibles de se reproduire. Howard ordonne de récupérer dans les planeurs tous les PIAT [2] en état. Malheureusement, il n'en est qu'un apte à fonctionner. Les autres ont été détériorés au poser.

1. Simple soldat.

2. Projector Infantry Anti-Tank. Lance-grenade antichar d'infanterie analogue au Panzerfaust allemand ou au bazooka américain. D'une portée pratique de quelques dizaines de mètres, d'un poids de 14 kilos, le PIAT tire une grenade à charge creuse d'1,35 kg. Il était une arme mal aimée regardée comme lourde et d'un maniement difficile.

Il est un peu plus d'une heure trente lorsqu'un véhicule, en provenance de Ranville, se présente à vive allure. A son bord, le major Schmidt, commandant d'armes des bunkers du canal. Devant le mauvais temps rendant un débarquement improbable, l'officier s'est offert une soirée chez sa petite amie française et rentre chez lui alerté par le survol continu des avions alliés. Le pont de Benouville est fatal à son chauffeur. Une rafale de Sten envoie la voiture s'écraser en contrebas de la route. Ejecté, mal en point, Schmidt terminera la guerre dans un camp de prisonniers.

*

Progressivement, Howard a constitué un point d'appui dans l'attente des paras qui hormis le général Poett tardent à se manifester. La section Brotheridge s'est retranchée autour du café Gondrée, celle de Wood sur la rive est, celle de Smith dans les bunkers. La section Fox arrivée du pont de Ranville a été poussée 300 mètres plus loin au carrefour de la mairie de Benouville. Elle y commande la route Caen-Ouistreham et son accès aux ponts. En toile de fond, mêlés aux tirs de la Flak, des grondements de chars continuent de se faire entendre.

Vers 3 heures, un autre blindé se présente au carrefour de la mairie. Manifestement, il progresse seul, en reconnaissance, sans accompagnement d'infanterie. Un vétéran est catégorique. Celui-là n'est pas un Tigre. Ce n'est qu'un Pz Kfw IV. 38 tonnes au lieu de 68. Un canon de 75 et non de 88.

38 ou 68 tonnes, quelle différence pour le Bren de la section Fox. Ses balles s'écraseront contre le blindage. Mais le PIAT, rescapé de l'atterrissage, est là en de bonnes mains. Le sergent Thorton s'est posté dans le fossé de la route. Il ne tremble pas même s'il sait qu'il joue une partie périlleuse. Il doit savoir attendre l'instant propice afin de tirer le char de flanc et non de face. L'avant est trop fortement blindé. Le Pz Kfw IV est à 15 mètres de lui. Immobile un long moment. Enfin, il avance, amorce une rotation et présente son côté vulnérable.

Dans l'obscurité, Thorton prend sa visée et pointe son arme. Il fait feu. L'explosion est immédiate suivie d'un véritable feu d'artifice. La roquette a explosé à l'intérieur, broyant l'équipage, incendiant les caissons d'obus. Le spectacle se prolongera longtemps.

D'autres blindés suivaient à distance. Ils ont compris et n'insistent pas. Ils se contentent de rendre compte par radio: les Britanniques sont solidement installés avec six canons antichars.

*

La pétarade des obus de 75, les lueurs du char embrasé, ont un avantage. Elles servent de points de repère aux paras disséminés à l'est de l'Orne. S'il y a combat, il y a des amis.

Howard voit enfin accourir le 7e Bataillon prévu pour le soutenir. Les paras arrivent par groupes disparates. Réorganisés au mieux, ils partent prendre position dans Benouville et autour du village. Ils en profitent pour régler de vieux comptes avec les Feldgrau qui n'ont pu s'esquiver. Les habitants n'ont guère dormi et commencent à comprendre que les libérateurs sont là. Ils signalent où un Allemand cherche à se masquer, soit dans un jardin ou une maison. Ces braves gens se retrouveront parfois avec un cadavre dans leur cave ou dans leur cuisine. L'un d'eux sera une victime innocente de ce nettoyage qui livre aussi des prisonniers. Trois Polonais ivres morts et une jeune recrue apeurée sont découverts par une fouille minutieuse des bunkers.

*

Vers 4 heures, un motocycliste se risque en reconnaissance avec une puissante BMW. Progressant avec prudence, il ne manque tout de même pas d'audace pour s'aventurer de la sorte en enfant perdu ! Plusieurs paras l'ajustent de concert. Le motard s'effondre, libérant sa machine qui poursuit une course folle. Un groupe est fauché. Un tué.

*

Le jour apporte l'écho d'une formidable canonnade, doublée du fracas de bombardements aériens. L'armada alliée aborde les côtes. Les navires au large tonnent à pleine volée. Les escadres de bombardement se relaient sans relâche, vidant leurs soutes. Overlord, après les parachutages de la nuit, entre dans sa phase de débarquement terrestre. Ce vacarme résonne agréablement pour les défenseurs des ponts. Les amis arrivent !

*

A la suite des blessures, ce sont des caporaux qui prennent maintenant le commandement des deux premières sections de Howard. Des officiers arrivés près du pont de Benouville, le major reste le seul valide. Il ne le doit qu'à la baraka. Plus d'une balle lui a claqué très près.

Un peu avant 9 heures, trois visiteurs de marque sont annoncés : le général Gale, débarqué d'un planeur à 2 heures du matin, et ses deux adjoints. Le patron de la VIe Airborne, impassible sous les snipers, semble d'excellente humeur. Il a installé son PC à Ranville et vient faire le point avec le commandant du 7e Bataillon. Pour les ponts, il est tranquille. Howard, l'homme qui pense à tout, est là…

Howard pense à tout, certes, mais il n'a pas envisagé une attaque provenant de la mer.

Peu après le départ de Gale, deux canonnières sont signalées remontant le canal vers Caen. Ces vedettes possèdent des mitrailleuses lourdes et un canon de 20. Face à un tel arsenal, cette fois encore, les Bren et PIAT se sentent bien légers d'autant qu'il ne reste qu'un PIAT avec un unique projectile. Le caporal Godbold remplace Thorton. Il s'embusque sur la rive est tandis que les paras se dissimulent dans les herbes de l'autre rive.

Les deux bâtiments naviguent à moyenne vitesse. Les officiers sur les ponts observent les berges aux jumelles. Savent-ils que le pont est tenu ? Certainement.

Rapidement Howard monte un piège. Il fait chercher le pontier résidant dans une maisonnette voisine. A l'approche de la flottille, le machiniste commence à lever le pont comme pour dégager le passage. Le mécanisme s'enclenche dans un grincement de ferraille. La canonnière de tête se sent en confiance. Tout s'annonce normal. Elle ralentit pour franchir le goulet.

Godbold retient son souffle. La première embarcation défile lentement devant lui. Le Britannique actionne son arme. La roquette percute la timonerie. Les Bren aussitôt croisent leurs tirs. Incapable de manœuvrer, la canonnière heurte la rive mitraillée à profusion. Les marins crient « Kamerad, Kamerad ! ». Après un char, le PIAT a une vedette à son actif. L'autre embarcation, plus en retrait, n'insiste pas. Elle bat en retraite pour regagner Ouistreham. Son équipage débarqué se terrera une dizaine de jours avant de se constituer prisonnier.

Au fil des heures, la défense s'est renforcée. Les paras du 7e Bataillon ont rejoint en nombre. Au café Gondrée, le tenancier a sorti le champagne mais sa salle de bar accueille aussi les blessés et s'est transformée en poste de secours.

Les lieux toutefois restent dangereux. Des balles sifflent ou claquent[1] en provenance du château d'eau et de la maternité toujours aux mains de la garnison de Benouville. Les toits de ces deux édifices dominent la campagne environnante.

Des débrouillards se sont mis dans la tête d'utiliser le canon antichar saisi intact avec une trentaine d'obus. Un premier projectile s'égare dans la nature. Le second s'en va droit sur le château d'eau salué par les hourras des servants. Engin antichar, il le transperce de part en part. D'autres impacts suivent, transformant le réservoir en passoire laissant échapper son contenu. L'effet est spectaculaire mais les snipers continuent.

Howard s'étonne : pourquoi la Luftwaffe ne se manifeste-t-elle pas ? Oui, danger qu'il redoutait le plus. Le major n'a pas grands moyens de défense à lui opposer.

Il est un peu plus de 10 heures lorsque enfin surgit un Messerschmitt volant très bas, au ras des peupliers. Sa bombe se détache, frappe le pont de plein fouet et, miracle, rebondit pour aller plonger dans le canal. Son percuteur n'a pas fonctionné. Sabotage dans les usines, peut-être ?

Ce qui était prévu et attendu : une contre-attaque de blindés est lancée. Heureusement, ce ne sont que des blindés légers. Hitler a imposé d'attendre son autorisation pour engager la 21e PD avec ses Tigre. Retranchés dans les maisons, les paras ripostent des fenêtres, mais leur armement n'est guère adapté. Les PIAT sont peu nombreux et seules les grenades Gammon ont une réelle efficacité. Faut-il encore se situer à courte distance pour les lancer. La situation tend à devenir sérieuse lorsque, au milieu du fracas général, un son lointain, aigrelet, parvient aux défenseurs de Benouville et du pont.

« Ecoutez ! »

Howard tend l'oreille. Seul un Britannique peut identifier un tel air. Un « Cornemuseux » souffle là-bas, en direction de la mer.

« *C'est Scotland the Braves !* » annonce Howard. « *C'est Lovat !* »

Lovat ! Avec lui, les commandos, les gars à béret vert de la 1re Brigade Spéciale. Ils ont pris terre à Ouistreham et signalent, comme convenu, leur approche. La réponse était tout aussi convenue. Dans les rangs des paras de Benouville, une autre cornemuse égrène des notes qui signifient :

1. Une balle qui siffle n'est pas dangereuse. Elle est trop haute. Par contre, une balle qui claque aux oreilles signifie qu'elle passe très près.

« OK, les amis ! Arrivez ! On vous attend. »

Les Allemands aussi ont entendu. Ils se voient pris en tenailles entre les adversaires descendus du ciel et ceux débarqués par mer. Leur pression se relâche. Leurs tirs décroissent. Manifestement, ils se replient vers Caen.

Il se nomme Bill Millin. A peine a-t-il fêté ses 18 ans. Béret vert sur la tête, cornemuse en sautoir, il s'époumone comme il ne l'a encore jamais fait. Son chef, Lord Lovat, très à l'aise en pull-over blanc, colle à ses pas. Derrière eux, un char Churchill et une double colonne de commandos.

La jonction est réalisée. A hauteur de l'église de Benouville, Lovat et Bill Millin obliquent à gauche, embouquent le chemin du port, gagnent le canal et le longent en empruntant le tracé d'une petite voie ferrée Caen-Ouistreham. Sortant des caves où ils se sont réfugiés, les habitants applaudissent et déploient des drapeaux.

Il y a encore des snipers aux alentours. Le parapet métallique n'est pas très élevé. Lovat hurle : « Baissez-vous ! » Au-delà du pont, une nouvelle fois, Bill Millin gonfle sa cornemuse et ajuste ses pipes. Puis il entonne « Blue Bonnets over the Border [1] ».

Les chars débarqués à Ouistreham suivent, arrivant en force. Les ponts de Benouville et de Ranville sont remis intacts à la relève.

*

Aujourd'hui, le pont de Benouville est devenu « Pegasus Bridge » en l'honneur des hommes d'Howard appartenant à la VIe Airborne, la division au Pégase ailé pour insigne.

Une inscription rappelle l'instant de la jonction Lovat-Howard : *12 heures deux minutes trente secondes.*

« *Sorry, John, j'ai deux minutes de retard* », avait déclaré Lovat à Howard.

L'audace avait payé. Au prix de 2 tués et 14 blessés, le commando, jailli des planeurs, avait pleinement rempli sa mission [2]. Un vrai commando, en images d'Epinal, le visage noirci et le poignard à la main.

---

1. « Les Bonnets Bleus franchissent la frontière. » Bill Millin continuera à jouer jusqu'à la traversée du pont de Ranville.

2. Le commando Howard restera engagé dans la bataille de Normandie jusqu'au 5 septembre avant d'être rapatrié. Son effectif était tombé de 181 à 40. Howard avait été blessé deux fois.

Chapitre V

LA BATTERIE DE MERVILLE

Dès le début du mois de mars 1944, les photographies aériennes sont formelles. Des travaux d'implantation d'une puissante position fortifiée sont en cours aux lisières méridionales du petit village de Merville.

Merville, un peu moins de 500 habitants en 1939, ne paraissait pas avoir vocation à entrer dans l'Histoire. A deux kilomètres à l'est de l'embouchure de l'Orne, un peu en retrait du littoral, elle n'était qu'une paisible bourgade du bocage normand. Elle n'avait comme curiosité que sa vieille tour en partie ruinée et sa plage, Franceville-Plage, encore peu fréquentée [1].

Les Allemands se sont appropriés un large terrain dégagé à sa sortie. L'emplacement retenu s'étale sur une très légère croupe presque au niveau de la campagne environnante (cote 16). Un cliché aérien pris fin mars révèle que deux casemates sont terminées et que deux autres, en pleins travaux, devraient être achevées à brève échéance. Les résistants locaux font écho de rumeurs

1. Les choses ont bien changé depuis. Sur plus d'un kilomètre de profondeur depuis la côte, Franceville-Plage n'est qu'un immense lotissement de résidences secondaires.

selon lesquelles ces casemates seraient destinées à accueillir des canons de 155.

Les responsables de l'Organisation Todt qui édifie le Mur de l'Atlantique n'ont pas retenu le site de Merville par hasard. Ils l'ont déterminé à bon escient. L'emplacement de ce qui s'annonce devoir être une batterie d'artillerie enterrée se situe très exactement dans l'axe du littoral côtier normand au nord de Caen. L'état-major allemand ne peut faire que des hypothèses, mais le commandement allié ne le sait que trop. Ce littoral côtier de l'embouchure de l'Orne à Courseulles-sur-Mer verra déboucher une partie des forces d'Overlord. Il sera celui des futures plages de débarquement britanniques et canadiennes, celles qui sont baptisées Sword, Juno, Gold[1]. Moins de 20 kilomètres séparent Merville de Courseulles-sur-Mer. Or, 20 kilomètres correspondent à la portée d'un 155, engin aux projectiles particulièrement destructeurs. Placée où elle est érigée, la batterie de Merville représente un danger mortel pour les 3e et 20e Divisions britanniques ainsi que pour la 3e Division canadienne débarquant sur Juno, Sword et Gold [2]. Ses tirs les prendront de flanc, en écharpe. Dans ce cas, tous les coups portent, qu'ils soient courts ou longs.

Merville se situe dans la zone d'action de la VIe Airborne (le pont de Benouville est à 6 kilomètres sud-ouest). La division doit, c'est prévu, sauter ou arriver en planeurs entre Orne et Dives. Le général Richard Gale, son chef, se voit donc confier la mission de réduire au silence la batterie de Merville. Ces pièces si dangereuses sont à neutraliser dans la nuit du « Jour J », avant le lever du soleil, très exactement avant 5 heures 30. Si à l'heure précise les paras n'ont pas réussi, la Royal Navy prendra le relais dans l'espoir de les écraser.

Il s'agit là d'un recours extrême, car rien ne prouve que les grosses bordées de la Navy seront pleinement efficaces. La position de la batterie représente un ovale d'environ 400 mètres dans sa grande diagonale. Les pièces sont logées dans des casemates bétonnées de deux mètres d'épaisseur, renforcées par trois mètres de terrassement latéral et protégées par des portes blindées. Un coup au but n'est pas assuré ébranler l'ouvrage. A condition encore qu'il touche au but ! Avant le 6 juin, des bombardiers

---

1. Partiellement pour cette dernière.

2. Les plages Gold correspondent à La Rivière, Le Hamel, Arromanches ; les plages Juno à Saint-Aubin-sur-Mer, Courseulles-sur-Mer ; les plages Sword à Riva-Bella, Lion-sur-Mer.

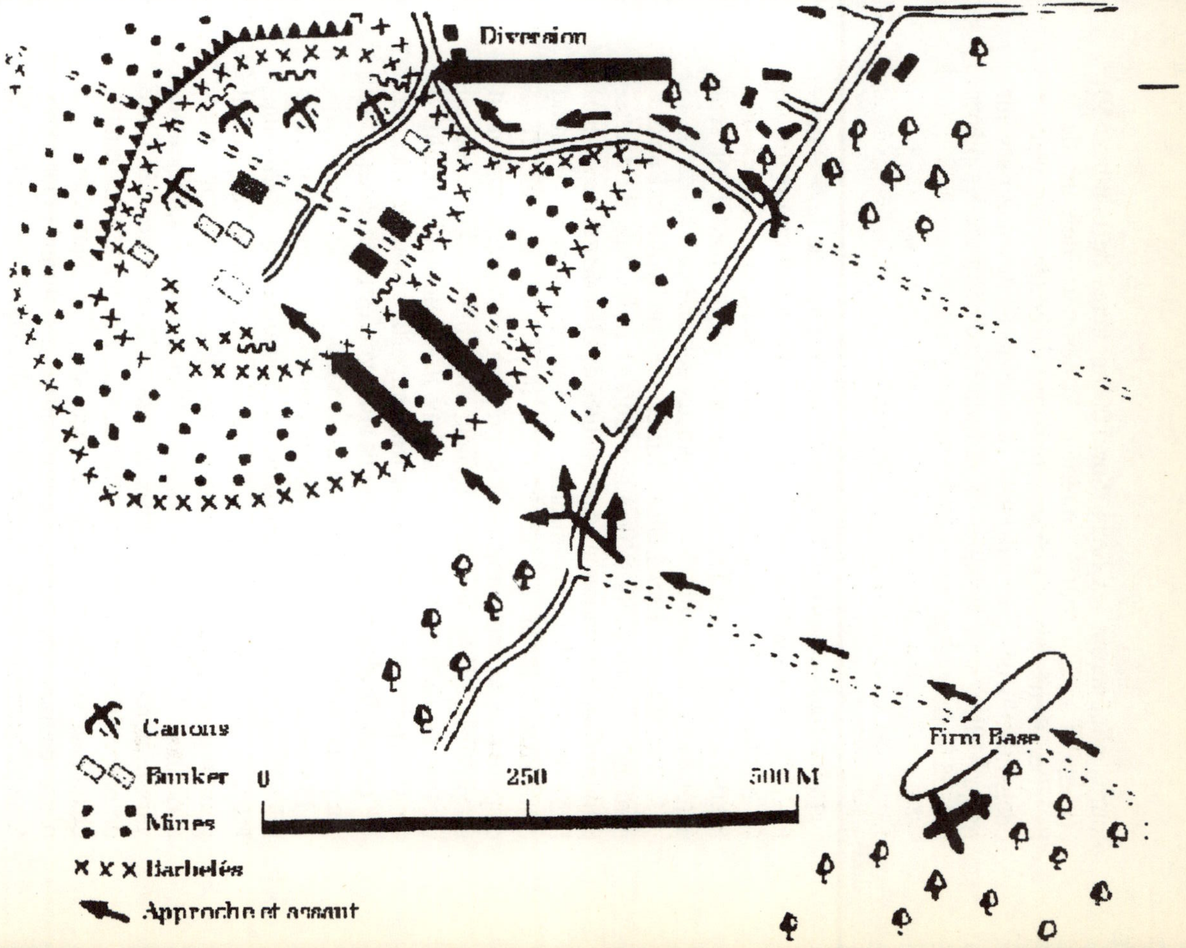

La Batterie de Merville

lourds pilonneront les lieux. Sur 1 000 cratères de bombes, 50 seulement se situeront à l'intérieur du périmètre défensif de la batterie. Deux bombes frapperont une casemate sans résultat décisif. Seuls des hommes, sous réserve qu'ils puissent parvenir jusqu'à elles, sont capables de réduire avec certitude les pièces de 155 de Merville.

*

Le lieutenant-colonel Terence Otway commande le 9e Bataillon de la 3e Brigade de la VIe Airborne. Ce bataillon est fort de 35 officiers et 600 parachutistes britanniques. Pour l'opération Merville, qui lui est impartie par le général Gale, il lui sera adjoint une compagnie de parachutistes canadiens.

Otway, issu des Royal Ulster Rifles, n'a que 29 ans et l'entière confiance de ses chefs. S'il sait se montrer audacieux, il est aussi rigoureux que méthodique. Ses qualités de chef de guerre se doublent de celles d'un organisateur. Le 2 avril seulement, il prend connaissance de la mission Merville qui lui est assignée. Il ne dispose que de deux mois pour se préparer. Fort heureusement, il est précisé qu'il reçoit «carte blanche». Ce blanc-seing le met en mesure de réclamer les moyens dont il estime avoir besoin. Il ne s'en prive pas. L'enjeu est trop important pour lésiner. En 48 heures, il obtient tous les feux verts voulus pour réaliser une maquette en vraie grandeur de son objectif.

Des terres agricoles, à Newbury, à une bonne cinquantaine de kilomètres à l'ouest de Londres, lui fournissent un cadre analogue à celui de Merville. Le Génie passe aussitôt au travail pour reproduire ce que décrivent les dernières photographies aériennes. Quatre casemates maintenant achevées, orientées vers le nord-ouest[1]. Des abris enterrés[2]. Un premier périmètre de barbelés épais de 5 mètres et hauts de 1 m 50. Un fossé antichars long de 400 mètres sur la face nord. Un champ de mines d'une centaine de mètres de profondeur ceinturant l'ensemble. Une seconde enceinte de barbelés plus modeste, plantée là

1. Ces casemates sont des ouvrages bétonnés rectangulaires. Une dalle de béton de deux mètres d'épaisseur les met à l'abri des bombes de 1 000 kilos. L'alvéole intérieure d'environ six mètres sur quatre dispose de deux ouvertures : une orientée nord, offrant à la pièce un débattement de l'ordre de 60° ; une autre, face au sud, accès normal, fermée par une porte blindée.

2. Servant à priori de PC, de casernement et de dépôts de munitions.

uniquement pour empêcher le bétail des pâtures avoisinantes de pénétrer dans l'enclos. Ne sont pas oubliés les emplacements de mitrailleuses et un blockhaus DCA avec canons de 20. Le plus aisé à reproduire est naturellement de matérialiser la porte d'entrée plein est et la piste de circulation éclatant en potence au milieu du dispositif.

Tout autour de la batterie ainsi reconstituée s'étendent des prairies ou des vergers. La campagne anglaise ressemble à bien des égards à celle de Normandie. Dans ce décor similaire à celui de la batterie de Merville, Otway, tout au long des semaines le séparant du « Jour J », a latitude d'entraîner ses hommes et de leur faire répéter les diverses manœuvres à réaliser. Il a prévu un scénario s'articulant autour de plusieurs détachements, chacun avec un travail bien défini :

– Un groupe « avancé » d'une dizaine d'hommes sautera en précurseur à 0 heure 20, soit environ 30 minutes avant le gros du bataillon. Largué en même temps que les « Pathfinders [1] » de la 22e Compagnie parachutiste indépendante, il se scindera en trois. Une équipe de trois (major Smith et deux hommes), la « Trowbridge Party [2] », ira reconnaître la batterie, ouvrira une brèche avec des cisailles dans le premier réseau de barbelés et repérera mines et sentinelles. Une seconde équipe (lieutenant Slade et deux hommes) devra déterminer si un emplacement proche distingué sur les photos aériennes correspond ou non à une autre batterie. Il semblerait que ce ne soit qu'un leurre, mais il importe de s'en assurer. Enfin, une troisième équipe (major Parry et quatre hommes) localisera le point de rendez-vous du bataillon : un arbre « en boule », fortement charpenté, en bordure d'un verger à 2 kilomètres au sud-est de l'objectif. Parry y installera une lampe Aldis pour signaler l'endroit aux arrivants.

– Trois compagnies à trois sections chacune fourniront trois groupes d'attaque. La première avec des torpilles Bengalore ouvrira des brèches dans les barbelés intérieurs. La seconde donnera l'assaut proprement dit à la batterie. La troisième sera maintenue en réserve pour faire face à tout imprévu.

Eben-Emael a fait école. Trois planeurs, prévus pour se poser directement sur la batterie, délivreront 3 officiers et 47 paras du

1. Les « Pathfinders » (Ceux qui trouvent le chemin) sont des parachutistes largués en précurseurs avec mission de baliser la DZ pour l'élément principal.

2. Du nom du capitaine Trowbridge envoyé par Nelson reconnaître la flotte française lors de la bataille de Trafalgar en octobre 1805.

bataillon Otway ainsi qu'un officier et 7 sapeurs du 591e Parachutiste Squadron des Royal Engineers (Génie).

Otway a également prévu une diversion. L'attaque principale sera lancée sur la face sud. Simultanément, trois groupes détourneront l'attention de l'ennemi devant la porte d'entrée. Deux d'entre eux seront munis de Bren et de PIAT. Le troisième s'exprimera en allemand pour confondre l'adversaire. Il y aura encore un dernier groupe connu sous le vocable de groupe planeur. Cinq planeurs apporteront du matériel lourd: lance-flammes, canons antichars de six livres et trois jeeps avec torpilles Bengalore, munitions et échelles.

Les paras canadiens couvriront le 9e Bataillon durant son opération.

Le commandement allié a imposé un bombardement préparatoire. A 0 heure 30, une centaine de bombardiers Lancaster et Halifax du Bomber Command pilonneront la batterie avec des bombes de 2 000 kilos afin «d'assouplir» l'objectif. Ceci explique en partie la mission de la «Trowbridge Party»: aller de visu constater l'état de la batterie après le passage des bombardiers.

Tout s'annonce organisé jusque dans les moindres détails. L'ensemble implique obligatoirement une parfaite mise à terre des onze groupes, qu'ils soient parachutés ou aéroportés par planeurs. La RAF se targue de la qualité de ses services. A Bruneval, n'a-t-elle pas largué les paras de Frost au point et à l'heure voulus[1]?

Dans l'attente de l'exécution effective, le 9e Bataillon s'entraîne. Newbury lui fournit le décor de son futur théâtre d'opérations. Cinq exercices de jour, quatre de nuit rodent les mécanismes et permettent à chacun d'enregistrer parfaitement ce qu'il aura à réaliser.

*

La force d'assaut planeur, les groupes de reconnaissance et de rendez-vous font route à part. Le gros du 9e Bataillon s'envole à son tour, à partir de 23 heures 10, des terrains de Brize Norton et Harwell, au sud d'Oxford[2]. Les paras dans les Dakotas savent qu'ils en ont pour deux bonnes heures avant de voir les lampes

---

1. Cf. *Histoire des Commandos*, tome 1, chap. IX.

2. En moyenne, 23 parachutistes par Dakota. Soit 32 avions du 512e Squadron de la RAF pour transporter le 9e Bataillon.

vertes s'allumer[1]. (Les précurseurs sauteront à 0 heure 20, on l'a vu.)

Le survol de la Manche se déroule sans incidents hormis les inévitables trous d'air et changements de rythme dus à l'altitude et au vol en formation. Sans compter qu'à 2000 mètres, portes ouvertes, il ne fait pas chaud…

Les pilotes éprouvent des difficultés à distinguer l'embouchure de l'Orne et celle de la Dives (8 kilomètres les séparent). Les tirs de DCA pointés sur eux ne facilitent pas la navigation et imposent des manœuvres d'esquive. Les repères déjà incertains se perdent. A l'intérieur des carlingues, qui tanguent sous les coups de palonnier, les paras se sont levés à l'approche du saut. Leurs bardas sur le dos, ils ont du mal à conserver leur équilibre. Au signal de la lampe verte les libérant, nombreux sont projetés au plancher et peinent à se relever. Les sorties traînent et se succèdent en désordre, un peu au petit bonheur des caps pris et perdus par les pilotes.

Au lieu de se retrouver sur une DZ de 900 mètres sur 800, le 9e Bataillon s'éparpille sur plusieurs dizaines de kilomètres carrés. Des sticks tombent dans les marais et les zones inondées à l'ouest de la Dives. Beaucoup de paras s'y noieront. D'autres tombent vers Breville près de l'Orne. Un attardé atterrit même à 50 kilomètres de Merville.

Otway est chanceux. Il se rend compte de l'erreur et du fait qu'il chute droit, avec deux autres paras[2], dans un jardin proche d'un manoir abritant un PC allemand près de Varaville. Les sentinelles, surprises à l'intérieur de l'habitation, tiraillent un peu à l'aveuglette. Un para a un bon réflexe. Il lance une brique qui fracasse une fenêtre. Les Allemands croient à une grenade et s'abritent, arrêtant leurs tirs. Les trois Anglais en profitent pour filer.

L'élément avancé a connu sensiblement les mêmes avatars. Aucun de ses membres n'a été largué correctement. Chacun

---

1. Signifiant de sauter. Auparavant, les lampes au-dessus des portes de saut sont au rouge. Une sonnerie accompagne généralement le passage au vert. Si bref soit-il, son grésillement accentue l'intensité de l'instant, pour les passagers appelés à franchir la porte.

2. Une arrivée de plusieurs paras dans un espace exigu n'a rien d'étonnant. Un saut d'opération s'effectue à une altitude moyenne de 150 mètres. Le temps de descente est très court, de l'ordre de 20-25 secondes, et ne permet pas de se disperser. Pour peu que des paras sortent serrés les uns derrière les autres, ils se trouvent ensemble au sol.

s'est efforcé de rallier de son mieux et au plus vite le point de rendez-vous. Plus d'un, aux abords du village de Bonneville-en-Auge, s'est retrouvé sous le bombardement préparatoire. Les Lancaster ont pris Gonneville pour la batterie. Leurs bombes ont réduit le village en cendres. Décidément, ce n'était pas le jour de la RAF! Le major Parry s'est souvenu d'un fort mauvais moment:

«*Je me dirigeais vers le point de rendez-vous et j'avais juste atteint un fossé quand les bombes ont commencé à tomber autour de moi. J'étais sûr qu'elles ne pouvaient me manquer. Elles se sont abattues à ma droite, à ma gauche pendant 10 minutes. Quand elles ont cessé de tomber, j'ai poussé un soupir de soulagement.*»

Un peu plus loin, Parry récupère deux paras canadiens, égarés, puis, quelques autres, ceux-là du 9e Bataillon. Inquiet de voir le temps passer, il finit par apercevoir une lampe rouge. Le point de jonction! Le sergent Easlea est là, agitant sa torche. Autour de lui, ils sont déjà une poignée. Là, une certaine confusion règne. Les arrivées s'échelonnent, individuelles ou par petits paquets de deux à quatre. A 1 heure 50, ils ne sont que 150 paras sur 600 à répondre présent. Les compagnies sont à 30. Un de leurs commandants n'est pas là. Les mortiers, les canons de six livres, les détecteurs de mines, les jeeps manquent...

Otway s'est orienté et a retrouvé les siens. Le colonel est face à un choix difficile, le plus difficile de sa carrière. Que doit-il faire? Attaquer la batterie avec son maigre effectif risque de voir décimer sa troupe inutilement. N'est-il pas préférable de participer au combat d'une autre manière en se réservant pour la suite de la mission? Mais renoncer est faire courir un péril grave aux forces amies qui débarqueront dans moins de cinq heures. Otway ne doute pas de la qualité et de la détermination de ses gars. Rapidement, il prend sa décision:

«Il n'était pas question de s'éloigner, d'abandonner. Au Parachute Regiment [1] l'abandon n'est pas une option.»

---

1. L'organisation des parachutistes britanniques est sensiblement différente de celle des parachutistes français.

– Les régiments de parachutistes français forment corps (et sont donc autonomes).

– Les parachutistes britanniques sont généralement organisés en bataillons (d'infanterie) formant corps. Ces bataillons s'intègrent dans une unité mère, «The Parachute Regiment», commandée en principe par une haute personnalité. (Le maréchal Montgomery fut colonel commandant le Parachute Regiment.)

2 heures 15. Otway donne l'ordre de départ.

La Compagnie «A» ouvre la route, suivie d'un fragment de PC, des rescapés des groupes de diversion, et de la Compagnie «B» avec quelques Bengalore. La Compagnie «C» et le toubib du bataillon avec six infirmiers ferment la marche. Entre deux nuages, la lune éclaire la progression dans les chemins creux et le long des haies vives du bocage. De temps à autre, Otway marque un arrêt pour s'assurer qu'il est sur la bonne voie. Ayant longuement étudié le trajet à parcourir sur les photographies aériennes, il le connaît par cœur. Avec satisfaction, il retrouve les repères qu'il a identifiés au stéréoscope.

Entre-temps, le groupe de reconnaissance du major Smith a parfaitement accompli son travail. Au sud de la position fortifiée, il a ouvert une brèche dans les barbelés extérieurs et pénétré dans le champ de mines. Pendant près d'une demi-heure, il est resté collé au dernier réseau de barbelés. Avec attention, il a repéré les postes ennemis grâce aux propos et à la toux des sentinelles. Une patrouille allemande est passée, à un moment, sans le remarquer, à un mètre du fossé où il s'était tapi.

Faute de signaux appropriés, c'est à coups de talon dans la terre boueuse que deux cheminements dans le champ de mines ont été matérialisés. Le tout s'est effectué sans bruit, en rampant sur les avant-bras et les genoux.

Par les lieux-dits les Hommets, puis les Bas Herbages, le Bataillon Otway atteint la corne nord de Gonneville-en-Auge. Au carrefour des chemins à la sortie sud du malheureux village[1], Otway prend contact avec Smith venu à sa rencontre. En quelques mots, le major fait son compte rendu. La batterie n'est plus qu'à 700 mètres. Sa garnison doit être alertée sans vivre toutefois le doigt sur la détente. Les cheminements jalonnés dans le champ de mines permettent d'accéder discrètement aux barbelés intérieurs.

Fort de ces derniers renseignements et tenant compte de ses moyens, Otway modifie son plan d'attaque. La Compagnie «B» forcera les brèches avec les Bengalore. Les Compagnies «A» et «C», sous les ordres du major Parry, constitueront quatre groupes de 12, un par casemate. Un élément léger avec le sergent Knight procédera à une diversion à la porte d'entrée. L'arrivée des planeurs déclenchera l'explosion des Bengalore et le signal de l'assaut.

1. Ce carrefour s'appelle aujourd'hui «Carrefour du 9e Bataillon», mais les lieux ont perdu une bonne partie de leur côté champêtre de l'époque.

Il est maintenant près de 4 heures 30. Depuis le carrefour de Gonneville, le 9e Bataillon a emprunté un chemin de terre et longé un verger. A 300 mètres de la D223, petite route goudronnée remontant vers le nord, il s'est arrêté quelques minutes [1] pour les ultimes préparatifs. Après quoi il a gagné la route qui sera sa véritable base de départ. Les paras sont tapis sur le bas-côté, prêts à foncer. La batterie se situe droit devant eux. Le premier réseau de barbelés se dresse à moins de 200 mètres. Les casemates sont plus loin encore, impossibles à discerner dans l'obscurité.

Déjà, la Compagnie «B» a commencé une reptation silencieuse avec ses Bengalore. Elle n'en a que dix. Il faudra en faire bon usage.

Smith ne se trompait pas. L'ennemi est sur ses gardes. Les mouvements d'avions dans le ciel, le vacarme des bombardements n'ont cessé de se succéder depuis le milieu de la nuit. Manifestement, il se passe quelque chose d'insolite. Toutefois, le silence règne sur Merville. Les armes se taisent.

Otway attendait les trois planeurs destinés à se poser sur la batterie pour déclencher l'assaut. Les voici, ponctuels, mais ils ne sont que deux. Le câble de remorquage de l'un d'eux a lâché peu après le décollage. L'appareil a pu se poser sans dommage en Grande-Bretagne [2].

Un obus éclairant de mortier devait permettre aux pilotes de localiser parfaitement leur zone de poser. Mais Otway n'a ni mortiers ni obus éclairants. Il ne peut compter que sur le savoir-faire des pilotes. Ceux-ci, malgré la DCA côtière, ont été amenés sensiblement à la verticale de leur objectif. Ayant largué leurs câbles, ils cerclent dans l'espoir de distinguer un indice significatif. Il n'est pas de repères bien marqués. Aucune comparaison avec l'Orne, le canal de Caen et les ponts du commando Howard [3]. Le premier planeur prend le village de la Mesnil pour la batterie, se rend compte de son erreur et se pose dans un terrain inondé, quatre kilomètres trop au sud. Le second, repéré par les canons de 20 de la batterie, a été atteint. A bord, quatre hommes ont été blessés. Ce tir a permis au sergent Kerre, le pilote, de distinguer la batterie. Il pique dessus. L'arrière de

1. A l'emplacement désigné, par la suite, sous le nom de «Firm Base».
2. Ses passagers sains et saufs rejoindront le lendemain.
3. Remarque qui n'enlève rien à l'exploit de navigation des pilotes des planeurs Howard.

l'Horsa, touché une nouvelle fois, prend feu. Kerre s'apprête à se crasher lorsque, dans un éclair, il aperçoit dans son axe un grand panneau avec une tête de mort et des os entrecroisés. Il arrive en plein dans le champ de mines ! Dans un réflexe, il cabre. Le planeur avait encore de la vitesse. Il poursuit, passe quelques pieds au-dessus des paras plaqués au sol et s'écrase dans un verger à 300 mètres au-delà de la route. Les ailes de l'Horsa se brisent à l'impact mais le pire a été évité.

Il est 4 heures 30. Otway était prêt. Il donne l'ordre de déclencher les Bengalore et lance un formidable :

« Get in ! Get in[1] ! »

Aussitôt, c'est la ruée vers les lueurs des explosions des Bengalore déchiquetant les barbelés intérieurs. Les paras se précipitent, en hurlant, à leur tour, des formidables « Get in ! Get in ! ».

Les Allemands ont compris. Ils comptaient voir l'ennemi déboucher de la mer. Il surgit de l'arrière, déferlant dans le champ de mines pour franchir les trouées forées par les Bengalore.

La batterie se voulait cependant un point d'appui fermé. Des tranchées barrent les faces nord et sud. Des fortins en béton assurent des tirs de flanquement. Au-dehors de la position, sur la gauche de l'attaque, il y a même un nid de mitrailleuses prenant le champ de mines en enfilade. Dès les premières clameurs, les MG se mettent à défiler leurs bandes.

« Get in ! Get in ! » Les cratères de bombes offrent des abris provisoires où il n'est pas question de s'attarder. Les casemates se devinent proches. Toutes les énergies se tendent vers elles. Dans la course en avant, les repères des cheminements sont vite perdus. Les pieds se prennent dans les fils pièges. Les mines « S » sont aussi redoutables que des obus de mortier de 60. Elles dépotent et explosent à un mètre du sol, projetant de terribles éclats. Malgré les rafales de mitrailleuses, malgré les explosions de mines, les paras britanniques poursuivent, ignorant, sur ordre, les camarades qui tombent. Tous sont jeunes. A peine un peu plus de 20 ans en moyenne. Pour la majorité, il s'agit du baptême du feu. L'entraînement, l'ardeur générale, l'exemple des chefs font d'eux des combattants résolus. Ils iront jusqu'au bout.

Les blockhaus de toute nature, les casemates sont à portée. Les Sten se vident sur tout ce qui bouge. Les Mills sont projetées par les embrasures. Leurs ravages à l'intérieur des abris

1. Que l'on peut traduire par « Allons-y », « En avant » ou « Rentrons-leur dedans » !

bétonnés sont meurtriers. Les Allemands qui tentent de s'échapper des ouvrages sont aussitôt abattus.

Le combat est dans la position. Il est aussi en périphérie.

Le hasard veut que, dans le courant de cette nuit du 5 au 6 juin, un détachement d'artillerie antiaérienne allemande fasse mouvement de Franceville sur Caen. Surpris par les largages britanniques, son chef a l'intention de se réfugier dans la batterie de Merville. Avant de l'aborder, il a dépêché en avant-garde un sous-officier et six hommes. Arrivant à l'entrée, ces Allemands ont la stupéfaction de tomber sur le groupe de diversion britannique et d'être aussitôt capturés.

Dans le planeur qui s'est posé dans le verger au sud de la batterie, les hommes se sont rapidement extraits. A peine regroupés par le lieutenant Pond, ils tombent sur une patrouille allemande arrivant manifestement en renfort. Pond, en un instant, monte une embuscade qui déjoue l'adversaire.

Otway avait aussi prévu des éléments d'appui avec des Bren et une mitrailleuse Vickers rescapée du parachutage. Cette mitrailleuse est appréciée au 9e Bataillon. Bren et Vickers parviennent à neutraliser les MG de périphérie avant que la petite réserve ne soit dessus pour les réduire au silence.

Les Allemands se défendent bien mais, dans le combat rapproché, ils n'ont pas le métier des paras. De plus, ils commettent des erreurs. Deux portes blindées de casemates sont restées ouvertes. Les assaillants ont la partie belle pour balancer leurs Mills.

Soudain, un Feldgrau aperçoit un insigne et réalise. Il s'écrie :

« Parachutistes ! »

Des paras ! La garnison découvre à qui elle a affaire. Le cœur n'y est plus. Le moral lâche devant cette partie inégale contre une troupe d'élite. Les survivants se rendent.

Les vainqueurs éprouvent une certaine déconvenue. Ils s'attendaient à tomber sur des canons de 155 et se trouvent devant des obusiers tchèques Skoda de 100 m/m. Ces engins portent néanmoins à près de 11 kilomètres. Sword Beach aurait été sous leurs feux.

En l'absence des sapeurs munis d'explosifs, les paras avec des grenades Gammon sabotent au mieux tubes et appareils de visée. Parry, bien que blessé, fait le tour des casemates avant de s'éloigner. Il tient à s'assurer que les pièces sont hors d'usage.

5 heures légèrement dépassées. Il est grand temps de quitter les lieux. A 5 heures 30, le croiseur *Arethusa* de la Royal Navy

commencera à tirer ses bordées sur la batterie. Une fusée lumineuse jaune a été envoyée vers le ciel pour l'informer du succès de l'opération. A-t-elle été perçue ? A-t-elle été signalée par un avion de reconnaissance ? Rien de sûr. La prudence impose de partir au plus vite pour ne pas risquer d'hériter des salves amies.

D'autant que celles de l'ennemi commencent à s'abattre. D'un bunker proche de la casemate n° 4, un sous-officier allemand, le sergent-major Büskotte, a, par téléphone, alerté son chef, le lieutenant Steiner, commandant de batterie. Celui-ci se tenait dans le poste d'observation, un kilomètre au nord, dominant le rivage [1]. Steiner a contacté une autre batterie, près de Cabourg. Il lui a demandé d'ouvrir le feu sur la batterie de Merville pour soutenir les défenseurs. Les obus allemands tombent sur le périmètre extérieur des défenses.

*

La bataille a été sanglante pour les deux camps. La batterie de Merville comptait 130 artilleurs. 16 blessés et 6 indemnes sont faits prisonniers. Les autres, une centaine, gisent sans vie. Tué ou être tué ! Dans la nuit, au milieu des fumées et des explosions de toute nature, les paras ont tiré sur tout ce qui se dressait devant eux.

Chez Otway, la victoire a coûté cher. Le colonel n'a plus que 80 valides autour de lui. Un officier a été tué, 4 autres blessés ; 65 paras sont morts, blessés ou portés disparus. (20 blessés devront être brancardés.) Otway lui-même est un peu un miraculé. Une balle a percé sa veste de saut sans le toucher, une autre a frappé son bidon.

Au moment du départ, le lieutenant Loring, l'officier de transmission du bataillon, sort un pigeon quelque peu groggy d'une poche de son battle-dress. Le volatile libéré a tôt fait de reprendre vie et piquer vers la Grande-Bretagne. Il y confirmera la pleine réussite du commando du 9e Bataillon.

*

1. Cette position du lieutenant Steiner est normale. Un commandant de batterie d'artillerie se porte de l'avant pour observer et régler ses tirs. Il passe ses ordres en conséquence. Son adjoint, à la batterie, fait fonction d'officier de tir et dirige le feu des pièces.

Merville a été abandonnée. Brancardant leurs camarades gravement atteints, les paras d'Otway se dirigent vers la «Firm Base» dans un premier temps, puis vers le point de regroupement. Il s'agit d'un haut calvaire au carrefour des départementales 223 et 95A, 1500 mètres plein sud de la batterie. Le jour est complètement levé. Epuisés, les hommes se laissent tomber dans les fossés. Otway et ses adjoints s'assoient sur les marches du piédestal pour étudier la suite. Leur mission n'est pas terminée. Le plan initial prévoit que le 9e Bataillon, après Merville, occupe la butte du Plein[1] à trois kilomètres au sud-ouest. Le hameau du Plein se tient sur une légère éminence (cote 50 en moyenne) dominant la vallée de l'Orne et se prolongeant par Merville et le château Saint-Côme (théâtre de furieux combats dans les jours suivants).

D'autres combats attendent le 9e Bataillon. Sur la terre normande, il laissera au total 90 des siens. La bataille de Merville n'est pas totalement terminée. Les Britanniques ont abandonné le site. Les Allemands y reviendront. La position changera de mains plusieurs fois jusqu'à la fin du mois de juin. Mais elle n'était plus dangereuse pour les unités débarquant à Sword Beach devant Ouistreham.

*

Le commando du 9e Bataillon sur la batterie de Merville s'affirme l'une des opérations phares des parachutistes britanniques. A défaut d'une surprise totale, Otway et ses hommes n'ont pas hésité à attaquer, à un contre un, un point d'appui hautement fortifié. (Barbelés, mines, blockhaus, nids de mitrailleuses.)

Dépourvus de soutien, ils ne pouvaient compter que sur eux-mêmes. Le terrible pourcentage de pertes (50 %) prouve les dangers de l'entreprise. L'inaltérable ardeur des exécutants, du colonel au plus modeste des paras, a dominé les risques.

Elle a assuré un succès épargnant des centaines de vies humaines sur les plages.

---

1. La cartographie actuelle précise Le Plain.

Chapitre VI

LA POINTE DU HOC

Merville possède un homologue en secteur américain de débarquement : la Pointe du Hoc.

A la base du Cotentin, la côte normande s'infléchit formant un rentrant à l'équerre où s'enfonce la baie des Veys. Les deux plages américaines se situent de part et d'autre de ce rentrant. Utah Beach au nord, face à Sainte-Marie-du-Mont. Omaha Beach à l'est devant Vierville et Saint-Laurent-sur-Mer. Entre la baie des Veys et les abords de Vierville s'étirent des falaises calcaires sensiblement rectilignes. A quatre kilomètres à l'est du petit port de Grandcamp, elle pousse toutefois une avancée sur la mer, la Pointe du Hoc. Le site offre des vues lointaines sur tout le littoral et la Manche.

Il n'est donc pas à s'étonner que les Allemands aient retenu cet emplacement dans le cadre de la défense de la « Forteresse Europe ». Les photographies aériennes révèlent l'existence d'une position fortifiée. La Résistance a confirmé. A la Pointe du Hoc se trouvent des pièces d'artillerie de 155 d'origine française.

La carte, un compas à la main, finit d'éclairer sur l'intérêt de l'endroit. Un canon de 155 a une portée moyenne de 20 kilomètres. De la Pointe du Hoc, Utah Beach et Omaha Beach sont largement à distance de tir. Une flotte, en soutien en haute mer ou abordant les plages de débarquement, serait prise sous le même feu. Bref, la batterie de la Pointe du Hoc représente au Jour J un péril redoutable pour les Alliés. Un péril à écarter à tout prix. Mais comment ?

Le terrain exigu avec ses retranchements et ses parois verticales sur deux flancs interdit un parachutage ou une arrivée en planeurs. Une attaque terrestre menée de l'intérieur se heurterait à de solides défenses : réseaux de barbelés, mines, nids de mitrailleuses. Reste l'hypothèse d'un assaut frontal en venant de la mer et en escaladant les falaises hautes de 30 mètres. L'ennemi ne le juge certainement pas réalisable. Il doit moins se garder de ce côté. Interrogé sur le sujet, le lieutenant-colonel Rudder, commandant le 2e Bataillon de Rangers, a répondu au général Bradley, commandant la 1re Armée américaine :

« *Sir, mes rangers peuvent faire ce boulot pour vous !* » Soit. Le principe en a par conséquent été retenu.

*

Le 1er décembre 1943 à Grenachen, en Ecosse, le 2e Bataillon de Rangers américains a débarqué du transatlantique *Queen Elizabeth* converti en transport de troupes. Avec ses six compagnies (A.B.C.D.E.F.) regroupées initialement à Camp Forrest dans le Tennessee, il constitue une unité d'un peu moins de 500 volontaires[1]. Son chef se nomme James Rudder, 33 ans, ancien entraîneur de football au Texas. L'individu est solide et sait commander, ce qui ne l'empêche pas d'être aimé car il se montre humain.

Rudder s'est porté partant pour la Pointe du Hoc peu après son arrivée en Grande-Bretagne. Transféré dans le sud de l'Angleterre, son bataillon s'entraîne à escalader des falaises. Il n'en manque pas sur le littoral de Cornouailles. Progressivement, les Rangers s'affirment des as en la matière, grimpant à mains nues ou à l'aide de cordes et d'échelles. Cet apprentissage est suivi d'exercices d'embarquement et de débarquement menés parfois avec des commandos britanniques.

Après plusieurs retouches, le plan final adopté par l'état-major américain prévoit de scinder le 2e Bataillon en trois :

– Le détachement A, Compagnies D, E et F, plus le PC, soit environ 230 hommes sous le commandement direct de Rudder.

1. Les compagnies sont à effectifs modestes. 3 officiers. 64 Rangers.

Mission: enlever la Pointe du Hoc par un assaut frontal à partir de la mer. L'heure H de l'accostage au Jour J sera 6 heures 30.

– Le détachement B, Compagnie C, débarquera simultanément à 4 kilomètres à l'est, sur la plage Dog Green[1]. Il devra occuper la Pointe et le Raz de la Percée (deux kilomètres à l'ouest) et ensuite se porter en soutien de Rudder.

– Le détachement C, aux ordres du lieutenant-colonel Schneider, commandant le 5e Bataillon de Rangers, comprendra le Bataillon Schneider et les Compagnies A et B du 2e Bataillon. Il sera officiellement en réserve. En fonction de l'évolution de la situation, il prendra terre soit à la Pointe du Hoc soit à Dog Green. Dans ce dernier cas, il investira la position fortifiée par l'intérieur des terres.

Les 230 hommes du détachement Rudder embarqueront dans des LCA[2], suivis de quatre DUKW[3], véhicules qui transporteront les paquetages et des échelles coulissantes de 30 mètres. Pour grimper, les Rangers seront allégés au maximum. Armement individuel. Deux grenades, une boîte de rations par personne. Quatre BAR[4] et deux mortiers légers par compagnie. Pas plus. L'approche maritime s'effectuant nord-sud, droit sur la Pointe, Rudder a prévu le débarquement de la Compagnie D sur la face ouest (200 mètres de front), celui des Compagnies E et F sur la face est (400 mètres). Partout, la marée basse laisse une grève de galets d'une trentaine de mètres de profondeur.

Rudder et les siens ont ainsi la tâche la plus rude. Il leur faudra surmonter les obstacles naturels et enlever de vive force un camp retranché. L'ennemi les verra approcher et les dominera dans un premier temps. Obligatoirement, l'opération sera coûteuse mais Rudder connaît l'enjeu de la mission. Enclouer les pièces de 155 est vital pour les forces de débarquement à Omaha Beach et Utah Beach.

*

1. A l'extrémité droite d'Omaha Beach, en venant de la mer, sensiblement devant Vierville-sur-Mer et le Hamel-au-Prêtre.

2. Landing Craft Assault (navire de débarquement d'assaut). 35 passagers.

3. GM DUKW. Camion amphibie pouvant transporter 25 personnes. A été très utilisé dans le Pacifique.

4. Browning Automatic Rifle. Fusil automatique calibre 7,62 mm, utilisé comme FM grâce à son bipied. Chargeur de 20 coups.

Les douze hectares de la position fortifiée de la Pointe du Hoc ressemblent à un losange légèrement aplati[1]. Au sommet, un éperon s'avance quelque peu vers le large. Les deux côtés nord tombent en falaises. Les deux côtés sud sont en majeure partie soulignés par des réseaux de barbelés et correspondent à l'essentiel des défenses. Comme le pensent les Américains, les Allemands estiment en effet que l'abrupt des falaises exclut une irruption maritime. Toutefois, par prudence, ils ont placé quelques mitrailleuses en front de mer. Quant aux pièces de 155, elles sont installées dans des alvéoles ouvertes à l'air libre. Distantes les unes des autres d'une centaine de mètres, formant un large V, pointe en avant, au cœur du dispositif. De petits fortins les protègent. Des tranchées les relient. Il y a aussi, aux extrémités est et ouest du losange, deux abris de DCA avec mitrailleuses. Ceux-là causeront bien des soucis aux Rangers. Enfin, presque à la pointe, un blockhaus bétonné sert de poste d'observation et de tir. Sa vision panoramique touche près de 180 degrés en front de mer. Au total, les défenseurs de la Pointe du Hoc s'élèvent à 125 fantassins et 85 artilleurs. Le combat s'annonce du un contre un avec l'avantage du terrain pour les défenseurs.

6 JUIN. 6 HEURES

La Pointe du Hoc fume sous les impacts. La 9e US Air Force, les grosses pièces de l'US Navy matraquent les lieux, créant de gigantesques entonnoirs.

La mer est forte. Les LCA et les DUKW encaissent des paquets de mer. Les Rangers des Compagnies D, E et F, transférés des gros bâtiments, qui leur ont fait traverser la Manche, pour une traversée de 12 miles sont trempés et transis. Sans oublier le mal de mer... Surchargés par l'eau qui passe par-dessus bord, deux LCA coulent peu après la prise de formation. Le LCA 914 transportait du ravitaillement. Il n'y a qu'un rescapé. Les passagers du LCA 860 sont plus heureux. Ils seront recueillis quelques heures plus tard. Mais, frigorifiés, ils seront contraints d'être hospitalisés.

Les occupants des neuf LCA qui suivent ont vu l'infortune

1. La grande diagonale est-ouest faisant environ 600 mètres, la petite sud-nord 400.

de leurs camarades. Avec leurs casques lourds, ils écopent l'eau embarquée pour aider les pompes et éviter un sort similaire.

Trompés par la brume, par les fumées et les explosions qui montent et tonnent de partout au rivage sous les tirs de préparation, les marins dévient. Ils piquent trop à gauche sur la Pointe de la Percée. Rudder s'en rend compte. Il fait virer la flottille à tribord. Mais impossible de combler le retard dû à l'allongement du parcours. Pire, les embarcations, après le changement de cap, défilent le long du rivage Elles passent à quelques centaines de mètres des défenses côtières. Un DUKW est touché. Il y a des tués et des blessés.

Conformément au planning, le matraquage de la Pointe du Hoc est levé à 6 heures 30. Les Allemands, terrés jusqu'alors dans leurs abris, peuvent à nouveau se manifester. Ils se postent aux rebords des falaises pour ouvrir le feu au fusil ou à la mitrailleuse sur les arrivants. Deux destroyers, dont un britannique, croisaient à proximité. Ils repèrent les tireurs ennemis. Sans souci des risques, ils piquent sur la côte. Leurs armes de bord se déchaînent pour couvrir l'approche finale des LCA.

La formation survenant du large était censée éclater, Compagnie D à l'ouest, Compagnies E et F à l'est. L'erreur de navigation impose une abattée sur bâbord pour se plaquer au pied des falaises Est.

Il est 7 heures 10. 40 minutes de décalage. Le pilonnage aérien et naval a cessé depuis longtemps. Encore heureux que les deux destroyers soient intervenus. Mais l'effet de surprise ne joue plus.

La grève est souvent précédée de trous d'eau, phénomènes naturels ou entonnoirs creusés par les bombes de gros gabarit. Les Rangers lourdement équipés, débarquant des péniches qui talonnent, se retrouvent parfois brutalement immergés et peinent pour se dégager. Par la force des choses, du matériel glisse et se perd. Ces disparitions, surtout celle des appareils radio, feront lourdement défaut.

Avant même l'accostage, des fusées ont été tirées des bateaux pour projeter sur les hauts des grappins destinés à arrimer des moyens d'escalade. Las ! Les cordages mouillés et pesants retombent sans atteindre leur but. Tout est à reprendre de la plage.

Les bombardements ont eu une incidence imprévue. En plusieurs endroits, ils ont entamé les parois provoquant de vastes éboulis. Un talus glaiseux s'est formé sur une bonne hauteur. Même s'il est instable et glissant, il facilitera la montée. En un point, il se prolonge même par une excavation elle aussi due aux bombes. Le passage n'est pas vertical. Il fournira, par la suite, une fois la Pointe du Hoc conquise, un cheminement d'accès que quelques travaux sommaires amélioreront.

Parvenir au faîte des 30 mètres de falaise ne relève pas uniquement de l'exploit sportif. Les Allemands ont été forcés de reculer quelque peu sous les feux des deux destroyers. Ce léger repli ne les empêche pas de balancer leurs redoutables grenades à manche en direction de ceux dont ils devinent la présence en contrebas. Sur la gauche de la zone de débarquement, une MG prend une partie de la grève en enfilade. Ses rafales sont meurtrières. Pour se protéger, il est nécessaire de se coller le long de la paroi.

Pourtant, envers et contre tout, les Rangers s'efforcent de monter. Après le naufrage du LCA 860, ils sont 200 à avoir mis le pied sur la petite plage de galets. Par équipes de trois ou quatre, regroupés par affinité ou derrière un gradé, ils se lancent dans l'escalade. Dans ce combat contre la verticale, il n'est pas à donner d'ordre. La volonté d'action est unanime, fortifiant les énergies. Certains attaquent la paroi à mains nues, affrontant cette muraille calcaire qui s'effrite ou blesse les doigts recherchant des prises. D'autres s'efforcent d'utiliser les cordes dont les grappins se sont plantés sur la crête. Glissades, chutes se succèdent sans atténuer la rage de vaincre les lois de la pesanteur.

Bill Vaughin a débarqué du 668 presque au centre du dispositif. Une corde à cabillots, qui paraît bien amarrée, évite un surplomb. Vaughin la saisit. Le premier du bataillon, il atteint le sommet et indique la voie par où passer. Derrière lui, des échelles extensibles permettent de gagner un point d'où il devient possible de terminer en ascension libre. Quinze minutes après sa mise à terre, un groupe du LCA 668 débouche sur la position. A l'extrémité droite, le LCA 861 doit commencer par riposter à des Feldgrau se profilant au-dessus de sa tête. Le feu bien ajusté d'un BAR les éloigne tandis qu'une fusée à grappins est déclenchée. Sitôt la corde fixée, Roberts, un Ranger de 1re classe, entame l'ascension d'une pente à 80 degrés. A peine s'est-il élevé de quelques mètres que la corde lâche. Coupée probablement par les Allemands. Roberts «dévisse», se déchirant les bras dans sa chute. Une autre fusée est tirée. Le grappin s'ancre. Oubliant ses plaies sanglantes, Roberts recommence à grimper. A force de volonté, il gagne une petite vire jusque sous le bord supérieur de la falaise. Sa corde est à nouveau sectionnée et il se retrouve seul. Après de longues minutes, ses camarades réussissent à lui lancer un nouveau cordage qu'il arrime solidement. Son chef, le lieutenant Lapres, et cinq Rangers le rejoignent. Une autre équipe sera bientôt au sommet.

A 100 mètres de là, les hommes du lieutenant Leagais du LCA 862 ont de la chance. Trois grappins se fixent au premier essai. Une corde cède mais deux autres résistent. Leagais et quatre Rangers, agiles comme des singes, se hissent sur le faîte de la falaise.

Au LCA 722, deux grappins s'accrochent correctement. La corde soutenue par l'un d'eux descend par une fissure abritée. Une escouade de Rangers sait l'exploiter. A son arrivée en haut, elle découvre non loin une dizaine d'Allemands appliqués à propulser leurs grenades apparemment en toute quiétude. Le sergent Robey est monté avec un BAR en bandoulière. Son chargeur élimine trois lanceurs. Les autres s'éclipsent au plus vite.

Le LCA 888, celui de Rudder, a débarqué le groupe de commandement et 16 Rangers. Les cordes mouillées retombent. Le début de la montée s'effectue en se créant des appuis avec des baïonnettes fixées dans la terre molle. Une échelle assure les derniers mètres. Surgissant sur le glacis, le Ranger de tête est fauché par une rafale d'arme automatique. Ses camarades le suivaient. Ils se glissent en rampant pour le secourir.

Un photographe disposant d'un certain recul pourrait prendre un cliché exceptionnel[1]. Une tache foncée presque au haut de la paroi blanchâtre. Une seconde, un peu au-dessous. Souvent, une troisième, plus bas, à l'aplomb des deux premières. Ces taches ne sont pas immobiles. Elles se déplacent, formant une chenille se faufilant vers les hauts. En scrutant mieux, l'œil distingue une vingtaine d'images analogues. Qu'ils aient débarqué des LCA 888, 861, 862, 722 ou des cinq autres, des Rangers grimpent, donnant la fresque de ces chenilles que rien ne semble devoir arrêter. A leurs côtés, des cordes pendent. Elles contribuent à favoriser l'élévation à la force des poignets. De-ci de-là, des échelles se dressent. Elles ont 10 mètres, 15 mètres ou plus comme celles qui ont été empruntées aux pompiers de Londres. Elles facilitent le franchissement rapide des passages par trop raides.

Toutes ces grappes humaines s'élèvent par la face ouest. Le lieutenant Lagres, chef du LCA 861, sitôt à terre, avait effectué

---

1. Evidemment ce cliché n'a pu être pris eu égard aux conditions du moment.

une reconnaissance à l'opposé mais s'était tout de suite rendu compte qu'il était difficile de tenter quoi que ce soit sur ce versant. La muraille, absolument verticale, ferait perdre beaucoup de temps pour la vaincre.

Le regard ne saurait oublier ce qui se vit en bas. Des hommes attendent que cordes ou échelles se dégarnissent pour s'élever à leur tour. Quelques-uns s'efforcent d'installer un poste radio ou de positionner en batterie un mortier léger. Des infirmiers portent ou tirent vers des abris de fortune des camarades touchés. Sur une quinzaine de Rangers qui sont tombés sur la grève, beaucoup ne se relèveront pas. Les blessés sont secourus dans des conditions précaires. Une balle a frappé le casque du colonel Trevor. La blessure est plus spectaculaire que grave. Le sang ruisselle sur le visage du colonel qui, après un pansement sommaire, reprend sa place.

*

7 heures 45. Le jour est parfaitement levé. La canonnade gronde de partout surtout vers Omaha Beach. Dans le ciel, les chasseurs alliés tournoient sans relâche. Dans l'immédiat, pour Rudder, il n'est pas possible de les contacter. Les liaisons radio ne sont pas établies.

Une répartition minutieuse des objectifs était intervenue avant le départ. Chaque compagnie, chaque section savaient ce qu'elles avaient à faire. L'escalade, avec ses aléas, a désorganisé les unités. Pratiquement, une vingtaine de groupes de 5 à 8 Rangers, conduits par un officier ou un sous-officier, se répandent dans la position. La mission d'ensemble leur est connue. Neutraliser d'abord les pièces de 155, atteindre ensuite pour la couper la route littorale Vierville-Saint-Pierre-du-Mont-Grandcamp [1]. A défaut d'une manœuvre d'ensemble impossible à coordonner dans les circonstances présentes, chacun va tendre à réaliser au mieux ce qui lui a été imparti.

Les Rangers qui investissent la Pointe du Hoc font, d'entrée, une singulière découverte. Le paysage qui s'ouvre à eux ne concorde en rien avec celui qu'ils s'attendaient à trouver. Ils s'imaginaient un plateau herbu avec des alvéoles renfermant les 155. Rien de cela. Aucune analogie avec le terrain qu'ils ont

1. A l'époque GC 32, aujourd'hui D 214. Cette route court, parallèle au rivage, à environ 1 000 mètres dans l'intérieur des terres.

longuement étudié sur les photographies aériennes ou les maquettes. Le bombardement préparatoire l'a bouleversé de fond en comble. Cratères, entonnoirs se succèdent, lui donnant un aspect lunaire. Ce sol ainsi labouré offre un avantage. Il facilite la progression d'un trou de bombe ou d'obus à un autre. Par contre, le chaos général rend les liaisons difficiles et a éliminé les repères.

Le bombardement a aussi disloqué les défenses. Combien de fantassins et d'artilleurs allemands gisent à jamais enfouis sous les décombres de leurs retranchements ? Un grand nombre certainement. Les Rangers se heurtent ainsi à une résistance assez faible hormis en trois points. Le poste d'observation de la pointe, solide bunker bétonné, n'a pas souffert. Terrée derrière ses meurtrières, sa garnison ajuste tout ce qui apparaît dans son champ visuel. Les deux abris DCA se montrent également dangereux. Ils ne cessent d'arroser le secteur côtier de longues rafales de mitrailleuse.

Le lieutenant Wintz est parvenu, avec quelques Rangers, à s'approcher de celui de l'Est. Alors qu'il s'apprête à donner l'assaut, il reçoit ordre de se replier. Rudder a réussi à prendre contact avec le destroyer britannique *Talybont* et lui a désigné l'objectif. Naviguant au plus près, le bâtiment tire plusieurs salves de gros calibre presque à bout portant. La falaise s'éboule sous les impacts entraînant l'abri DCA.

Sur l'autre face, le destroyer *Salerbee*, également alerté, ne peut réaliser le coup heureux du *Talybont*. L'emplacement à neutraliser est trop éloigné du bord de la falaise. Les tirs tendus ne donnent rien et les tirs plongeants sont difficiles à régler. A défaut, le capitaine Masny, commandant la Compagnie F, regroupe huit Rangers ainsi que les servants d'un mortier de 60 et d'une mitrailleuse de 30[1]. A courte distance du but, il fait mettre le 60 en batterie. L'arme porte bien. Ses obus s'écrasent avec précision sur l'objectif. Un drapeau blanc s'agite. Deux Rangers croient à la reddition de l'adversaire. Ils se dressent. Le signal blanc n'était qu'une ruse perfide. Les deux Américains sont fauchés par une MG. Masny voudrait poursuivre et venger les siens mais l'artillerie allemande, à des kilomètres de là, se déclenche. Elle sait que la Pointe du Hoc est investie et pilonne les abords des positions attaquées. Quatre Rangers sont tués, Masny est blessé. Les munitions manquent. Les rescapés doivent se replier sur le PC de Rudder installé depuis 7 heures 45 en bordure de falaise à

1. Soit de calibre 7,62 mm.

300 mètres à l'est du poste d'observation. Ce dernier et l'abri DCA ouest se montreront durant de longues heures des dangers permanents pour les Rangers poussant vers l'intérieur des terres.

Car les Rangers, quels que soient les tirs de snipers ou de mitrailleuses qui les prennent de flanc puis de dos, progressent en rampant par bonds, en direction des fameux canons. Une autre surprise les attend. Les casemates de protection sont transformées en amas de béton et de ferrailles tordues. Décidément, le bombardement a fait du bon travail. Plus surprenant encore, les alvéoles sont vides. Pourquoi ? Les efforts et les sacrifices consentis pour arriver jusqu'ici seraient-ils sans objet ?

La position fortifiée de la Pointe du Hoc ne possède pas une grande profondeur : 300 à 400 mètres en moyenne depuis le littoral. Après avoir constaté l'absence des 155 qu'ils devaient détruire, les Rangers continuent plein sud. Rapidement, ils atteignent les limites des retranchements ou de ce qu'il en reste. Les mines ont été effacées ou ensevelies par le bombardement. Que de pertes évitées ! Les barbelés ont été déchiquetés et ne constituent plus un véritable obstacle.

Au-delà, progressivement, le décor change. Les entonnoirs s'espacent et diminuent. A intervalles irréguliers, ils se contentent de piqueter les prairies et les champs que bordent les haies vives du bocage normand.

Un chemin assez large, carrossable, conduit à la route littorale distante de 500 à 600 mètres. Il servait d'itinéraire d'accès au cœur de la Pointe du Hoc. Plus à l'est, une autre sente, moins fréquentée semble-t-il, conduit également à la route. Les paysans, avant la guerre, l'utilisaient pour gagner leurs terres.

Le sergent Lomell, du LCA 868, légèrement blessé sur la grève mais qui a refusé d'abandonner, constate au passage, avec son patron, le lieutenant Kerchner, que les alvéoles Ouest, les numéros 4, 5 et 6, sont vides. Cependant, à hauteur de la 6, un détail l'intrigue. Il remarque que des traces de roues s'orientent vers le chemin carrossable et l'empruntent. Etonné, il les suit et parvient à la route avec quelques camarades. Ils sont, du reste, une cinquantaine de Rangers à arriver en même temps sur cet axe goudronné Vierville-Grandcamp. Respectant les consignes, ils s'y installent en bouchon de part et d'autre du carrefour marquant la sortie du chemin carrossable. L'emplacement s'y prête. Il contrôle la longue portion de ligne droite vers Saint-Pierre-du-Mont et Vierville et domine la campagne environnante en direction du sud et de Grandcamp.

Lomell est d'un naturel curieux. Il aime connaître le pourquoi des choses. Les ornières qu'il suivait se prolongent dans un chemin creux de l'autre côté de la route. Quels véhicules les ont creusées ? Où mènent-elles ? Soucieux d'en savoir un peu plus, Lomell pousse une reconnaissance accompagné du sergent Kuhn. Il progresse avec prudence, l'œil aux aguets. Soudain, il s'immobilise et se retourne vers Kuhn, contenant mal son excitation :

« Ils sont là ! On les a trouvés ! »

Cinq pièces de 155 sont effectivement prêtes, en batterie dans un pré, devant lui. Les fusées des percuteurs sont vissées sur les obus. Les charges sont posées à côté. Par contre, aucun servant, aucune sentinelle. Pourquoi cet abandon ? Panique devant le bombardement ou l'annonce du débarquement, peut-être. Ce vide étrange n'empêche pas de distinguer des silhouettes de Feldgrau à distance.

Lomell réagit vite. Avec la crosse de son PM, il détruit tous les appareils de visée puis, à la hâte, dispose des grenades à la thermite sur les freins et les mécanismes de tir de deux canons. D'autres grenades sont nécessaires pour terminer l'ouvrage. En courant, Lomell et son compère reviennent à la route faire provision d'engins incendiaires et repartent vers la batterie.

Lomell vient d'achever sa seconde destruction lorsqu'une pluie de cailloux et de débris divers s'abat sur les deux audacieux se préparant à amorcer leur repli. Une patrouille de la compagnie E a fait non loin une autre découverte : le dépôt de munitions destinées aux 155. Ignorant la présence proche de Lomell et Kuhn, elle l'a fait sauter. Plus d'émotion que de mal pour les deux sergents qui s'empressent de s'esquiver. Mais, cette fois, la mission principale est pleinement remplie. Les 155 de la Pointe du Hoc ne tireront ni sur Utah Beach ni sur Omaha Beach.

*

Dans leur progression en direction de la route, les Rangers ont fait des rencontres. Des Allemands se trouvent toujours aux abords immédiats de la Pointe du Hoc, à commencer par les défenseurs obstinés du poste d'observation ou de l'abri DCA ouest. Des égarés, des fuyards errent, cherchant à s'éloigner. D'où des tirs de snipers, des salves d'artillerie déclenchées depuis les points tenus, des accrochages avec les éléments éparpillés. Chaque camp éprouve des pertes. Les Rangers ont des tués, des disparus provoqués par un danger invisible et omniprésent. Ils font à leur tour des prisonniers. Abordant le hameau abandonné de la Guay, l'escouade des sergents Lang et Petty voit deux Feldgrau se lever et crier «Kamerad! Kamerad!». Cas similaire pour le lieutenant Hill qui doit toutefois, au préalable, éliminer à la grenade un tireur de MG refusant de lever les bras.

La mission prévoyait seulement de barrer l'axe Vierville-Grandcamp. A 8 heures 30, c'est chose faite. Une ligne de défense s'est organisée avec les Rangers ayant atteint ou légèrement dépassé la route. Chaque compagnie a récupéré une vingtaine d'hommes. La D a dressé un barrage routier et s'est postée face à l'ouest. A l'équerre, les Compagnies E et F regardent au midi. L'ensemble du dispositif forme un L, grand bras parallèle à la route. Non sans raison, les officiers estiment le danger provenir du sud. Des concentrations y sont aperçues. L'est devrait voir surgir les amis débarqués à Omaha Beach. D'ici là, il faut tenir…

*

Deux volontaires sont partis rendre compte à Rudder des résultats obtenus et des dispositions prises. Dans son PC de fortune, le colonel a été blessé à la cuisse mais, pour lui, pas question d'abandonner son commandement. Ses responsabilités de chef lui imposent d'informer sa hiérarchie et de diriger sa troupe. Dans son travail, les liaisons radio ne l'aident pas. Son officier de transmissions ne parvient pas à établir un contact suivi. Il dispose de deux appareils, un SCR 300 et un SCR 284 [1]. Ni l'un ni l'autre n'accrochent de correspondants pour accuser réception du rapport de Rudder:

«*Pointe du Hoc. Mission accomplie. Besoin munitions et renforts. Nombreuses pertes.*»

Enfin, vers 15 heures, le destroyer *Salerbee* retransmet un très bref message du général Huebner, commandant la 1re Division [2]:

«*Pas de renforts disponibles. Tous les Rangers ont débarqué!*»

Ce n'est que trop vrai. Suite au retard de débarquement du

1. Le SCR 300, poids 20 kg, est en principe un poste d'infanterie d'une portée de quelques kilomètres. Le SCR284, plus lourd, installé sur un véhicule, est destiné aux liaisons d'artillerie.

2. La 1re Division, du Ve CA US, était la division de tête sur Omaha Beach (avec la 29e).

détachement A, les deux autres détachements de Rangers ont été déroutés. Ils n'ont pas été débarqués sur la grève de la Pointe du Hoc mais lancés dans l'enfer d'Omaha Beach. Ils y ont vécu des heures difficiles et ne sauraient, à brève échéance, faire mouvement vers la Pointe du Hoc.

Le 6, en milieu d'après-midi, Rudder sait que ses Rangers sont livrés à eux-mêmes. Les uns aux avant-postes de la route Vierville-Grandcamp, les autres retranchés autour du PC couvrant le centre de secours en contrebas sur la plage.

*

La nuit tombe tard en ce 6 juin, proche du solstice d'été. La soirée se prolonge. Du large, des destroyers effectuent des tirs de soutien. Mais l'absence d'une véritable liaison les rend aussi dangereux pour les amis que pour les ennemis.

Avant la chute du jour, une section du 5e Bataillon de Rangers fait jonction. Débarquée à Omaha Beach, les hasards du combat l'ont isolée et séparée du gros du bataillon. Fidèle à l'esprit de la mission, son chef, le lieutenant Parker, a marché vers l'ouest pour aller soutenir les Rangers de la Pointe du Hoc. A hauteur de Saint-Pierre-du-Mont, le contact a été pris avec les éléments avancés de la Compagnie F. Une hirondelle ne fait pas le printemps, mais cette arrivée a laissé supposer à Rudder que la relève se dessinait. Respectant, là encore, la teneur de la mission, le colonel a décidé de continuer à barrer l'axe Vierville-Grandcamp.

Avec la section Parker, ils sont désormais 85 aux abords de la route à un bon kilomètre au sud du PC Rudder. Les hommes se sont enterrés de leur mieux, par équipes de deux ou trois. L'un veillera tandis que l'autre s'efforcera de somnoler. Trois MG saisies intactes avec leurs approvisionnements sont utilisées pour suppléer au manque de munitions des BAR. Bien des Rangers, pour la même raison, se servent aussi de fusils et de grenades pris à l'ennemi. Il y a encore le bilan de la journée : près de 40 prisonniers. Ils ont été rassemblés au centre du dispositif de défense où la section Parker s'est installée face à l'est.

Rudder voit venir la nuit avec inquiétude. Son bataillon compte des tués, des blessés, des disparus. Pour l'heure, il est scindé en deux, moitié près de la côte, moitié sur la route. Les munitions se raréfient. Les vivres sont épuisés. Les liaisons sont très aléatoires. Et l'ennemi se manifeste de plus en plus. Venus d'Isigny, des renforts allemands se massent tout autour des Rangers.

Certains se sont infiltrés en force entre la route et la pointe. Manifestement, l'adversaire veut récupérer sa liberté de circulation entre Vierville et Grandcamp et réoccuper la Pointe du Hoc.

23 heures. Première attaque, déclenchée à grands coups de sifflet et avec force clameurs contre les positions de la route. La lune est pleine. Entre deux nuages elle éclaire le champ de bataille avec ses explosions de grenades et ses crépitements d'armes automatiques. Au bout de quelques minutes l'assaut paraît brisé. Un silence provisoire retombe.

1 heure du matin. Nouvelle attaque allemande dans le même secteur, appuyé par des mortiers et encore accompagné de cris et de sifflets. Les Rangers, fatigués, nerveux, parviennent à la repousser.

3 heures du matin. Autre tentative de même style. Les assaillants réussissent à s'enfoncer dans la ligne de défense où la pénurie de grenades constitue un sévère handicap. Un officier est tué. Des Rangers à court de munitions sont capturés. Un repli est nécessaire pour éviter d'être encerclés. Individuellement ou par petits groupes les Rangers décrochent en direction du PC, position qui n'a pas été attaquée. Ils seront une cinquantaine à le rejoindre. L'un d'eux, le sergent Petty, après de multiples aventures, ralliera à l'aube.

Au lever du soleil, Rudder fait le point. La situation a empiré. Aucun écho d'Omaha Beach. 90 Rangers seulement sont en état de tenir un fusil avec des munitions comptées.

Pourtant, les Rangers de la Pointe du Hoc ne sont pas oubliés. Le colonel Schneider, après la rude mêlée d'Omaha Beach, a mis sur pied un groupement tactique pour les rejoindre : deux compagnies de son bataillon, 150 hommes du 116e RI, 6 chars Sherman[1], plus la Compagnie « A » du 2e Rangers. A cette dernière l'honneur d'ouvrir la route pour aller « dégager » les copains. S'ils sont toujours là ! Personne, à 7 heures du matin, ne sait vraiment si la Pointe du Hoc a été ou non submergée. La fusillade nocturne dans son secteur ne laisse rien présager de bon.

Le groupement tactique suit l'axe Vierville-Grandcamp. Dans un premier temps, il ne rencontre pas d'opposition hormis quelques snipers. La résistance se durcit devant Saint-Pierre-du-Mont où il faut faire donner les Sherman.

---

1. Char américain de 33 tonnes. Un canon de 75 (ou de 76,2 mm), 2 mitrailleuses. Equipage : 5 hommes.

Le secours se profile aussi de la mer. Une section du 5e Bataillon est dépêchée par un LCVP [1] sur la grève de la Pointe du Hoc. Il est inutile de dire qu'elle est la bienvenue. Elle se joint aussitôt au PC Rudder. Les destroyers, au large, ne demandent qu'à être employés. La difficulté est de leur indiquer les secteurs à battre. Faute de contacts radio, l'officier de transmissions les guide par signal optique. Les bordées des marins contiennent la pression qui persiste autour du réduit Rudder où, envers et contre tout, on ne reste pas inactif. A 2 heures de l'après-midi, une patrouille, conduite par le capitaine Masny malgré sa blessure, découvre un autre dépôt de munitions. Une torpille de Bengalore en a raison, déclenchant un vacarme et une pluie de bois et de métal. Rudder se félicite. Ses Rangers n'ont plus que quelques cartouches par homme. S'ils doivent être faits prisonniers, ce dépôt détruit n'alimentera pas l'ennemi.

Le 7 au soir rien n'est résolu. Si le PC Rudder tient toujours, si le poste d'observation a finalement été neutralisé avec l'intervention d'un bazooka, le groupement tactique du 5e Bataillon marque le pas. Stoppé à hauteur de Saint-Pierre-du-Mont, il est contraint de s'y installer en point d'appui fermé pour la nuit.

Le colonel Schneider demeure dans l'inconnu sur le sort de Rudder. Il est censé ne pas avoir été submergé, mais rien n'est plus sûr.

Deux volontaires se glissent dans le no man's land déroulant derrière eux un câble téléphonique. Après trois heures d'efforts, ils atteignent le PC Rudder. Les deux colonels ont possibilité d'échanger des messages d'espoir.

Contrairement aux inquiétudes, la nuit du 7 au 8 est calme. La fatigue, la lassitude ont dû gagner également les Allemands qui ne tentent aucune attaque. Chez les Rangers épuisés les veilleurs ont du mal à ne pas s'abandonner au sommeil.

A l'aube, l'espace Rudder se limite à un hectare et demi, de son PC à la Pointe, avec 80 hommes autour de lui. Le colonel ignore que le lieutenant Kerchner, le sergent Lomell et onze Rangers sont encore en place de part et d'autre de la route. Ceux-là ne se sont pas repliés la nuit précédente. Durant la journée, tapis contre des haies, ils n'ont pas été décelés. Stoïques, ils attendent les amis.

Dans le jour naissant un grondement aérien s'intensifie. Des

---

1. LCVP. Landing Craft Vehicule and Personal. Engin de débarquement pouvant transporter une cinquantaine d'hommes.

P47[1] piquent sur la Pointe. Vont-ils tirer? Ils paraissent menaçants. A la hâte un drapeau américain est déployé sur le sol. Le leader de la formation l'aperçoit. A la verticale du PC, il se redresse et bat des ailes en signe de salut. Le renseignement passe sur les ondes. La Pointe du Hoc est bien aux mains des Rangers.

A Saint-Pierre-du-Mont le groupement tactique s'est étoffé en chars et fantassins. A 10 heures, une attaque en force est déclenchée et fait sauter le verrou. Les résistances ennemies craquent de partout aussi bien à Saint-Pierre-du-Mont qu'à la Pointe du Hoc. La réussite globale du débarquement incite les Allemands à ne pas s'attarder sur le littoral de la région de Grandcamp. (Isigny sera occupée dans la journée.) L'ultime fausse note provient des MG de Rudder. Les arrivants ignorant la pénurie de munitions de leurs camarades les prennent pour des tireurs adverses. Des hommes tombent par méprise.

Enfin, à midi, Schneider serre la main d'un Rudder clopinant avec son pansement sur la jambe.

Le 2e Bataillon de Rangers compte 77 tués, 152 blessés, 70 disparus (certains seront retrouvés). Prix payé pour la neutralisation des 155 de la Pointe du Hoc.

*

Visitant le site quelques jours plus tard, le général Eisenhower s'écriera au vu des falaises: «*Eh bien, pour monter là, il fallait en avoir dans le ventre!*»

Peut-être même a-t-il tenu un propos plus cru et plus militaire que l'Histoire n'ose rapporter pour exprimer son admiration devant le commando de la Pointe du Hoc.

---

1. P47. D Thunderbolt. Chasseur américain monoplace. 690 km/h. Huit mitrailleuses. 900 kilos de bombes.

Chapitre VII

LES BÉRETS VERTS FRANÇAIS

N'est pas commando qui veut. Le titre se mérite [1]. Les Fusiliers marins du commandant Kieffer en savent quelque chose.

*

Bergé est l'homme des parachutistes de la France Libre. Philippe Kieffer, tout autant, est celui des Fusiliers Marins Commandos. A la fin de 1940, l'enseigne de vaisseau de 1re classe, Kieffer, 41 ans, officier de réserve des Forces Navales Françaises Libres, se retrouve sur le vieux cuirassé *Courbet* [2] ancré en rade de Portsmouth. Contribuer à repousser les attaques de la Luftwaffe contre la Grande-Bretagne n'est pas inutile, loin de là, mais la mission, à la longue, devient monotone. Kieffer voudrait un job plus actif, plus offensif. En mars 1941, à l'occasion du raid

1. A l'époque. Son utilisation excessive depuis la Seconde Guerre mondiale ne répond plus toujours aux critères exigés d'un authentique commando.

2. Bâtiment de 22000 tonnes, lancé en 1911, le cuirassé *Courbet* avec ses canons de 75 et de 37, ses mitrailleuses lourdes, représentait un point fort de DCA. Il devait terminer sa carrière en juin 1944, coulé volontairement pour servir de brise-lames devant les côtes normandes.

sur les îles Lofoten[1], il découvre l'existence des commandos. Aussitôt il s'enflamme. Pourquoi les Français Libres n'auraient-ils pas, eux aussi, des commandos qui iraient porter le fer sur le continent occupé ? Dans le contexte présent, les obstacles pour la création d'une telle unité ne manquent pas. La France Libre est pauvre en personnel et en moyens. Les Britanniques se réservent ce type d'opérations par souci de notoriété nationale. Ils ont besoin de montrer qu'ils sont toujours debout et capables de porter des coups à l'adversaire.

Contacté, l'amiral Muselier, patron des FNFL, ne dit pas non à l'idée de Kieffer, mais personnellement il a trop à faire pour se préoccuper du dossier. Il se contente de donner un feu vert à son enseigne de vaisseau pour s'entendre, si possible, avec messieurs les British.

Avant d'être mobilisé en 1939, Kieffer travaillait aux Etats-Unis. A Richmond Terrace, PC des Opérations Combinées, il est capable de s'exprimer dans la langue de ses interlocuteurs. Ceux-ci sont loin d'être favorables à son intégration, mais un argument les interpelle. Ces marins que Kieffer commence à recruter connaissent parfaitement les côtes françaises de Dunkerque à Bayonne. C'est là un atout de poids pour lancer des explorations et des coups de main sur le littoral occupé.

Kieffer a su convaincre[2]. Un noyau initial se forme autour de lui : le Premier Maître[3] Vourc'h, Dumenoir, Simon, Taniou, Vandelaar, un ancien légionnaire, Taverne, Nicot, le Second Maître Pinelli… puis d'autres, le Premier Maître Chapuzot, le Second Maître Montailler, le Second Maître radio Braind… Tous volontaires et tous reconnus suffisamment solides pour affronter les rigueurs d'un entraînement appelé à devenir de plus en plus sévère au fil des jours. Un stage au camp de Camberley contribue à durcir les organismes et à souder les rangs. En juillet 1941, la Première Compagnie de Fusiliers Marins apparaît officiellement. Elle ne porte pas encore le nom de Commando. Elle doit, au préalable, le gagner. Après un autre stage en septembre chez les

1. Cf. tome 1, chap. III.

2. Pourquoi de Gaulle a t-il accepté cette intégration de soldats français dans une unité britannique ? Stirling s'était heurté aux plus grandes difficultés pour incorporer Bergé et les siens au SAS. Dans le cas de Kieffer, le chef de la France Libre ne paraît pas avoir précisé les raisons de son accord en contradiction avec son comportement habituel.

3. Premier Maître : équivalent de sergent-chef. Second Maître : équivalent de sergent.

Royal Marine, ils sont, en janvier 1942, 40 Français à rejoindre le «*Saint des Saints*» des commandos, la célèbre école d'Achnacarry du colonel Vaughan, dans le nord de l'Ecosse.

Débutent 10 semaines terribles. Parcours du combattant, boxe, tir, escalade, combat rapproché, marches forcées, manœuvres à balles réelles, se succèdent à un rythme fou. Il n'est guère de temps pour souffler. Tous les Français, sauf un, subissent les épreuves avec succès et sortent d'Achnacarry coiffés du béret vert qui, en février 1944, sera orné de son badge définitif. Son créateur, Maurice Chauvet, lui-même porteur du béret vert, décrit ainsi cet insigne:

«*Sur un écu de bronze, qui est de France, portant au centre le brick de l'Aventure supporté par des vagues, surchargé d'un poignard Commando, dirigé du canton senestre du chef au canton dextre de la pointe, et décoré d'une Croix de Lorraine dans le canton dextre du chef.*

L'écu repose sur un ruban portant l'inscription:

1er Blon. F.M. Commando.

Ses deux extrémités repliées montrent deux petites ancres rappelant l'origine Marine de l'Unité.»

Ce badge a valeur de brevet individuel. A ce titre, il sera octroyé à 275 commandos.

L'unité, encore modeste en effectifs, est d'abord rattachée au Commando n° 2 (celui de Saint-Nazaire) puis au 10e dit Inter-allié à cause des origines multinationales de ses troops [1].

Le 4 mai 1942, le général de Gaulle et l'amiral Mountbatten, chef des Opérations Combinées, concluent un accord. La Marine française met à la disposition des Alliés un détachement de trois officiers et 62 commandos pour une prochaine opération d'importance. En fait, 15 commandos seulement, en trois éléments, participent à l'opération Jubilee contre Dieppe, le 19 août 1942:

– Un groupe de cinq est engagé à Berneval avec le Commando anglais n° 3. Deux commandos, Montailler et César, sont faits prisonniers. César parviendra à s'échapper et à rejoindre la Grande-Bretagne, par l'Espagne. Montailler sera abattu par les Allemands dans un camp de concentration.

– Un groupe de trois débarque avec le Commando n° 4 de Lord Lovat pour neutraliser la batterie de Varengeville. Le second

1. Une troop est l'équivalent d'une grosse section.

maître Balloche y gagne la Première Military Medal décernée à un commando français.

– Le dernier groupe de sept, prévu en réserve, ne débarque pas.

Aux origines, les volontaires étaient des marins. Kieffer avait recruté dans son environnement des FNFL. D'autres marins, issus d'un bataillon dissous au Liban, rejoignent ensuite. Puis, le recrutement s'élargit avec des évadés de France ou des enfants d'Afrique du Nord. En septembre 1943, la 1re Compagnie devient le 1er Bataillon de Fusiliers Marins Commandos et compte environ 200 hommes bien encadrés. Il n'est pas d'âge pour ces braves. Gwennaël Bolloré dit Bollinger aura à peine 18 ans le 6 juin 1944. Le bataillon s'est même enrichi d'un aumônier, l'abbé René de Naurois, futur professeur de théologie à l'Institut catholique de Toulouse [1].

Avec le second semestre 1943, une autre phase s'ouvre : celle des raids préparatoires au débarquement sur le continent. Il s'agit, par des coups de main nocturnes, d'aller reconnaître les défenses du Mur de l'Atlantique que le IIIe Reich est en train d'édifier. L'action est à mener discrètement en évitant de laisser des indices de passage. En ce genre d'opérations, rentrer avec un prisonnier capturé sans bruit permet de faire coup double : se procurer une source de renseignements, saper le moral ennemi. L'homme mystérieusement disparu sera le lendemain porté déserteur, altérant la confiance des chefs dans leur troupe.

La parfaite connaissance du littoral métropolitain fut le grand justificatif de Kieffer pour obtenir la création de ses Bérets Verts et explique l'intérêt de voir des Français participer à des raids. L'affaire n'est pas sans provoquer frictions entre le patron du 1er BFM/Commando et sa propre hiérarchie. L'état-major FFL entend conserver sa tutelle sur ses nationaux et n'apprécie pas de les voir lui échapper. De là, pour arrondir les angles, l'accord formel entre de Gaulle et Mountbatten avant Jubilee. Une autre délégation d'autorité intervient, avec une certaine solennité, pour Overlord et une série de raids baptisés Hardtack.

Le déroulement de ces raids préparatoires au Jour J est toujours sensiblement le même. Le commando traverse la Manche en vedette rapide et termine les dernières centaines de mètres en dinghy. Après quoi, il s'enfonce, silencieux, dans l'intérieur en

1. Et futur Compagnon de la Libération.

quête de renseignements de toute nature. Après quelques heures passées à terre – ou sur la grève s'il s'agit d'étudier les obstacles marins –, il s'éclipse et rejoint sa vedette. Evidemment, il n'est pas rare que ce scénario se heurte à des impondérables lourds de conséquences tragiques. Dans tous les cas, la présence des Français est précieuse. Outre la connaissance des lieux, elle permet de converser si besoin avec les locaux.

*

Noël est habituellement une fête bien marquée outre-Rhin. Les Britanniques sont en droit d'espérer, à cette date, un certain relâchement chez l'adversaire. Ils en profitent pour déclencher une série d'opérations intitulées Hardtack. Pour plusieurs, les Français sont partie prenante.

HARDTACK 7
Nuit du 25 au 26 décembre et du 27 au 28 décembre

Une équipe britannique avec 5 commandos français opère une reconnaissance sur l'île anglo-normande de Sark[1]. (Entre Jersey et Guernesey.)

La falaise n'ayant pu être escaladée la première nuit, le commando revient deux jours plus tard et tombe sur un champ de mines. Deux Français, Robert Bellamy et André Dignac, sont tués ; trois Britanniques sont blessés.

HARDTACK 11
Nuit du 24 au 25 décembre

Un groupe de neuf (six Français, trois Britanniques) débarque près de Gravelines sous les ordres de l'officier des équipages Wallerand. Tout se déroule bien. La patrouille revient sur la grève de départ avec des renseignements de valeur. La chance, alors, tourne. Le dinghy sombre à quelques mètres du rivage. Il faut regagner la terre ferme. Résolument Wallerand et le sergent britannique Park se mettent à l'eau. Les deux hommes sont bons nageurs et veulent à tout prix regagner la vedette qui attend un

1. On trouve aussi l'orthographe Sercq.

peu au large pour lui rapporter les informations recueillies. Ils ont un demi-kilomètre à parcourir mais, vaincus par le froid, ils coulent à pic un peu avant d'arriver au but. Le jour approche. Ils sont sept, épuisés, en tenue de commando, dans un pays contrôlé par l'ennemi. Les deux Britanniques, capturés, seront fusillés. Pour les Français, plus à l'aise sur leur terre natale, une odyssée à peine croyable commence. Chacun part de son côté afin d'éviter de se faire repérer. Caron, enfant du Nord, entre dans la Résistance locale. Madec rejoint sa Bretagne et avec le grade d'adjudant devient instructeur du maquis avec lequel il fait le coup de feu. Navrault gagne les maquis d'Auvergne où il se bat comme capitaine. Pourcelat part pour les Vosges. Fait prisonnier, il s'évade et œuvre clandestinement. Meunier est le moins chanceux. Il est arrêté, torturé. La Libération de Paris le sauve avant l'aube fatale. Finalement, tous les cinq rejoindront le bataillon où sans hésitation ils retrouveront leurs modestes galons d'origine.

HARDTACK 28
Nuit du 25 au 26 décembre

Un détachement franco-britannique, commandé par le capitaine Ayton du SBS et comprenant six Français, prend pied au nord-est de l'île de Jersey afin de «tester» les défenses allemandes. Le commando est repéré et doit livrer bataille. Ayton est tué. Son adjoint, le lieutenant Hulot, conduit et assure le repli. Il ramène le corps de son chef et deux camarades blessés. Pour son courage et les renseignements rapportés [1], le lieutenant Hulot [2] sera cité par les Britanniques.

Un ultime raid dit Premium, avant le Jour J, se termine tragiquement. Il vise à obtenir des précisions sur une usine de V2 en construction en Hollande, à Wassenaar, au nord de Rotterdam. Ils partent à six, dans la nuit du 27 au 28 février 1944, sous les ordres du lieutenant de vaisseau Trepel, l'adjoint de Kieffer. Le

---

1. Qui pratiquement ne serviront pas. Rien ne sera tenté contre Jersey qui ne déposera les armes qu'au moment de la capitulation allemande de mai 1945. Cf. chap. XVIII.

2. Ancien cadet de la France Libre (Promotion Fezzan-Tunisie 1943), le lieutenant Hulot sera tué en Indochine en 1948, à 25 ans.

dinghy les dépose correctement sur la plage de Scheveningen à quelques kilomètres de leur objectif. Que se passe-t-il exactement ? De la vedette demeurée au large se perçoivent très distinctement des aboiements furieux de chiens. Un peu avant l'aube, le commandant de l'embarcation est contraint d'ordonner de faire demi-tour.

Après la guerre, on apprendra que des habitants ont été requis par un officier allemand pour enterrer des «*Brigands de Français*». Comment étaient-ils morts ? Le mystère demeure [1].

*

Sur les 28 opérations numérotées Hardtack, 12 sont composées avec une participation française plus ou moins étoffée. Si certaines échouent, la mise à terre ne pouvant avoir lieu pour diverses raisons, celles qui se déroulent effectivement répondent pleinement à l'appellation de commando. Des hommes résolus, faiblement armés, se glissent entre les mailles du dispositif ennemi. Des acquis de leurs missions de renseignements dépendra en bonne partie l'organisation du futur débarquement.

Outre l'apport en vue du Jour J, ces raids finissent d'entraîner «en vraie grandeur» les Bérets Verts français. Le 1er BFM/Commando sera physiquement et moralement prêt pour la grande aventure du 6 juin 1944.

*

Au début de mars, les raids terminés, l'entraînement se poursuit sans relâche. Les Bérets Verts français sont affectés au Commando n° 4, cantonné dans la station balnéaire de Bexhill, au sud de l'Angleterre. Ce Commando n° 4 devient ainsi franco-britannique. Son nouveau chef, le lieutenant-colonel Dawson, et Kieffer ne tardent pas à sympathiser.

La mission impartie pour le débarquement s'éclaire aux premiers jours de mai. Kieffer reconnaît sur une carte pourtant muette la plage destinée à recevoir le Commando n° 4 [2]. Elle est celle de Riva-Bella, faubourg ouest d'Ouistreham, commune de

---

1. Après la Seconde Guerre mondiale, un Commando marine portera le nom de Trepel.

2. Kieffer n'est pas le seul Français à reconnaître les lieux mais le mutisme absolu est de règle.

2500 habitants[1] du littoral normand au débouché du canal de Caen à la mer.

Lord Lovat, promu général, commande maintenant la 1re Special Service Brigade, forte du Commando n° 45 de Royal Marine et des Commandos n° 3, 4 et 6. Sa brigade débarquée à Riva-Bella[2] doit enlever Ouistreham et assurer la jonction avec les paras du pont de Benouville. A cet effet, Lovat a fixé les responsabilités de chacun. Le Commando n° 4 accostera en tête de la brigade, à hauteur du chemin menant du rivage à Colleville-sur-Orne[3]. (Il doit certainement cet honneur d'être en tête à la présence des Français de Kieffer.) S'enfonçant dans l'intérieur, il prendra Ouistreham à revers et y fera sauter les résistances. Après quoi le gros de la Brigade marchera sur Colleville et Benouville.

Toute la côte est puissamment fortifiée avec défenses sous-marines, chevaux de frise, nids de mitrailleuses et champs de mines. A Ouistreham se trouve une batterie d'artillerie et le casino détruit en 1943 a été transformé en blockhaus. En bien des endroits les habitations ont été rasées pour dégager des champs de tir.

Pour le Jour J, le Commando n° 4 comptera un peu moins de 600 hommes en sept troops de 5 à 6 officiers et 70 commandos plus les éléments de commandement et de transmissions. Les Français, pour leur part, seront très exactement 177 (Troops 1 et 8 et Troop d'armes lourdes).

*

Les 4 et 5 juin sont des journées fiévreuses alternant espoir et déception. Le départ sera-t-il reporté ou ajourné *sine die*? La météo se montre capricieuse. Le Jour J initialement fixé au 5 est enfin arrêté au 6 par le général Eisenhower, le grand patron d'Overlord.

Le 5 après-midi, les 177 Français embarquent dans deux LCI[4]

1. Avant la guerre. De nombreux habitants ont été évacués et les plaisanciers sont absents.

2. Zone Green, secteur Roger, des plages britanniques Sword. (Sword est divisée en Roger et Queen, eux-mêmes divisées en zones Green, White et Red. Chaque zone correspond à un peu moins de 1000 mètres.)

3. Aujourd'hui Colleville-Montgomery. Le site du débarquement du Commando n° 4 se situe très exactement à deux kilomètres à l'ouest de l'embouchure du canal de Caen à la mer.

4. Landing Craft Infantry. Barge de débarquement pouvant transporter 120 personnes.

qui quittent Warsash, près de Southampton, à 17 heures 30. Les hommes sont lourdement chargés : PM Thomson [1] ou fusil 303 [2], Colt 45, 6 grenades défensives, 2 grenades incendiaires [3], 2 grenades Gammon, poignard, havresac avec paquetage et la fameuse Toggle Rope [4] de tous les usages. Attention sympathique, la musique du bord joue des airs français. Déjà, la veille, alors que le départ s'annonçait imminent, Lord Lovat avait conclu son « speech » à ses troupes par quelques phrases en français :

« Vous allez rentrer chez vous. Vous serez les premiers militaires français en uniforme [5] à casser la gueule des salauds en France même. A chacun son Boche. Vous allez montrer ce que vous savez faire. Demain on les aura ! »

Le ton était donné. Français et Britanniques se battront au coude à coude.

*

La traversée, surtout pour les LCI, est ingrate. Les bâtiments tanguent sous la houle. Les Français cherchent le sommeil. Pour plus d'un le mal de mer est au rendez-vous.

3 heures 30. Une sonnerie retentit à bord du Ferry *Princess Astrid* transportant les Britanniques du Commando n° 4. Il est temps de se préparer à embarquer dans les LCA pour gagner le rivage.

5 heures. Les poids lourds de la Royal Navy ouvrent le bal. Des obus d'une tonne chuintent au-dessus des embarcations piquant droit sur la côte normande. Le vacarme est tel qu'il interdit pratiquement de s'entendre.

6 heures 30. La houle se calme un peu aux approches du littoral. Avec la marée basse se distinguent les obstacles fichés

---

1. Pistolet mitrailleur à forte puissance d'arrêt suite à son calibre (11,43 mm) mais lourd (4,9 kilos). Il faut compter également le poids des munitions.

2. Lee-Enfield 303. Fusil à répétition calibre 7 mm. Poids 3,7 kilos.

3. Pour mémoire, une grenade défensive pèse dans les 700 grammes, une grenade incendiaire dans les 900.

4. La Toggle Rope est l'attribut individuel spécifique des Commandos britanniques. Il s'agit d'un cordage à l'épaisseur du pouce environ, long d'une brasse (1,62 mètre) et se terminant par un œil. Plusieurs Toggle Ropes peuvent ainsi s'adjoindre facilement, permettant d'obtenir une corde de la longueur souhaitée. La Toggle Rope a également d'autres usages aussi bien pour le combat rapproché que comme moyen de franchissement.

5. Ce n'est pas tout à fait vrai. Dans la nuit du 5 au 6, 4 sticks de 9 parachutistes du 2e RCP ont sauté en Bretagne.

dans la mer sur ordre de Rommel. LCI des Français, LCA des Britanniques naviguaient côte à côte. Dawson se montre grand seigneur. A 300 mètres de la plage, il lève le bras:

«*Messieurs les Français, soyez les premiers!*»

Les LCA ralentissent légèrement. Les deux LCI talonnent avec une faible avance. Leurs passerelles s'abattent pour permettre de débarquer[1]. Un obus allemand emporte l'une d'elles. Les hommes qui s'apprêtaient à descendre doivent se jeter à l'eau et nager pour reprendre pied.

Les défenses allemandes, malgré les écrans de fumée, ont, dans le jour naissant, repéré les embarcations et les assaillants. Leur feu s'intensifie. La mitraille balaie la mer et la plage. Les commandos avec leurs 35 kilos sur le dos se hâtent de leur mieux. Ils fendent les rouleaux puis s'efforcent de courir sur le sable où leurs pas s'enfoncent. Certains tombent mais les ordres sont clairs:

«*Aller droit devant soi. Ne pas s'arrêter pour venir en aide à un camarade blessé. Ceux qui suivent derrière s'en chargeront.*»

Des cadavres ballottent sur les vagues ou gisent sur la plage. Les fantassins du East Yorkshire Regiment ont débarqué avant le Commando n° 4 afin d'ouvrir une brèche dans les obstacles et les barbelés. Les malheureux ont payé un lourd tribut.

Oubliant les compagnons qui tombent, les 177 Français, qui ne sont plus 177, franchissent les 150 mètres de la grève et atteignent la ligne de dunes. Déjà les pertes sont sévères. 5 tués, 26 blessés. A la Troop n° 1 tous les officiers ont été atteints.

Heureusement, les marins britanniques ont été d'une remarquable précision. Le débarquement s'est effectué exactement au point fixé. La brèche dans les barbelés a été réalisée à hauteur du premier objectif, une ancienne colonie de vacances. Ses murs délabrés se dressent juste devant. Le regroupement s'y forme. Les hommes déposent leurs sacs ne gardant que leur armement et les munitions. Ils seront plus à l'aise pour combattre.

Des obus de mortier continuent d'exploser. Soudain Kieffer s'affaisse:

«*Bon Dieu! Je suis touché!*»

Un éclat métallique l'a frappé à la cuisse droite. A la hâte,

---

1. Sur les LCA de faible tirant d'eau la plage avant s'abaisse, permettant un débarquement rapide. Par contre, sur les LCI le débarquement s'effectue par deux passerelles latérales.

Bolloré, l'infirmier, bande la plaie. Maîtrisant la douleur, le commandant reste au milieu des siens. Le colonel Dawson a été touché lui aussi, mais plus sérieusement. Son adjoint, le major Menday, doit le remplacer.

8 heures 20. La Troop n° 8 de l'officier des équipages Lofi s'engage au pas de course sur la petite route menant à Colleville. La Troop dite «K Gun» du lieutenant Amaury lui emboîte le pas. Derrière elle, la Troop n° 1, désormais sans officiers et commandée par le Maître Principal Faure, ferme la marche avec le PC de Kieffer. Au bout de 200 mètres, Lofi s'oriente sur sa gauche. Piquant à travers des terrains vagues, il progresse parallèlement au rivage.

La «K Gun» s'est enfoncée plus avant dans les terres avant d'obliquer à son tour. Bientôt imitée par Faure sur sa droite. Les trois Troops françaises forment une sorte de trident piquant en oblique vers le casino encore à un bon kilomètre. Des rafales de mitrailleuses piquettent le sol. Des snipers ne cessent de se manifester. Les unes et les autres obligent à avancer par bonds dans les espaces dégagés (à l'époque) entre Riva-Bella et Ouistreham.

Le gros du Commando n° 4 s'est glissé derrière les Français. Son objectif est plus lointain: le port, les écluses et le quartier adjacent. Avant de pivoter lui aussi vers sa gauche, il utilise l'artère qui deviendra par la suite l'avenue du Général-Leclerc.

Et voici Ouistreham, station de plaisance avec ses villas et en bord de mer ses blockhaus, sa batterie d'artillerie et son casino transformé en forteresse. La manœuvre effectuée a été judicieuse. Les défenses allemandes regardent principalement vers la mer. Les Français les abordent par l'arrière. Amaury est au centre du dispositif d'attaque en appui feu. Lofi s'infiltre sur sa gauche, Faure sur sa droite.

Le casino, à 100 mètres en retrait du rivage, s'avère rapidement le foyer crucial de la résistance allemande. Un véritable point d'appui a été constitué autour de lui.

Face à ce nœud qui mobilise les assaillants français, les pertes sont sévères. Le sous-lieutenant Hubert[1] est tué d'une balle au front en servant une mitrailleuse. Le médecin capitaine Lyon, rampant pour assister un blessé, est atteint mortellement.

Dans cette mêlée sanglante surgit la France de 1914 sous les traits d'un brave grand-père en béret basque et tablier de jardinier.

1. Un Commando marine, par la suite, portera son nom.

Ce poilu se présente crânement : Marcel Lefèvre. La guerre, il ne la connaît que trop d'expérience. Vieil habitant d'Ouistreham, en ancien combattant averti, il a soigneusement repéré les installations allemandes. Il sait où se situe le central téléphonique. Le faire sauter coupera les communications des défenseurs du casino avec l'extérieur et les privera d'appui feu.

Sans émotion apparente, Lefèvre se porte volontaire pour guider deux commandos à travers le champ de mines qu'il a tout autant localisé. Vingt minutes après, le central saute. Le casino tire toujours ; ses deux canons de 20 restent dangereux mais sa garnison est isolée.

Au milieu des explosions de grenades et des crépitements d'armes automatiques, des grondements se font entendre. Des chars ! Des chars amis ! Le premier se rapproche. C'est un char DD (Duplex Drive), un blindé équipé d'une jupe qui lui a permis de flotter et d'atteindre la terre ferme. Kieffer se précipite, se hisse près de la tourelle à hauteur du chef de char. De la voix et du geste il désigne la meurtrière avec ses canons de 20 contre lesquels le PIAT ne peut rien. En zigzaguant le lourd engin s'avance et presque à bout portant tire un obus de 75. L'effet est immédiat. Les canons de 20 se taisent.

Les Français se lancent à l'assaut. Un lance-flammes entre en action contre une casemate. Une MG se dévoile. Kieffer est toujours sur son char. Il a vu et prévient l'équipage. La tourelle pivote. A plusieurs reprises le 75 fait retentir ses détonations. Cette fois le compte est bon. Une nouvelle blessure, à l'avant-bras cette fois, pour Kieffer si aisément repérable sur son blindé.

Les Allemands ont compris. Ils commencent à se rendre et sortent de leurs tanières les bras levés. Curieux assemblage que cette armée du IIIe Reich ! Des Russes, des Baltes, des Roumains, des Italiens encadrés par quelques nazis bon teint.

Il est un peu plus de 11 heures. Le calme s'établit autour du casino enlevé par les Français et dans Ouistreham occupée par le Commando n° 4. Les habitants sortent de leurs caves et applaudissent les libérateurs. Devant les hommes de Kieffer ils s'exclament : « *Ils parlent français !* » avant de découvrir qu'ils s'adressent à des compatriotes.

Le Commando n° 4 se regroupe au sud de la bourgade et fait l'appel. Les absents sont nombreux : 7 tués, 80 blessés chez les Français. Les blessés légers, Kieffer en tête, refusent d'être évacués. Les rescapés ont le visage du vainqueur. L'abbé de Naurois, qui comme aumônier ou infirmier n'a pas manqué d'ouvrage depuis l'aube, ne peut s'empêcher de glisser à Kieffer ces propos remplis d'admiration et de respect :

« *Commandant, ces hommes ont des gueules superbes !* »

*

La première partie de la mission a été remplie. Il reste maintenant à aller tendre la main aux paras de la VIe Airborne après avoir fait le plein de munitions et récupéré les sacs.

Huit kilomètres séparent Riva-Bella du pont de Benouville tenu par le commando du major Howard. Une petite étape pour des combattants surentraînés mais les Bérets Verts français ont passé une nuit blanche sur les LCI et viennent de vivre des heures éprouvantes dans les combats d'Ouistreham. Et que les sacs sont lourds !

Par Colleville-sur-Orne, Saint-Aubin d'Arquenay et Benouville, le Commando n° 6 ouvre la route suivi par le PC de Lovat. Derrière eux, colonne par un, le Commando n° 4 s'enfonce dans la campagne normande. Ce pourrait être une journée de printemps dans l'éclosion de la nature, mais la bataille est loin d'être terminée. Elle ne fait même que commencer et la vigilance ne saurait perdre ses droits. Attention à ne pas s'écarter de l'itinéraire reconnu. « Minen ! » Attention aux tirs lointains des snipers. Le lieutenant Amaury, de la Troop « K Gun » a le bras fracturé par l'un d'eux. La traversée du pont de Benouville coûte deux blessés dont un grave malgré les fumigènes lancés pour camoufler les passages.

Vers 20 heures, le Commando n° 4, après avoir passé Amfreville, s'installe sur la défensive pour la nuit autour de la grande bâtisse du château d'Oger[1], à la sortie nord du village. Une autre guerre commence. Après l'assaut impétueux contre une position retranchée, les Bérets Verts vont devoir, durant deux mois[2], mener un rude combat de fantassins pour stopper les contre-attaques allemandes. Mais une guerre à la commando avec incursions et coups de main dans les lignes ennemies pour dérouter l'adversaire.

*

1. Trois kilomètres nord-est du pont de Benouville.

2. La percée de Patton le 31 juillet à Avranches déséquilibrant le front allemand et permettant une offensive généralisée menant à Paris et au-delà de la Seine.

A l'examen, les combats menés par le Commando n° 4 et les Bérets Verts français le 6 juin et les jours suivants ne peuvent s'assimiler à une opération de commando. Il leur manque les caractéristiques inhérentes à ce type d'action à commencer par la surprise. Ils répondent au travail d'une infanterie de choc.

Cela admis, force est de constater qu'à défaut de la lettre existe l'esprit. Tout, le 6 juin et au-delà, porte la marque et le style commando. L'entraînement, la technicité, la motivation insufflent une combativité qui a raison des résistances quelles que soient les pertes. Les défenses sont forcées ; les brèches sont ouvertes par où d'autres peuvent s'engouffrer pour consolider la tête de pont du débarquement. Les combattants de la 1st Special Service Brigade démontrent que leur existence se justifiait pleinement. Il n'est pas prouvé que d'autres aient pu réaliser ce qu'ils ont réussi.

Le même comportement, le même résultat se retrouvent à Walcheren cinq mois plus tard.

*

Anvers a été libéré le 4 septembre mais Montgomery, les yeux rivés sur la Ruhr pour faire mieux que Patton[1], a négligé de dégager l'estuaire de l'Escaut[2]. Résultat, le grand port, à 80 kilomètres de la mer, saisi intact, est inutilisable. Pourtant, il serait le bienvenu. Le « Red Ball Express », mis en place le 25 août depuis les rivages français, avec sa noria de camions, ne peut suffire pour alimenter la bataille.

Heureusement, au-dessus du besogneux Montgomery toujours soucieux d'édifier sa propre statue, Churchill, une fois de plus, voit clair. Il presse le maréchal de résoudre au plus vite le problème Anvers. Début octobre le promoteur de la calamiteuse attaque frontale contre Dieppe[3] est bien obligé de donner la priorité « absolue à l'opération de dégagement d'Anvers ». La poche de Breskens, sur la rive gauche de l'Escaut, liquidée le 22 octobre, le gros morceau s'affirme l'île de Walcheren.

Le rectangle de Walcheren (19 kilomètres sur 13) commande l'accès aux quais d'Anvers. Ses batteries interdisent tous

1. Sa fameuse opération « Un pont trop loin » sur Arnhem est largement responsable du manque d'intérêt accordé à Anvers courant septembre.
2. En néerlandais, la Scheld.
3. Cf. tome 1, chap. XVI.

mouvements de navires dans un goulet relativement étroit. Il n'y a que sept à huit kilomètres de Breskens à Flessingue, principale cité sur la rive sud de l'île. Tant que Walcheren sera aux mains des Allemands, les Alliés ne pourront utiliser Anvers.

Les bombardements aériens du 3 au 10 octobre ont percé une brèche dans les digues de Walcheren, provoquant une inondation marine des parties basses de l'île[1]. La situation créée, annihilant l'œuvre de bien des générations de Néerlandais, limite les possibilités de circulation des Allemands et tend à isoler leurs différentes places fortes. En contrepartie, une opération aéroportée est exclue faute de DZ appropriées pour des largages d'envergure. Il faut donc débarquer de vive force. L'attaque envisagée pour neutraliser les 9000 hommes de la Wehrmacht présents à Walcheren mettra en œuvre les 2e Division et 4e Brigade canadiennes et des commandos. Ces derniers, en l'occurrence la 4e Special Service Brigade du général « Jumbo » Leicester, effectueront les débarquements d'assaut contre les points forts : Westkapelle et surtout Flessingue[2].

La 4e Special Service Brigade comprend les 41e, 47e, 48e Commandos des Royal Marine. Elle vient de se voir affecter le Commando n° 4 dont Dawson, remis de ses blessures du 6 juin, a repris le commandement. Renforcée d'une Troop belge et d'une Troop norvégienne issues du Commando n° 10. Interallié, le Commando n° 4, qui vient de bénéficier d'un répit plus que nécessaire de trois semaines en Grande-Bretagne, compte 550 hommes.

Kieffer, lui aussi rétabli, est toujours là mais ses effectifs ont fondu. Il n'a plus que 85 Bérets Verts français derrière lui en deux Troops, la 5 de Lofi, la 6 de Vourc'h.

« Jumbo » Leicester a prévenu. La partie sur Flessingue que doit occuper le Commando n° 4 sera chaude. Les renseignements donnent une garnison d'environ 3000 Feldgrau. Ce sera du un contre cinq. La présence d'une forte population civile exclut des matraquages aériens préalables. La lutte sera un combat au plus près où le meilleur l'emportera. Aucun doute à ce sujet. Les Bérets Verts seront les meilleurs ! D'autant qu'il est un autre élément à prendre en compte. Les défenseurs ont-ils vraiment un moral solide ? Douteux. Ils se sentent isolés, entourés d'eau,

---

1. En noyant des centaines d'habitants.

2. Westkapelle se situe à la pointe nord-ouest de l'île, en bordure de mer. Flessingue est un port à une dizaine de kilomètres en amont.

coupés de l'extérieur. Ils se rendent compte que personne ne viendra à leur secours et qu'un désastre sans précédent commence à s'abattre sur le IIIe Reich. Face à des combattants résolus et agressifs, le Feldgrau « moyen » peut être tenté de lâcher. Encore que ! Le nazisme a su forger des fanatiques décidés à résister jusqu'au bout. Ceux-là pèseront sur leur entourage.

*

1er novembre 1944. 4 heures 30. Le premier des 20 LCA transportant le Commando n° 4 sort du port de Breskens. Flessingue est juste en face, noyée dans la brume. Au même moment, depuis la rive gauche de l'Escaut, 300 pièces d'artillerie se mettent à tonner. Leurs salves s'abattent sur les défenses côtières. Leur écho étouffe les bruits des LCA qui, très bas sur l'eau, passent inaperçus. Les incendies qui se déclarent sous les impacts dessinent le contour du littoral.

L'accostage est prévu dans une petite darse rectangulaire, baptisée Uncle Beach, et dominée par le cône d'un vieux moulin à vent, le Moulin d'Orange (Orange Molen). Sa masse, avec ses grands bras, se détache dans les fumées et les lueurs des arrivées d'obus facilitant le repérage final.

5 heures 45. Le barrage d'artillerie se lève et se décale vers l'intérieur de la ville, alors que le premier LCA se plaque contre la jetée ouest d'Uncle Beach. Des Britanniques en jaillissent. En quelques instants ils escaladent le mur, réduisent un fortin. Les occupants n'ont pas le temps de réagir. Une brèche, à la cisaille, dans les barbelés des quais est ouverte. L'accès se libère.

Derrière, les LCA se succèdent. Le front de mer entre les jetées est légèrement pentu ce qui permet aux portes des barges de s'abattrent directement dessus. Le débarquement pour une fois se pratique à pied sec. Heureux contraste avec les bains forcés du 6 juin !

La surprise a servi les éléments de tête. Elle ne dure pas. L'ennemi réplique tous azimuts. Un canon de 20, des mitrailleuses se dévoilent. Les LCA de deuxième échelon en subissent le feu.

Les Bérets Verts français ont mis pied à terre sans trop de pertes. L'abbé de Naurois s'est retrouvé K.-O. en retombant après avoir franchi une palissade.

Avec quatre Troops, deux britanniques et les deux françaises, 5 de Lofi et 6 de Vourc'h, Kieffer s'est vu confier une mission précise. Les divers bassins séparent en fait Flessingue en deux quartiers. Un étranglement de 400 mètres de long les relie créant un point de passage obligé. En souvenir de la résidence du Commando n° 4 avant le Jour J, ce goulet a été baptisé «Bexhill». Avec ses hommes, Kieffer, sans se soucier des combats qui se déroulent dans le reste de la ville, doit s'enfoncer dans Flessingue afin d'aller tenir «Bexhill». Ayant ainsi sectionné la cité, il interdira les mouvements de la ville haute vers la ville basse du bord de mer. Là sont localisées les casernes et les principales défenses côtières. Les garnisons y seront, en quelque sorte, prises au piège.

D'Uncle Beach, zone de débarquement, à «Bexhill» il y a un bon kilomètre à vol d'oiseau. Le dédale des rues et ruelles de ce vieux Flessingue augmente les distances. S'il offre divers cheminements, il rend l'avance des commandos hasardeuse. Chaque pâté de maisons peut se transformer en centre de résistance.

La Troop n° 3 du major Weeb, débarquée en tête, démarre la première en longeant plus ou moins la côte. L'opposition est vive, mais elle arrive à s'infiltrer en se rapprochant de « Bexhill». Dans l'attente de renforts, elle reçoit ordre de s'accrocher au secteur conquis.

L'officier des équipages Lofi, avec la Troop n° 5, part un peu après Weeb et pique au plus court, direction «Bexhill». Les prisonniers capturés confirment la présence de fortes concentrations allemandes dans les casernes. Le renseignement est d'importance. Il confirme que l'occupation du goulet de «Bexhill» isolera le gros de la garnison de Flessingue. Gardant le mieux possible une liaison avec la Troop n° 3 sur sa gauche, Lofi poursuit.

La Troop n° 6 de Vourc'h a été amputée de deux hommes lors du débarquement; par contre, la n° 4, chargée de l'appuyer avec ses armes lourdes, a été éprouvée. Une de ses barges a coulé avec deux mortiers que les rescapés s'efforcent de récupérer. Sans attendre ses appuis, Vourc'h décide de filer. Sur sa route, la poste centrale est réduite à la grenade. A 9 heures, Vourc'h et ses hommes qui n'ont pas flâné finissent de nettoyer «Bexhill» et s'y installent solidement. Les Anglais de la Troop n° 4, qui ont fini par sortir de l'eau leurs mortiers, viendront les rejoindre vers midi.

Tenant «Bexhill», Kieffer, à mi-journée, peut rendre compte que sa mission est remplie. La basse ville est coupée de l'extérieur.

Un compte rendu opérationnel est obligatoirement sec. Il signale une résistance éliminée, un terrain conquis, un bilan des pertes amies ou ennemies. Il ne saurait s'attarder sur le travail des hommes. Dans un combat de rues, le danger est partout. Il s'appelle grenades lancées d'une fenêtre ou d'un balcon, rafales de PM ou de mitrailleuse prenant un trottoir ou une chaussée en enfilade, tirs d'un sniper ajustant de loin sa cible, éclats d'un obus tombé à proximité. Quels que soient les risques l'assaillant avance, et maintes fois à découvert. Il se faufile le long des murs, se protège un instant dans une encoignure pour souffler et observer puis repart. A l'occasion il avale des étages, enfonce une porte, balance sa propre grenade ou vide son chargeur pour débusquer un adversaire qui a eu le temps de se dissimuler. Après quoi il reprend son mouvement vers l'avant, couvrant de son feu un camarade confronté à un autre péril. Une telle lutte implique audace et technique. Elle est réservée aux forts. Les Bérets Verts sont de ceux-là.

Derrière des fantassins continuent de débarquer. La conquête globale de Flessingue prend forme.

La nuit est dans la logique de la journée. Les combats se poursuivent avec acharnement. A un moment deux compagnies allemandes débouchent de la ville haute. Manifestement elles ont ordre de rompre le rideau défensif accroché sur « Bexhill ». Elles font même intervenir un char lance-flammes. Les commandos s'accrochent à leurs positions. Ils tirent posément et à bon escient à l'instar du quartier-maître chef Gadou. Excellent tireur, Gadou abat, à lui seul, avec son 303 un groupe servant un lance-flammes.

Au matin du 2 novembre, les offensives allemandes ont été repoussées et l'attaque alliée se généralise. Dans le vieux Flessingue les défenses ennemies se situent en bord de côte. Des blockhaus, l'hôtel Britannia opposent une farouche résistance. Pour soutenir son assaut, le Commando n° 4 fait appel à la chasse. Une patrouille de six Typhoons [1] pique sur les objectifs, les criblant avec succès de ses rockets.

La Troop de Lofi profite de cet intermède pour se glisser au plus près d'une grosse casemate que ses canons de 20 rendent redoutable. Alors que deux Bérets Verts se préparent à bondir pour aller déposer une charge explosive contre la porte blindée de l'ouvrage, celle-ci s'ouvre. Un drapeau blanc fiché au bout d'un bâton s'agite. Trois officiers, 60 Feldgrau sortent les bras en l'air. Les prisonniers sont plus nombreux que les Français.

1. Chasseur bombardier monomoteur britannique – Hawker Typhoon Mk 1B. 663 km/h, 4 canons de 20,907 kilos de bombes ou rockets.

Les renforts affluent de partout. La fin de Flessingue et de Walcheren approche. Elle nécessitera cependant encore près d'une semaine. La reddition générale de la garnison allemande de l'île intervient le 8, à 9 heures. Le Commando n° 4, sur Walcheren, a eu 20 % de pertes, moins que ce qui était escompté. L'ennemi a laissé entre ses mains près d'un millier de prisonniers et a perdu 500 hommes, tués ou blessés.

L'opération contre Flessingue, intitulée «Infatuante I», vaudra au 1er Bataillon de Fusiliers Marins Commandos sa quatrième citation:

«*Magnifique unité détachée au 4e Commando, sous les ordres du Capitaine de Corvette Kieffer, a participé le 1er novembre 1944, après un débarquement par surprise, à l'assaut du port de Flessingue (Ile de Walcheren) qui a été conquis de haute lutte en sept heures en dépit de la résistance acharnée de l'ennemi, fortement retranché et au moins trois fois supérieur en nombre.*

A ensuite participé à l'attaque générale de l'île, mettant fin le septième jour à toute résistance ennemie, et obtenant la reddition du général allemand. Ce brillant fait d'armes a été relaté par le Commandant Suprême des Armées Alliées comme l'un des plus braves et des plus audacieux de cette guerre.»

Dans cet assaut contre Walcheren, les commandos furent aux places d'honneur. (Les 41, 47 et 48 Commandos de Royal Marine débarquant à Westkapelle.) A leur sujet, Winston Churchill écrira:

«*Les commandos accomplirent bien d'autres exploits au cours de la guerre, et si d'autres unités ou d'autres armes jouèrent un rôle important dans cette remarquable opération, l'extraordinaire vaillance des fusiliers marins fut pleinement mise en valeur. Une fois de plus, la conception des commandos triomphait*[1].»

*

La Seconde Guerre mondiale, pour le 1er BFM Commandos, ne se termine pas à Walcheren. Jusqu'à mi-mars 1945, le Commando n° 4 mène des raids contre les positions allemandes de l'île de Schouven (au nord de Walcheren). Les hommes de Kieffer s'étoffent quelque peu avec l'arrivée de renforts venant de Grande-Bretagne.

---

1. W. Churchill, OC, *La Victoire*, p. 210.

Après le franchissement du Rhin, l'unité est employée en infanterie portée jusqu'à la capitulation du Reich.

A cette date, sur les 177 Bérets Verts français débarqués à Riva-Bella le 6 juin 1944, 24 seulement ont été épargnés par la mort ou les blessures. Quatre d'entre eux sont (ou seront) Compagnons de la Libération: Philippe Kieffer, René de Naurois, André Lofi, Pierre Chausse. De 1941 à 1945 le bataillon aura obtenu cinq citations à l'ordre de l'armée.

Chapitre VIII

LE COMMANDO D'UN HOMME SEUL
20 juillet 1944

Le lundi 27 mai 1942, ils étaient deux pour abattre l'Obergruppenführer SS, Reichsprotektor de Bohême-Moravie, Reinhard Heydrich. Deux ans plus tard, le 20 juillet 1944, un homme s'engage seul cette fois pour éliminer un adversaire combien redoutable, le maître absolu du Troisième Reich, Adolf Hitler lui-même.

Joseph Gabcik et Jan Kubis, les deux Tchèques du commando contre Heydrich[1], étaient deux parachutistes en parfaite condition physique. Leur âge, leur santé, leur entraînement les mettaient en mesure d'affronter les affres et les aléas d'un combat rapproché. Celui qui se risque seul contre Hitler, le colonel allemand Claus Schenk von Stauffenberg, est loin, en la matière, de leur ressembler. Invalide de guerre, il ne partage avec eux qu'un point commun, mais essentiel, la farouche résolution d'aller jusqu'au bout quels qu'en soient les risques.

En 1944, Von Stauffenberg a 37 ans. Cet officier supérieur bien né, issu d'une vieille famille aristocratique et catholique de

1. Cf. tome1, chap. XII.

l'Allemagne du Sud, vit sous les armes depuis l'âge de 18 ans. Son parcours a été brillant dans les états-majors avant une très grave blessure en Tunisie le 7 avril 1943. Le véhicule dans lequel il se trouvait a été pris pour cible par un chasseur allié. Après plusieurs mois d'hospitalisation, Von Stauffenberg, à force de volonté, a pu reprendre du service mais il reste marqué physiquement. Son visage est lardé de profondes cicatrices. Il a perdu l'œil gauche et le bras droit. De sa main valide il ne conserve que l'usage du pouce, de l'index et du majeur. Les gestes usuels de la vie lui sont difficiles ou interdits. Envers et contre tout il a surmonté ces handicaps et retrouvé rang dans la hiérarchie militaire.

A l'instar de bien des jeunes de sa génération, Von Stauffenberg n'a pas été insensible au National-Socialisme. Patriote, il a vu en lui des perspectives de renouveau d'une Allemagne humiliée par sa défaite de 1918 et le traité de Versailles. Puis, progressivement, il a compris. Il s'est rendu compte que le caporal bavarois menait son pays au gouffre. Il a pris conscience des monstruosités du nazisme. Le soldat, le chrétien se sont mués en un opposant farouche et mêlés activement à la résistance contre le régime.

L'entreprise dont il sera le principal acteur, le 20 juillet 1944, n'est pas la première du genre. D'autres Allemands ont le même raisonnement : arrêter à tout prix la course des gens en place et, en préalable, éliminer leur chef[1]. Hitler disparu, tout deviendra possible. Mais les tentatives ont toutes échoué. Ainsi, par exemple, une bombe avait été placée dans l'avion ramenant le Führer du Front de l'Est. Son détonateur n'a pas fonctionné.

Au printemps 1944, la dégradation de la situation militaire à l'Est, l'annonce d'un débarquement allié à l'Ouest, précipitent les engagements des opposants. Un large complot se noue. On y trouve des militaires comme les maréchaux Rommel, von Kluge, les généraux Beck, von Stülpnagel... ou des civils comme Gördeler, ancien bourgmestre de Leipzig. Tous estiment qu'ayant écarté Hitler ils pourront traiter avec les Occidentaux et ainsi mieux faire face à l'Est[2].

Von Stauffenberg est au cœur de cette conjuration. Le débarquement du 6 juin 1944 réussi le conduit à frapper très vite avant

1. Quelques opposants, toutefois, dont Rommel, ne partagent pas ces vues. Ils pensent à une arrestation et à un jugement devant un tribunal populaire. Vision assez utopique.

2. Vœu pieux. Jusqu'au bout Roosevelt maintiendra la notion de capitulation sans conditions définie à Anfa en janvier 1943.

que l'Allemagne ne s'effondre totalement. La destinée le sert. Promu colonel, il devient le 1er juillet 1944 chef d'état-major de l'Armée dite de Réserve. Cette Armée englobe toutes les forces situées dans l'intérieur de l'Allemagne et non engagées pour une raison ou une autre. A ce titre elle organise et instruit les renforts qui seront envoyés sur les divers fronts. Au sein d'une Wehrmacht dont le problème en effectifs est crucial, où chaque journée devant les pertes subies exige de nouvelles poitrines, son rôle est primordial.

Ses fonctions de chef d'état-major de l'Armée de Réserve amènent Von Stauffenberg à des contacts fréquents avec l'OKW, le commandement supérieur de la Wehrmacht, et avec Hitler lui-même. Aucune décision militaire d'importance ne se prend effectivement sans l'aval de Hitler. L'homme qui se pique d'être un stratège génial, nouveau Bonaparte ou Maurice de Saxe, entend tout savoir et tout régenter. Von Stauffenberg est fréquemment convoqué en haut lieu pour rendre compte, au nom de son chef le général Fromm, de l'état des réserves et de leur disponibilité.

Le 3 juillet, à peine intronisé, il s'est rendu à Berchtesgaden et a approché le Führer. Officier supérieur en service commandé, grand blessé de guerre, il a, sans être inquiété, pénétré dans le Saint des Saints du Troisième Reich. De cette première visite, il a tiré une double constatation. Hitler est un personnage très bien gardé. Le colonel von Stauffenberg, dûment habilité, est arrivé sans être fouillé et sans que sa sacoche soit contrôlée. Une opportunité exceptionnelle, qu'il est seul à avoir, s'offre à lui. Dans le cadre de ses rencontres avec Hitler il a latitude de fomenter un attentat. Si ses handicaps physiques ne lui permettent pas d'utiliser une arme de poing, il peut, par contre, déposer une charge explosive. Tous les plans des conjurés vont désormais partir de là et reposer, au départ, sur l'action d'un seul individu.

Le 11 juillet, Von Stauffenberg est à nouveau appelé à Berchtesgaden. Cette fois il a glissé une bombe à retardement dans sa serviette. Il a loisir de laisser contenant et contenu dans la salle de conférences et de s'éclipser. La mort de Hitler déclenchera un coup d'Etat orchestré à Berlin par les généraux de connivence.

Le colonel est prêt à déposer son engin. Au dernier moment une double absence le retient. Contrairement aux habitudes, ni Göring ni Himmler[1] ne participent à la réunion quasi journalière

1. Le maréchal Göring est le second en titre du régime. Le Reichführer SS Himmler est le chef tout-puissant de la SS.

avec le Führer. Or les conjurés ont estimé que la disparition de ces deux comparses était impérative. Le régime doit être décapité.

Le 14 juillet, Hitler quitte Berchtesgaden et rejoint son PC de campagne habituel près de Rastenburg[1]. Le site, le fameux Wolfsschanze (Le Repaire du Loup), au milieu des forêts de pins de Prusse-Orientale, est sévèrement protégé. Un large champ de mines puis un réseau de barbelés ceinturent les lieux, renforcés par des tours de guet et des emplacements de mitrailleuses. Trois postes de contrôle barrent la route d'accès de part et d'autre du champ de mines. Bunkers et baraquements sont dispersés sous les couverts forestiers. Ils abritent Hitler, Göring et les divers services du Haut Etat-Major. Le bunker réservé à Hitler se trouve à l'intérieur d'un périmètre spécialement protégé, le Périmètre l.

Le déplacement du GQG ne change rien. Au Wolfsschanze comme à Berchtesgaden, von Stauffenberg a ses entrées assurées par ses fonctions. Entre-temps le colonel a revu les chefs des conjurés. Une décision s'est imposée. Tant pis si Göring et Himmler ne peuvent être visés par l'attentat. Priorité à la disparition de Hitler. Les événements militaires, en particulier à l'Ouest, exigent de ne pas tarder. Le front de Normandie menace d'être rompu[2], ce qui aggravera la situation de l'Allemagne. Un règlement politique sera encore plus difficile à négocier. En outre, des conjurés, dont Gördeler, seraient sur le coup d'être arrêtés. Tout incite à agir vite. A sa prochaine visite au Wolfsschanze Von Stauffenberg opérera. Il a rappelé à ses amis sa détermination.

On peut, au passage, s'étonner qu'un simple colonel assiste à des réunions au sommet. Il paraîtrait logique que Von Stauffenberg se contente de rendre compte au maréchal Keitel, patron de l'OKW, de ce qu'il a à dire. Le maréchal, ensuite, exploiterait son rapport devant le Führer.

Or, pour deux raisons, c'est ce dernier qui impose aux officiers supérieurs de passage d'assister à ses conférences quasi quotidiennes. Il tient à connaître personnellement ceux qui sont appelés à travailler dans son entourage. Ce désir se justifie. Son second mobile est tout autre. Fort de la très haute idée qu'il se fait de sa science militaire, le Maître du Reich entend la montrer. Il

---

1. Rastenburg, aujourd'hui Ketrzyn, à environ 100 kilomètres au sud-est de Königsberg (Kaliningrad).

2. Il sera effectivement rompu par Patton et les Américains à Avranches, le 30 juillet.

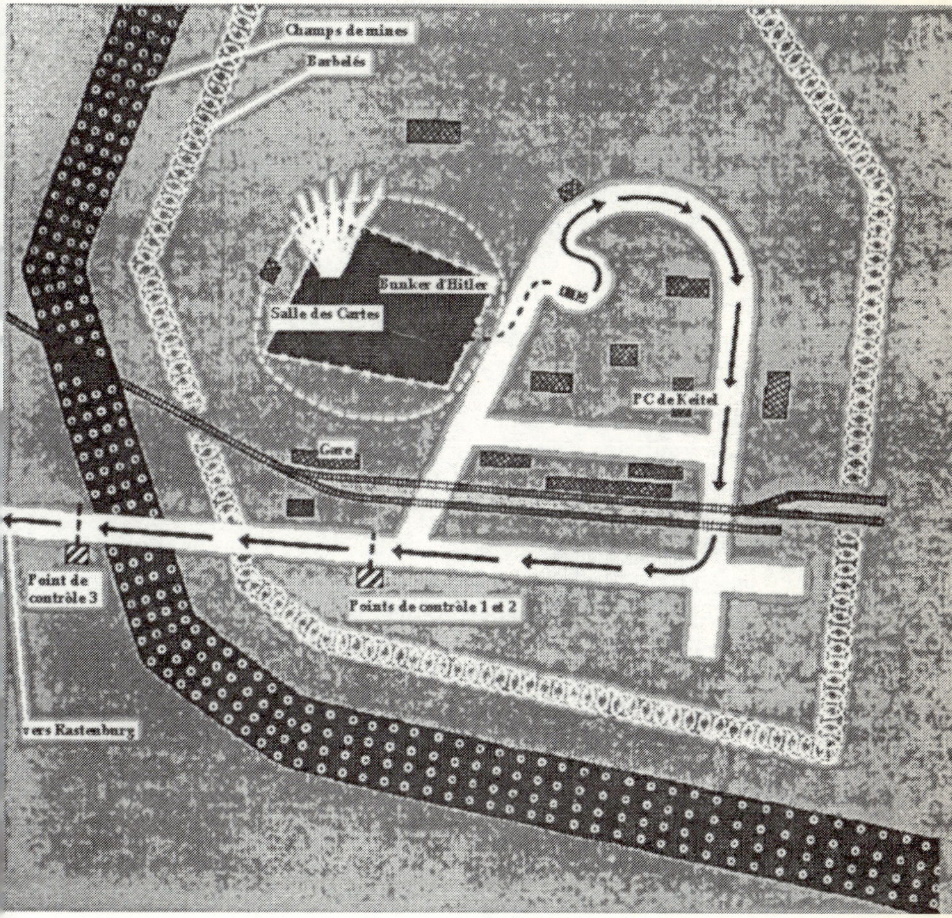

Le repli de Von Stauffenberg

veut révéler au plus grand nombre possible de ses subordonnés avec quel génie il conduit la guerre.

*

Le 20 juillet, vers 7 heures, convoqué au Wolfsschanze, Von Stauffenberg s'envole de l'aérodrome de Rangsdorf dans la banlieue sud de Berlin. Il n'est pas complètement seul à bord du Heinkel III. Son aide de camp, le lieutenant Werner von Haeften, l'accompagne. Il sait pouvoir compter sur ce jeune officier de réserve qui partage ses vues et ses projets contre Hitler.

Dans sa serviette de cuir jaune le colonel emporte une bombe à retardement. D'après l'enquête menée par la suite par les Nazis, il semblerait que la charge explosive soit d'origine allemande. En revanche, le dispositif de mise à feu serait britannique. Assez souvent les Allemands récupèrent du matériel de sabotage largué aux mouvements de Résistance par les Anglais. Des complicités ont pu faire parvenir à Von Stauffenberg ce type d'engin allumeur regardé comme très fiable. Il s'agit, en l'occurrence, d'une ampoule contenant un acide. L'ampoule une fois brisée libère un acide qui ronge un fil métallique. Au bout d'un temps plus ou moins long suivant l'épaisseur du fil, celui-ci se rompt. A son tour il libère un percuteur qui frappe le détonateur, lequel déclenche l'explosion générale de la charge.

Von Stauffenberg se rend pour la première fois à Rastenburg. Il ignore la configuration exacte des lieux. Il sait seulement qu'il est absolument résolu à déposer sa bombe dans le local où il rencontrera Hitler. Sa décision est sans appel et il s'est engagé formellement vis-à-vis du général Beck, grand patron des conjurés. D'avance il a fait le sacrifice de sa vie. La veille, en rentrant chez lui, il s'est arrêté dans une église et s'est longuement recueilli. S'il n'a rien révélé à son épouse qui vit en dehors de Berlin avec ses quatre enfants, il a prévenu son frère près duquel il a passé la soirée du 19.

A 10 heures 15, au terme d'un vol de 600 kilomètres, le Heinkel III atterrit à Rastenburg. Il doit y attendre ses deux passagers pour les reconduire à Berlin.

La distance entre le terrain d'aviation et le Wolfsschanze est courte. Une quinzaine de kilomètres. La voiture de Von Stauffenberg et von Haeften ne met qu'un quart d'heure pour la parcourir. Aux trois points de contrôle les SS de garde laissent passer sans difficultés. Tous les papiers sont en règle. Qui suspecterait ce colonel dont les décorations attestent de tels états de service !

Von Stauffenberg a du temps devant lui. Il peut avoir plusieurs contacts. Il rencontre le général Fellgiebel, chef des transmissions de l'OKW. Fellgiebel est du complot. Il doit avertir les conspirateurs de Berlin de la réussite de l'attentat et isoler le Wolfsschanze en sabotant les liaisons radio et téléphoniques.

Il est environ midi lorsque Von Stauffenberg se présente au maréchal Keitel. Celui-ci voulait l'entendre avant la réunion où le chef d'état-major de l'Armée de Réserve exposera les disponibilités en unités à envoyer sur le front de l'Est.

D'ordinaire, la conférence journalière débute à 13 heures. Hitler est un couche-tard. Avec lui tous les horaires de travail sont décalés. Ce 20 juillet, exceptionnellement, suite à l'arrivée de Benito Mussolini annoncée pour 14 heures 30, la réunion s'ouvrira à 12 heures 30. Les participants ont appris que la visite du Duce l'écourterait. On sait également que Göring et Himmler ne seront pas là. Ce décalage, ces absences n'entravent en rien les projets de Von Stauffenberg qui, dans ses divers déplacements à l'intérieur de l'enceinte, a pu étudier son itinéraire de repli.

Le bunker de Keitel se situe à 200-250 mètres du lieu de la conférence. Keitel et Von Stauffenberg le quittent un peu avant 12 heures 30 et partent à pied. A mi-parcours Von Stauffenberg prie le maréchal de bien vouloir l'excuser un instant. Il a laissé sa casquette et son ceinturon dans l'antichambre des bureaux du chef de l'OKW. Il fait demi-tour pour aller les récupérer.

Casquette et ceinturon n'étaient qu'un prétexte. Von Stauffenberg avait besoin de s'isoler quelques instants afin d'opérer à l'intérieur de sa serviette. Son infirmité rend ses gestes maladroits. Pour briser la fameuse ampoule du mécanisme de mise à feu, il est dans l'obligation d'avoir recours à une pince qu'il manipule de ses trois doigts valides. 12 heures 30 environ. L'engin est amorcé. L'acide mettra une dizaine de minutes pour faire son œuvre. C'est le laps de temps dont dispose Von Stauffenberg pour déposer sa charge et s'éclipser[1].

Keitel est de mauvaise humeur. Soldat discipliné, trop discipliné, il n'aime pas être en retard et Von Stauffenberg l'a retardé.

---

1. Le parcours suivi par Von Stauffenberg avant son entrée dans la salle de conférences est controversé. Les témoignages des principaux acteurs ou témoins manquent. Von Stauffenberg, Von Haeften sont morts peu après l'attentat. Keitel a été exécuté après le procès de Nuremberg en octobre 1946.

Lorsque les deux hommes pénètrent ensemble, la conférence a déjà commencé. Von Stauffenberg serre sous son bras son épaisse sacoche jaune. Aimable, un autre officier lui avait proposé de la porter. En connaissance de cause l'intéressé avait remercié et refusé…

La salle de conférences n'est pas le bunker habituel. Des travaux sont en cours un peu partout. Le front s'est rapproché et il est prudent de renforcer les bâtiments contre des bombardements aériens. Provisoirement une salle dite des cartes a été aménagée dans une longue baraque en briques et en planches. Cette pièce de 12 mètres de long sur 5 de large est percée de trois fenêtres qui sont restées ouvertes à cause de la canicule de mi-juillet. Dans un blockhaus en béton étroitement clos, l'onde de choc de la bombe aurait broyé tous les participants [1]. La fragilité des parois, l'ouverture des fenêtres atténueront l'effet de souffle qui pourra s'évacuer en partie.

Une lourde table en chêne, longue de 5 à 6 mètres sur deux socles massifs, occupe le centre de la pièce. Des cartes y ont été étalées pour suivre les exposés sur les opérations militaires.

Ils sont une bonne vingtaine, 24 semble-t-il, à participer à la conférence. Hitler, dont l'entrée a été saluée par un bref «Heil!», assis sur une chaise, préside. Keitel, Jodl, Warlimont occupent leurs places habituelles, à sa gauche, les généraux Korten et Schmundt à sa droite [2]. Face à lui, de l'autre côté de la table, se tiennent plusieurs personnalités importantes, dont le général SS Fegelein [3] et l'amiral Voss représentant l'amiral Dönitz, commandant de la Kriegsmarine. Un peu en retrait, debout ou assis à de petites tables, se serrent des secrétaires et des officiers de moindre rang [4].

Le Führer est myope mais il refuse de porter des lunettes. Pourquoi? Pour conforter son image de chef de guerre sans doute. Aussi, il utilise une forte loupe pour bien suivre la cartographie. Cette attitude aidera à l'épargner.

---

1. Cela aurait été le cas au Berghof si Hitler n'avait pas quitté Berchtesgaden quelques jours plus tôt.

2. Général Jodl. Chef de l'état-major Opérations de l'OKW.

Général Warlimont. Adjoint de Jodl.

Général Korten. Chef d'état-major de la Luftwaffe.

Général Schmundt. Adjoint de Keitel.

3. Beau-frère de Hitler et représentant de Himmler.

4. Les informations sur le tour de table proviennent du général Warlimont et de Heinz Buchholz, un secrétaire de la conférence.

A 12 heures 35, au moment de l'entrée de Keitel et Von Stauffenberg, le général Heusingen, adjoint du général Zeitzler, chef de l'OKH malade, expose la situation à l'Est. Après avoir rapidement présenté Von Stauffenberg à Hitler qui le connaissait déjà, Keitel rejoint son siège. Le colonel se glisse non loin du Führer. Il a prévenu. La surdité, suite à sa blessure, lui impose d'être proche de Hitler pour bien l'entendre. Il s'installe donc un peu à droite de celui qu'il a l'intention de faire périr. Posément, comme effectuant un geste naturel, il se débarrasse de sa sacoche. Il la pose à ses pieds, plaquée contre la paroi intérieure du socle de la table. Normalement, lorsque le général Heusingen en aura terminé, il devra présenter les disponibilités des unités de réserve. Pour l'heure, l'attention se porte sur Heusingen qui traite de la situation et des combats aux frontières septentrionales de la Prusse-Orientale. Cette portion du front est en limite supérieure de la carte. Hitler s'est levé et s'est penché vers l'avant afin de mieux se rendre compte. Il est même à demi couché sur la table, étudiant avec sa loupe les positions du Groupe d'Armées Nord qui risque d'être tournées par le sud. (Car très enfoncées dans les Pays baltes.) (Ce détail encore contribuera à le sauver.)

En entrant dans les lieux, ostensiblement et devant Keitel, Von Stauffenberg a informé le sous-officier de service sur le seuil qu'il attendait un coup de téléphone. Des renseignements de dernière minute pour son rapport.

Le plan agencé fonctionne bien. D'un signe discret le sous-officier de service alerte Von Stauffenberg qu'on le réclame au téléphone. En fait, c'est Von Haeften qui l'appelle pour lui donner l'occasion de sortir.

Keitel était au courant de cet appel en instance. Il n'est pas surpris de voir le colonel revenir vers lui et lui murmurer :

« Je vais au téléphone ! »

Avant de s'éloigner vers la pièce donnant sur l'extérieur, Von Stauffenberg s'est tourné vers son voisin immédiat, le colonel Brandt, et lui a soufflé :

« Je pars téléphoner. Je laisse un instant ma serviette. »

A environ 1 m 60 du Maître du Troisième Reich, la serviette est là ; à l'intérieur, la machine infernale.

Brandt a acquiescé d'un clin d'œil. La place de Von Stauffenberg étant libérée, il en profite pour se rapprocher des cartes. Son pied butte sur quelque chose qui le gêne. La serviette jaune ! Par réflexe, sans prendre garde, il la soulève et la déplace, la reposant sur le côté extérieur du pilier. Son geste machinal sauvera Adolf Hitler en créant un autre rempart entre la bombe et l'homme à abattre.

Heusingen poursuit. Il ne cache pas son inquiétude devant l'offensive soviétique en limite de la Prusse-Orientale. Il insiste sur la nécessité de retirer d'urgence le Groupe d'Armées Nord de la région du lac Peipus [1] :

«*De grosses forces russes opèrent un mouvement tournant vers le Nord, à l'ouest de la Duna. Les avant-gardes sont déjà au sud-ouest de Dunaburg. Si le groupe d'armées n'est pas retiré du lac, nous courons à la catastrophe…*»

12 heures 42. Heusingen n'ira pas plus loin.

L'acide a fini de ronger le fil métallique retenant le percuteur poussé par un ressort. La bombe ébranle la salle des cartes. Le souffle arrache les fenêtres, crève les plafonds, bouleverse les cloisons, projette les occupants à terre. Heinz Buchholz, l'un des secrétaires particuliers du Führer, prenait des notes. Il s'est souvenu :

«*Je me rappelle comme un coup de tonnerre accompagné d'une lueur d'un jaune vif et d'une épaisse fumée. Des vitres, des morceaux de bois volaient un peu partout. La grande table sur laquelle les cartes étaient étalées avec les participants tout autour – seuls les sténographes étaient restées assis – est brisée.*

Après quelques secondes de silence, j'entends une voix, probablement celle du maréchal Keitel : "Où est le Führer ?"»

Le Führer est sauf. S'appuyant sur Keitel, il quitte les lieux et se dirige vers son bunker. Manifestement il est choqué mais indemne. Son visage est noirci, son pantalon en lambeaux, son bras droit paralysé. Il a été miraculeusement protégé.

Tous n'ont pas eu sa chance. Le sténographe Berger est tué sur le coup. Trois officiers, le général Schmundt, le général Korten, le colonel Brandt, mourront de leurs blessures. Brandt, là où il était, avait aussi servi de bouclier.

Von Stauffenberg a quitté la salle des cartes trois à quatre minutes avant l'explosion. S'efforçant de paraître calme et de ne pas courir, il rejoint le parking où Von Haeften l'attend avec la voiture. Il sait ne disposer que de très peu de temps avant que le bruit de la déflagration ne donne l'alerte.

---

1. Au sud-ouest de Leningrad, en bordure de l'Estonie.

La détonation retentit alors que le véhicule n'a pas encore atteint le premier point de contrôle. Le chef de poste laisse passer cet officier mutilé, parfaitement en règle, qui précise que le Führer l'a chargé d'une mission spéciale urgente. Il se contente de noter l'heure de passage : 12 heures 44. A cet instant, le grondement perçu ne signifie pas obligatoirement attentat. Il a peut-être été provoqué par un bombardement aérien.

L'adjudant Kolbe, au point de contrôle n° 3[1] au-delà du champ de mines et des barbelés, se montre plus pointilleux. Il refuse d'ouvrir les chicanes. Von Stauffenberg doit sortir de la voiture et aller appeler l'adjoint au commandant du camp pour que Kolbe se décide après avoir reçu une autorisation formelle.

Une fois sur la route de l'aérodrome, les deux comploteurs peuvent se targuer d'avoir été extraordinairement chanceux. Leur sang-froid, leur assurance les ont servis. Ils ont fait illusion. Il est certain aussi que dans la confusion des premières minutes personne, sur-le-champ, n'a songé à incriminer von Stauffenberg. L'explosion a provoqué la rupture des communications dans la baraque de la salle des cartes. Les rescapés n'ont pu signaler ce qui s'était produit. L'hypothèse de l'attentat n'a pas été immédiatement retenue. Sinon toutes les sorties auraient été interdites.

Von Stauffenberg et Von Haeften n'ont plus qu'à filer reprendre le Heinkel III afin de regagner Berlin où l'annonce de l'attentat par Fellgiebel doit déclencher le coup d'Etat (*Opération Walkyrie*). Durant le trajet, Von Haeften se débarrasse d'un paquet qu'il jette dans les buissons bordant la chaussée. Une seconde bombe emportée on ne sait trop pourquoi.

13 heures 15. Le Heinkel III décolle de Rastenburg. Von Stauffenberg a tout lieu de croire que son commando personnel a réussi et que Hitler est mort. Il en est même persuadé.

Hélas pour lui et les autres conjurés il n'en est rien. Et sans doute aussi pour les Allemands. L'Histoire ne se refait pas, mais la mort de Hitler aurait peut-être précipité la fin de la guerre et évité bien des victimes dans les deux camps. La suite du 20 juillet 1944 ne sera qu'une tragédie sanglante[2].

---

1. Les points de contrôle n° 1 et 2 ne font qu'un. Ils sont situés de part et d'autre de la route de circulation intérieure.

2. Le nombre des victimes de la répression est assez incertain. 135 personnes ont été exécutées après l'attentat, 14 se sont suicidées mais beaucoup d'autres ont également disparu, exécutées ou mortes dans des camps.

Von Stauffenberg et Von Haeften sont fusillés le 20 juillet au soir.

Chapitre IX

LES CANONS D'ENFOLA
17 juin 1944

LE CAP NÈGRE
15 août 1944

Le 5 juin 1944, les Alliés sont entrés dans Rome. Débarqués en septembre 1943 dans le sud de la péninsule italienne, ils butaient depuis des mois sur Cassino et la Ligne Gustav. L'action, par les hauts, du Corps expéditionnaire français du général Juin a rompu et tourné les défenses ouvrant la route de la Ville éternelle.

La Wehrmacht, en Italie, bat en retraite l'épée dans les reins. Son chef, le maréchal Kesselring, compte se rétablir 300 kilomètres plus au nord dans les Apennins. Le terrain montagneux et accidenté y rappelle celui des Abruzzes entre Naples et Rome. Il favorise l'établissement d'un nouveau front défensif, baptisé cette fois Ligne Gothique.

Kesselring, dans son repli, dispose d'un solide bastion, l'île d'Elbe, en flanc-garde à l'ouest, entre Corse et continent. L'ancien domaine de l'Empereur déchu n'est qu'à 11 kilomètres des rivages toscans et les Allemands ont eu le temps de le fortifier.

Leurs batteries à longue portée sont en mesure de battre le détroit de Piombino et les voies de communications en bordure du littoral. Elles couvrent aujourd'hui le ravitaillement de l'aile droite allemande. Elles contrarieraient demain celui de l'avance alliée le long de la mer Tyrrhénienne.

Môle pour les uns. Epine pour les autres. La chute de Rome précipite chez le haut commandement allié une décision envisagée de longue date. La conquête de l'île d'Elbe répond à une nécessité stratégique. Son exécution, après des tergiversations, est confiée au général de Lattre de Tassigny qui piaffait de se manifester... Le «Roi Jean» dirigera l'opération Brassard. Les éléments terre à débarquer seront français.

L'île d'Elbe, en forme de T orienté est-ouest, n'est pas très étendue. 232 kilomètres carrés, soit grossièrement 25 kilomètres dans la longueur, sur 15 à la base. Par contre son relief[1], ses côtes escarpées, son manteau broussailleux de maquis méditerranéen rendent son accès et sa pénétration difficiles. Les Allemands, conscients de l'intérêt de la position, l'ont truffée de blockhaus, de champs de mines, pour interdire les criques en mesure d'accueillir des débarquements. Sur les promontoires, dominant la mer, ils ont disposé des batteries avec des pièces de gros calibres.

La batterie d'Enfola est l'une de celles-là. La principale peut-être. Elle occupe une petite presqu'île, langue de terre s'avançant en épi au milieu de la face nord de l'île. La mer l'enserre sur trois côtés, ne laissant qu'un mince goulet pour y accéder. Des pentes brutales la mettent à l'abri d'une incursion massive. Une piste en lacets grimpe jusqu'à la plate-forme du sommet où sont installées quatre pièces de 152 m/m. D'autres tubes, 88, 75, 20 de défense antiaérienne, des cantonnements pour les servants, sont disséminés tout du long.

Sur l'île d'Elbe, Enfola est la batterie comparable à celles de Merville ou de la Pointe du Hoc. L'horizon méditerranéen, le bleu du ciel et de la mer, le site lui offrent de surcroît une allure de «Canons de Navarone».

*

Les bombardements, par mer ou par air, n'ont rien donné. Enfola résiste bravant un éventuel envahisseur. Pour réduire les

---

1. 1 019 m au Mont Cappane. Les crêtes avoisinent généralement 500 à 600 mètres.

pièces au silence, il implique de se rendre sur les lieux. De Lattre, à cet égard, parlera de «*contrebatterie par moyens humains*».

Les hommes retenus pour cette visite très particulière appartiennent au Bataillon de Choc, une unité de création récente due au général Giraud. Le Commandant en chef civil et militaire voulait une troupe jeune, sportive, apte à réaliser des actions de commando. Le terme Bataillon de Choc peut laisser supposer que son vœu n'a pas été exaucé, qu'il s'agit d'une infanterie d'assaut. Il n'en est rien. Les 700 chasseurs [1] du Bataillon de Choc, âge moyen 22 ans, ont été sélectionnés et entraînés pour être de parfaits commandos.

Ils sont venus de France, empruntant la longue route des Pyrénées et de l'Espagne. Ils sont enfants d'Afrique du Nord ou de Corse. Ils ont appartenu à l'Armée d'Afrique. Certains sont même en situation plus ou moins régulière vis-à-vis de leur ancien corps, cas notamment d'anciens légionnaires. Ils n'aspiraient qu'à en découdre au plus vite. Alertés par la rumeur ou le «*téléphone arabe*» de la constitution d'une unité destinée à être aux premières loges, ils ont rallié Staoueli, petit village de colonisation à l'ouest d'Alger. Ils espèrent, suivant la devise du bataillon, se trouver «*En pointe toujours*» dans les combats de la Libération de la France. Des cadres d'active ou de réserve en constituent l'ossature. Des instructeurs américains ou britanniques ont apporté la touche spécifiquement commando, à commencer par la formation parachutiste. Ces combattants d'un nouveau style auront, suivant une formule de l'époque:

«*Dans l'approche, la vitesse de la gazelle, l'agilité du singe, la souplesse du serpent, la puissance du mimétisme du caméléon et dans l'attaque la détente du tigre* [2]. »

Les combats pour la délivrance de la Corse en septembre 1943 ont montré l'ardeur et le savoir-faire de la nouvelle unité.

*

La conquête de l'île d'Elbe met en œuvre 12 000 hommes du côté français (les Anglo-Américains se chargent du soutien naval et aérien). Sa date a été fixée au 17 juin 1944, 4 heures. Des commandos (le Bataillon de Choc, Commandos d'Afrique)

1. A la fin de la campagne, le Bataillon de Choc comptera 300 tués et 535 blessés (certains ont été blessés deux fois).

2. *Vie et mort des Français*, OC, p. 482.

prendront pied sur l'île trois heures avant le gros des troupes. Ils auront à charge de neutraliser les points sensibles, en l'occurrence les batteries côtières dont celle d'Enfola. A Enfola, ils seront 48 «Chocs» sous les ordres du lieutenant Jacobsen.

*

Jacobsen a derrière lui un passé militaire éloquent. Officier de réserve, il gagne la Légion d'honneur dans les combats du printemps 1940. Fait prisonnier, il s'évade et rejoint la zone libre. Après quoi il s'évade à nouveau et rallie l'Afrique du Nord. Il fut de la libération de la Corse et il est aujourd'hui responsable de la neutralisation de la batterie d'Enfola.

Les «Chocs» de Jacobsen ont embarqué à Bastia dans des vedettes rapides américaines. La nuit est noire, la mer calme. L'objectif est encore à distance lorsque le commando prend place dans les rubber-boats, les bateaux gonflables en caoutchouc. Puis, sous les coups de pagaie, les petites embarcations glissent vers la masse sombre de l'île qui pointe à leur midi.

1 heure 30. Le premier canot accoste. Le clapotis du ressac étouffe les bruits de pas sur la grève.

La crique du débarquement n'est pas très vaste. En silence les hommes se massent au pied de la paroi du promontoire d'Enfola. La batterie est là-haut, à quelque 30 mètres au-dessus de leurs têtes. Aucun bruit, aucune agitation particulière. A priori les guetteurs n'ont rien discerné. Sinon, le projecteur à la pointe de la presqu'île se serait éclairé pour balayer la mer de son faisceau lumineux.

L'adjudant Lévêque ouvre la voie à l'équipe de tête. Ce vieux soldat a servi à la Légion. Il a du métier et sait payer d'exemple[1]. Du 14 au 21 mai, avec le sergent Aguillère et un radio, il a séjourné clandestinement sur l'île d'Elbe. Le trio a rapporté des renseignements précieux pour la préparation de l'opération Brassard. Derrière Lévêque, ils sont sept chargés de saboter les pièces en débouchant au sommet. Pour avoir les mains libres dans leur travail, ils se sont allégés au maximum et n'ont emporté que leur Colt et leur poignard. Quatre d'entre eux portent des sacs avec les charges explosives minutieusement préparées. Les détonateurs sont prêts à être amorcés. Il suffit de tirer sur l'allumeur.

1. Il sera tué dans les Vosges en novembre 1944.

Le groupe du sous-lieutenant Saunier suit l'équipe Lévêque. Ils sont douze et assureront le soutien avec leurs Sten et 2 fusils-mitrailleurs 24-29. Ce 24-29 est un peu lourd mais il est sûr. Bien calé sur son bipied ses rafales sont redoutables. Jacobsen s'est mêlé au groupe Saunier. Il entend être aux avant-postes pour conduire son combat.

Le sous-lieutenant Libersa emmène la troisième escouade. Corse, avocat, résistant, il a rejoint le Bataillon de Choc lors de la libération de sa terre natale. Une vingtaine de ses compatriotes insulaires marchent avec lui. Ils doivent se frayer un cheminement par la gauche et attaquer les cantonnements allemands abritant les servants des pièces.

Lévêque. Saunier. Libersa. Au total, 38 «Chocs» qui commencent à escalader la pente abrupte.

Il y a encore un autre groupe de dix avec l'aspirant de Villars. Débarqué un peu à l'est, à l'étranglement de la presqu'île où le terrain s'abaisse, il a mission de forcer un passage dans les défenses extérieures et de le tenir. Le repli du commando repose sur cette ouverture. Les sabotages terminés, Jacobsen et ses hommes dévaleront vers Villars. Ensuite, ils fileront pour disparaître dans le maquis à l'intérieur de l'île. A défaut d'un libre créneau de sortie, ils seront pris au piège.

Lévêque s'élève lentement vérifiant ses prises. La végétation a envahi la pente. Ce rocher est-il d'un seul bloc? Cette racine qui émerge est-elle fiable? Escalader ou ramper suivant les aspérités ou la nature du relief. Chaque mètre se gagne au prix d'un effort sur les bras ou sur les jambes. Derrière le vide se creuse difficile à sonder dans l'obscurité. Attention à ne pas faire rouler un bloc qui pourrait blesser un camarade ou déclencher un tintamarre. Les précautions n'empêchent pas, à l'occasion, un caillou de filer. Ce n'est pas trop grave. Il va mourir sur la grève où sa chute sera couverte par la lame qui se brise sur les galets.

Soudain l'explosion d'une grenade déchire le calme trompeur. Une sirène hurle. Des fusées éclairantes montent vers le ciel. Pourquoi? Qu'a remarqué l'ennemi?

Tant pis pour le timing! Il n'est plus possible de le respecter. Il faut attaquer avant que l'adversaire ne soit complètement sur ses gardes. Jacobsen sait que tout son monde est maintenant arrivé en haut. Il crie: «*En avant!*»

Lévêque avait scindé son équipe en quatre binômes:

- Adjudant-chef Lévêque – Chasseur Lipka.
- Caporal-chef Mattei – Chasseur Laruelle.

Caporal-chef Flament – Chasseur Maupin.

Caporal-chef Trapp – Chasseur Vresky.

Lipka, Vresky sont d'anciens légionnaires mais leurs compagnons ne leur cèdent en rien en solidité.

Des barbelés interdisent l'accès direct à la batterie. Couché sur le dos, Lipka actionne sa cisaille et progresse poussant sur les talons. Ses camarades entendent le claquement de l'acier sectionné. Lévêque le suit. Sans souci de ses doigts et de ses mains qui se blessent en saisissant les ferrailles, il dégage une trouée. Les saboteurs s'engouffrent dans le passage tandis que le tumulte s'intensifie. La sirène continue de gémir. Des voix hurlent «*Achtung! Achtung!*». Des rafales claquent en direction des ombres.

Saunier et son groupe bourrent derrière Lévêque. A eux d'engager le combat contre les défenses adverses pour permettre aux saboteurs de travailler.

Les saboteurs n'ont qu'une pensée: les canons! Ils en oublient ce qui se passe tout autour. Ils n'entendent ni les MG[1] des uns, ni les 24-29 des autres. Ils ne voient pas tomber l'ancien légionnaire Lavina, frappé en pleine poitrine au moment où il projetait sa grenade Gammon dans une embrasure de blockhaus.

Par intermittence des fusées gerbent et dépotent au-dessus de la presqu'île. Leur clarté passagère aide les assaillants. Ils distinguent mieux leurs objectifs. La première pièce surgit. Lipka fixe du plastic autour du fût. Leveque glisse une Gammon à l'intérieur de la gueule. Sitôt terminé, les deux hommes, de concert, se plaquent au sol. La détonation les assomme un instant mais ces deux-là ont la peau dure.

Les quatre pièces de 152 sont disposées en arc de cercle et séparées entre elles d'une quinzaine de mètres. Trapp et Vresky ont localisé la seconde. Comment peuvent-ils se retrouver indemnes au milieu des impacts qui piquettent le sol? Malédiction! Vresky dans sa course perd son chargement d'explosifs. Trapp ne peut s'empêcher de citer Cambronne. Près de lui, un homme appelle. C'est Laruelle. Blessé, il gît à terre. Sa charge est disponible. Le caporal-chef Trapp se l'approprie. Une autre déflagration. La seconde pièce ne tirera plus.

A quelques mètres, le duo Flament-Maupin réussit le même exploit. Ils détruisent, ils se battent... Le caporal-chef Mattei,

1. Maschinengewehr (mitrailleuse légère).

dans la pénombre, se heurte à un officier allemand nanti d'une casquette et vociférant à pleins poumons. Il vient de tirer sa dernière cartouche mais son poignard commando est tenu d'une main ferme. L'Allemand n'a pas le temps de faire usage de son propre revolver. L'instruction commando paie.

La position est-elle conquise ? Difficile de se prononcer. Les équipes Lévêque et Saunier se battent autour des pièces. Celle de Libersa a attaqué les cantonnements légèrement en contrebas. La surprise a joué quelques instants mais la garnison a son nombre pour elle. Chez Libersa ils ne sont qu'une vingtaine et se trouvent finalement submergés. Trois d'entre eux réussissent cependant à saboter un canon de 88 et deux mitrailleuses lourdes.

4 heures. Un grondement terrible monte du sud. La marine vient d'ouvrir le feu. L'heure H de l'opération Brassard a sonné.

Sur le promontoire d'Enfola les assaillants, dans la mêlée, ont éclaté. Plusieurs sont tombés. Les munitions s'épuisent. Des culasses de Sten claquent à vide. Les grenades sont à récupérer sur l'ennemi.

Le gros du travail a été réalisé. Trois canons de 152 ont été sabotés. Le quatrième est inutilisable suite à la destruction de tous les instruments de tir de la batterie.

Le jour n'est pas encore levé mais il est proche. Un filet clair se devine à l'est. L'obscurité accorde encore quelques minutes pour s'éclipser. Les ordres prévoient le repli par le goulet. A condition que Villars et les siens aient réussi à libérer un passage. La réponse arrive. Une fusée rouge monte des fonds. Villars a échoué. Les défenses allemandes n'ont pas cédé. La route vers l'intérieur de l'île d'Elbe est interdite.

«*Il faut retourner aux canots et tenter de s'évader par la mer*», ordonne Saunier à ceux qui sont près de lui. C'est la solution logique. A défaut se dissimuler dans les couverts en attendant que le débarquement ait fait son œuvre. Un mouvement d'ensemble est impossible à organiser. A chacun de tenter sa chance en compagnie d'un ou deux camarades.

Jacobsen dévale la pente avec une poignée d'hommes. A cinq ils poussent un rubber-boat vers le large. Ils n'iront pas loin. Un projecteur s'allume. Des tirs convergent. Le canot, enveloppe percée, s'enfonce. Jacobsen est blessé au cou et au bras. Vaille que vaille c'est le retour vers la rive où des fusils menacent. La capture ne peut être évitée.

Le caporal-chef Trapp s'est retrouvé isolé, pourvu en tout et pour tout d'un Colt inutilisable. Il part en quête de cachettes. Au point du jour il sera découvert [1].

Le sous-lieutenant Libersa avait remarqué une zone très broussailleuse accrochée au flanc est de la presqu'île. Elle lui paraît un refuge possible. Durant plusieurs heures son groupe s'y dissimule avant d'être repéré. Faute de pouvoir approcher, les Allemands arrosent le site avec un mortier et un fusil lance-grenades. Un « Choc » est tué, un autre blessé.

Le salut proviendra-t-il du ciel ? Dans le courant de la journée les chasseurs bombardiers doivent estimer que le commando français d'Enfola a dû s'esquiver. Pour faire bonne mesure ils pilonnent les emplacements de la batterie et des cantonnements. La plupart des bombes tombent à la mer. Quelques-unes s'écrasent dangereusement près de l'équipe Libersa.

Est-ce l'effet du bombardement ? Est-ce le succès du débarquement qui se dessine au sud de l'île. En fin de journée l'observation se confirme :

« *Les Boches décampent !* »

Le 17 au soir, ils sont 13 regroupés dans les décombres d'Enfola. Libersa et ses rescapés, Lévêque et son compère Lipka, échappés par miracle. Tous les autres ont été tués ou faits prisonniers.

La nuit sera longue sur ce piton. Pas de vivres ; pratiquement plus de munitions. Le 18, un peu avant midi, les éléments de tête du 13e RTS débouchant du sud et achevant la conquête de l'île auront la surprise d'apercevoir les 13 du commando.

*

Jacobsen s'évadera de l'hôpital allemand, Maupin sautera de la vedette qui le transportait en Italie. (Comme Lévêque il sera tué dans les Vosges.)

Partis 38 à l'attaque de la batterie d'Enfola, ils ne sont que 15 à revenir de l'aventure et à retrouver leurs compatriotes occupant l'île d'Elbe. Prix payé pour quatre pièces de 152, trois canons de 88, et plusieurs mitrailleuses lourdes mises hors

---

1. Libéré à la fin de la guerre, il sera à Diên Biên Phu et terminera avec les étoiles une brillante carrière d'officier parachutiste.

d'usage. Ce coût a évité bien d'autres pertes, car si la batterie d'Enfola avait pu ouvrir le feu[1]... !

La garnison allemande comptera 19 tués, dont deux officiers, et de nombreux blessés.

*

Impossible d'y échapper. Que ce soit en Manche ou en Méditerranée, la «*Forteresse Europe*» est truffée de batteries côtières. Les rivages de Provence, à cet égard, sont bien servis. Pour mettre pied sur la terre de France, sensiblement entre Hyères et Cannes, les Forces franco-américaines[2] de l'Opération Dragoon ont à en tenir compte. Aussi le plan de débarquement prévoit-il, avant la véritable entrée en scène, l'intervention de commandos français et de Rangers américains. Ces combattants d'élite devront éliminer des batteries susceptibles de battre les plages d'abordage.

Entre Le Lavandou et Cavalaire, la batterie installée sur la pointe du Cap Nègre apparaît comme l'une des plus menaçantes. Sur ce promontoire dominant la Méditerranée à 30 kilomètres à l'est d'Hyères les Allemands disposeraient de trois pièces de 155. Le 155, rappelons-le, porte à 20 kilomètres. De quoi tirer sur la baie de Saint-Tropez, les plages de Pampelonne et Cavalaire, secteurs d'accostage (Alpha Beach) de la 3e DI américaine[3].

Une fois encore il appartiendra aux meilleurs d'éliminer ce péril. Le Groupe de Commandos d'Afrique, «Force Bornéo» pour le débarquement de Provence, fera partie de ceux-là.

---

1. La neutralisation de la batterie d'Enfola n'est qu'un des aspects des combats du Bataillon de Choc à l'île d'Elbe. Sept détachements du bataillon ont débarqué en plusieurs points de l'île pour des missions sensiblement identiques à celle de Jacobsen.

2. VIIe Armée américaine du général Patch comprenant :
– le VIe CA américain,
– l'Armée B française (future 1re Armée) du général de Lattre.

3. Les Américains, regardés comme plus expérimentés après leurs débarquements en Sicile, à Salerne et à Anzio, débarquent les premiers le 15 août au matin.
– 3e DI, sur la gauche, entre Cavalaire et Saint-Tropez (plages Alpha).
– 45e DI, au centre, sur Sainte-Maxime (plages Delta).
– 36e DI, sur la droite, sur Fréjus et Saint-Raphaël (plages Camel).
Ils sont accompagnés d'un Combat Command blindé français.
Les troupes françaises, à l'exception des commandos, sont programmées arriver le 16.

Héritier du Corps Franc d'Afrique, créé par le général de Monsabert, il a déjà une longue histoire derrière lui. Lors du débarquement allié en Afrique du Nord, le 8 novembre 1942, un certain nombre de civils et de militaires s'étaient affranchis des règles traditionnelles de la discipline. Rejetant les directives officielles et persuadés que les arrivants se présentaient en alliés, ils avaient tout fait pour les aider. Une telle attitude avait déplu à la haute hiérarchie teintée de pétainisme. Monsabert, lui-même comploteur notoire avant le 8 novembre, avait donc pris l'initiative de rassembler «ces factieux» du moment au patriotisme affirmé.

Un de leurs chefs a brossé un tableau de ces individualités aux multiples origines et, qui sont tous des volontaires:

«*Français d'Algérie et du Maroc, Espagnols en provenance du département d'Oran ou réfugiés politiques; légionnaires déserteurs, gaullistes sortant des prisons africaines*[1], *travailleurs provenant des camps algériens ou marocains, musulmans recrutés souvent par des gens des dépôts qui ignorent tout de la troupe musulmane, israélites venus des camps de concentration, gamins qui se vieillissent de plusieurs années pour aller se battre, ou hommes âgés qui se rajeunissent volontiers pour pourvoir servir*[2]. »

Cet «*ensemble bigarré*[3]» a prouvé sa générosité durant la campagne de Tunisie et s'y est couvert de gloire, participant notamment à la prise de Bizerte. Après quoi, au fil des semaines, l'unité transformée en Commandos d'Afrique s'est étoffée d'autres volontaires et d'évadés de France. Elle s'est minutieusement entraînée et familiarisée avec les techniques commandos: combat rapproché, parachutage, débarquements nocturnes en rubber-boats, etc. Des coups de main sur les côtes italiennes ont pimenté l'indispensable perfectionnement. Evidemment il y eut l'île d'Elbe! Voici maintenant que le débarquement dans le sud de la France s'annonce.

Pour l'opération Cap Nègre, le lieutenant-colonel Bouvet, patron du Groupe de Commandos d'Afrique, a choisi le Commando numéro «Un» du capitaine Ducournau, saint-cyrien de la promotion Maréchal Joffre (1930-1932), la «promo»

---

1. Parmi eux, le futur commandant Puech-Samson, l'un des grands noms du 2e RCP/SAS.
2. Colonel Bouvet, *Ouvriers de la première heure*, OC, p. 24.
3. Colonel Bouvet, *ibid.*, OC, p. 24.

d'O'Neill, Segretain, Masselot[1]. Ce faisant il a d'abord retenu un nom. Ducournau ne fait rien pour passer inaperçu et être oublié. Il s'est battu et bien battu au printemps 1940. Résistant, les chemins d'Espagne l'ont conduit dans une troupe où il espère, en bon ouvrier, trouver un bon outil. Sur ce point il ne se trompe pas. Dans la vie courante, quitte à agacer son entourage, il se veut très «encyclopédie ambulante», affichant des clartés sur tout. Son brio sur le terrain estompe ce péché mignon.

*

Tout se terminera bien. Pourtant, tout commence mal.

14 août 1944. La Méditerranée est calme. Elle luit d'un bleu profond que zèbre, par intermittence, l'éclat argenté d'une bande de dauphins. Comme à la parade, la Naval Western Task Force y trace son sillage vers le nord. Ses centaines de bâtiments[2], en ordre parfait, piquent vers la Provence.

Les commandos d'Afrique ont embarqué sur le *Prince David* et le *Princess Beatrix*, petits ferry-boats canadien et hollandais transformés en transports de troupes. Le moment tant attendu approche. Dans quelques heures la France sera là. Qui ne rêve à ces premiers pas sur ce sol dont il faut chasser l'envahisseur?

Pour l'immédiat les hommes profitent au mieux de leurs ultimes minutes de paix. Nettoyage des armes, jeux de cartes, bains de soleil, lectures plus ou moins sérieuses...

18 heures. Les haut-parleurs de bord grésillent. Un coup de klaxon retentit pour demander attention. Les conversations s'arrêtent. Une voix s'élève en français avec un accent qui n'a rien d'hexagonal:

«*Le contre-amiral Davidson*[3], *les officiers et les équipages des navires alliés saluent le lieutenant-colonel Bouvet et les volontaires du Groupe des Commandos d'Afrique qui vont avoir l'honneur de mettre les premiers le pied sur le sol de leur Patrie pour sa libération. Que Dieu vous garde et vous protège!*»

Un message de sympathie et d'amitié qui porte.

---

1. Colonel O'Neill, Compagnon de la Libération, tué en Algérie en 1956. Commandant Segretain, commandant du 1er BEP, tué sur la RC 4, au Tonkin, en octobre 1950. Lieutenant-colonel Masselot, commandant des 2e BEP, 2e REP, 18e RCP en Indochine et Algérie.
2. Elle compte près de 2 000 bâtiments de tous types.
3. L'amiral américain Davidson commande la Naval Western Task Force.

22 heures. Le ronronnement des moteurs s'est tu. Le silence s'est établi. Les deux LCA sont déjà à l'eau et viennent se plaquer le long du transporteur quasi immobilisé. Les filets pendent sur les flancs. Calmement le commando Ducournau s'agrippant aux cordages descend prendre place dans les barges d'assaut.

22 heures 20. L'embarquement est terminé. Les LCA s'éloignent du *Princess Beatrix*. Près de trois heures à passer dans ces baignoires inconfortables avant le transfert sur les rubber-boats pour l'approche finale. Heureusement, la houle reste faible.

*

Ducournau a sa mission au Cap Nègre. Dans une autre embarcation, l'adjudant-chef Texier, vétéran de la Campagne de Tunisie où il a été sérieusement blessé, songe à la sienne. Avec ses neuf gars il doit prendre pied sur la plage du Rayol à deux bons kilomètres à l'est de Ducournau. Lorsqu'il abandonne son LCA pour un silencieux rubber-boat, la terre, face à lui, n'est encore qu'une masse noirâtre. Les pagaies, pour s'en rapprocher, réclament du muscle. Dans la nuit tiède de mi-août, la sueur perle vite sur les fronts.

La côte peu à peu se dessine et Texier s'inquiète. Il ne reconnaît pas les contours qu'il s'attendait à découvrir. Un mur se dresse devant lui et l'adjudant-chef le situe assez vite. La haute falaise au pied duquel il va aborder est celle du Cap Nègre ! Les marins canadiens des LCA ont fait une erreur de navigation. Ils ont pris un cap qui les a conduits trois kilomètres trop à l'ouest.

*

Texier le sait, au sommet du Cap Nègre se trouvent des canons et des mitrailleuses. Il a entendu bien des conversations sur le sujet.

Il n'hésite pas. Puisqu'il est là, autant y aller. Même si avec lui ils ne sont que dix faiblement armés. Texier, en cet instant, se souvient-il de la devise de Stirling : « Qui ose gagne » ? En tout cas, il prouve qu'aux Commandos d'Afrique on sait aussi oser !

Le groupe a débarqué au bas de la face est du Cap Nègre. Cent mètres à grimper avant de gagner le sommet.

Les dix hommes commencent l'ascension. Le poignard commando s'avère bien utile. Il peut servir de piton avant de saisir une autre prise. Texier, le premier, parvient au sentier dit des douaniers qui ceinture le promontoire du Cap Nègre. Les Allemands en ont fait un chemin de ronde. D'un coup de reins il se rétablit sur la petite piste en encorbellement pour s'avancer et scruter les lieux. Il n'ira pas loin. Une volée de grenades gicle autour de lui. Des guetteurs ont perçu quelque chose et ont eu des doutes.

Texier, mortellement blessé, est projeté plusieurs mètres en contrebas. Ses hommes ne peuvent rien pour lui. Les Allemands grouillent au-dessus de leurs têtes. Se manifester serait attirer d'autres grenades ou des rafales de pistolets mitrailleurs. La consigne est du reste de ne pas se manifester avant l'heure H.

Texier agonise seul. Son groupe reste plaqué dans la pente attendant la fin de l'orage. Des fusées éclairantes ne cessent d'être lancées. Les Feldgrau, alarmés, tiraillent en tous sens. Plusieurs se blessent entre eux [1].

Personne n'avait envisagé une quelconque diversion. Elle se produit pourtant réellement. A l'heure cruciale le commando Texier a détourné l'attention des défenseurs des lieux vers la face est du Cap. Ducournau et les siens en profiteront.

*

Ducournau a scindé les 70 hommes retenus pour son commando en deux. Moitié avec lui dans un premier LCA. Moitié avec l'aspirant Jeannerot, commandant la section de reconnaissance, dans le second LCA. Les deux éléments débarqueront au même endroit au pied du Cap. Après quoi ils escaladeront de concert la falaise.

Il était donc écrit que l'affaire débuterait mal.

Le LCA de Jeannerot traîne en remorque un rubber-boat à utiliser en fin de parcours. A bord du canot pneumatique trois commandos. Pourquoi l'incident? Sans préavis, l'enveloppe caoutchoutée se dégonfle. Les trois passagers prennent un bain forcé. Jeannerot est contraint de faire demi-tour pour récupérer les naufragés qui dans l'aventure ont vu sombrer armement et équipement. Comble de malchance, l'incident fait perdre le contact avec le LCA de Ducournau qui précédait. Voici Jeannerot d'un côté, et Ducournau d'un autre. Sans oublier qu'ils sont sous

1. Bon nombre sont des recrues de l'Est, peu motivées et de faible valeur guerrière.

le coup de la même erreur de navigation que Texier[1]. Aux approches du rivage, Jeannerot se rend compte que la direction est fausse. Le Cap Nègre est l'avancée sur tribord et non droit devant. Il faut virer largement vers la droite. Mais le pilote, anglais celui-là, ne veut rien entendre. Un modeste aspirant de l'Armée française n'a pas grande autorité vis-à-vis d'un officier de marine de Sa Majesté. Le British poursuit sa route sans dévier d'un pouce. Jeannerot est déposé devant le petit hameau d'Aiguebelle[2], trois kilomètres à l'ouest de son point de destination. La gare abandonnée lui permettra de se situer très exactement. Résultat : Ducournau compte 35 hommes de moins pour enlever le Cap Nègre.

*

Le capitaine Ducournau, lui aussi, a vu qu'il y avait maldonne, qu'il laissait le musoir du Cap Nègre sur sa droite, alors qu'il devait l'avoir devant lui. Ses trois galons pèsent autrement que la modeste ficelle de l'aspirant ; de plus l'officier ne manque pas d'autorité. Le pilote vire de bord. Sans l'intervention de Ducournau, son commando aurait été largué devant la plage de La Fossette, entre Cavalaire et Le Lavandou. Trois kilomètres à l'ouest de son objectif. Le demi-tour s'effectue relativement loin au large[3]. L'alerte n'a pas été donnée. Revenus dans la bonne direction, le capitaine et ses hommes n'ont plus qu'à embarquer dans les rubber-boats pour achever leur périple. Il est à peu près une heure du matin lorsqu'ils accostent sur une étroite vire, au pied du Cap Nègre, sur sa face est, sans avoir été décelés. Personne du reste n'oserait envisager que des assaillants puissent déboucher par là. La falaise, en cet endroit, se dresse presque à la verticale sur 100 mètres.

Ducournau, finalement, a pris terre au bon endroit mais sans son second groupe. Où est passé Jeannerot qui normalement le

1. Aux origines une erreur de cap de deux degrés qui a donné une dérive de 3 à 4 kilomètres à l'arrivée.

2. Le groupe Jeannerot débarquera sous le feu de mitrailleuses allemandes vers une heure du matin et réussira à s'enfoncer sans pertes vers l'intérieur pour rejoindre le Cap Nègre. Il réintégrera finalement le groupe Ducournau le 16 au soir ayant eu deux tués et quatre blessés. Son chef sera grièvement blessé lors de l'attaque du Fort de Mauvannes le 18 août.

3. La falaise de la face est du Cap Nègre, orientée sud-ouest nord-est, s'étire sur un kilomètre.

suivait ? Le capitaine l'ignore tout comme il ignore que Texier se situe à plusieurs centaines de mètres au nord de sa propre position [1].

Aucun écho de pagaie, aucune silhouette de rubber-boat sur la mer. Le commando Ducournau ne dispose que de la moitié de son effectif, mais impossible de renoncer. Les canons, là-haut, sont à réduire au silence. A tout prix !

«*Daboussy, à vous !*»

Le sergent Daboussy, membre du Club Alpin français d'Alger, est un maître en escalade. A lui l'honneur périlleux d'être le premier de cordée.

Daboussy a serré une longue corde autour de ses reins et posément commence à monter. Pour lui grimper ne serait rien s'il était sûr de ses prises. La roche est friable et il fait nuit. Constamment il doit vérifier que ses mains ou ses pieds reposent sur du solide.

En bas, ses camarades, au bout de quelques mètres, l'ont perdu de vue. Anxieux, ils guettent un signe. Tout repose sur lui. S'il dévissait, qui pourrait véritablement le remplacer ? Escalader par nuit noire une telle paroi n'est pas à la portée d'un néophyte, si bien préparé soit-il par l'entraînement commando.

Un léger sifflement. Une extrémité de corde s'abat sur l'étroite plate-forme, au ras de l'eau, où le commando patiente. Daboussy a atteint le sommet. Au bord du précipice il a trouvé un tronc d'arbre suffisamment vigoureux pour y arrimer son filin qu'il a lancé à ses compagnons.

Ducournau saisit la corde à pleines mains et la tire à lui pour éprouver sa résistance. Elle tient. Pieds s'arc-boutant à la paroi, à la force des poignets, le chef du commando monte à son tour. Derrière lui, ses hommes suivent, se hissent à tour de rôle malgré leurs vingt kilos de barda sur le dos.

L'escalade exige une bonne demi-heure, véritable exploit sportif qui rend compte de la qualité et de la détermination des exécutants.

Le regroupement général s'effectue dans les épineux qui recouvrent la crête. Il est bon de souffler un instant après les efforts de la montée. Une légère brise de mer est la bienvenue.

---

1. Le hasard voudra que Jeannerot, attardé par l'incident du rubber-boat, croise le LCA de Ducournau rebroussant chemin pour revenir vers l'avancée du Cap Nègre. L'aspirant sera persuadé que son capitaine a déjà débarqué et que son embarcation repart à vide vers le large. Il estimera donc devoir le rejoindre au plus vite à terre.

Où se situe exactement la batterie? Ducournau cherche à percer les ténèbres. La nuit est belle. Dans le ciel, les étoiles scintillent. Mais, sur le Cap Nègre, en l'absence de lune, la pénombre est quasi totale. Les organismes sont tendus pour essayer de voir et entendre. A priori l'ennemi n'a rien détecté du côté de Ducournau. La montée s'est déroulée dans le plus grand silence, sans même faire rouler un mauvais caillou.

Brusquement des fusées éclairantes s'élèvent et redescendent en courbes majestueuses tandis que des explosions de grenades retentissent un peu au nord. La diversion Texier! Le malheureux a déclenché la réaction allemande, bénéfique pour Ducournau. Le paysage s'éclaire devant les 35 hommes tapis dans les broussailles. Quelle surprise! Tout le terrain devant eux est bouleversé. Les bombardiers alliés sont passés par là quelques jours auparavant. Troncs d'arbres déracinés, entonnoirs de bombes, donnent au sommet du Cap Nègre une vision d'apocalypse.

Les barbelés ont mieux résisté à la tourmente. Ils barrent toujours le chemin jusqu'à hauteur d'homme. Les cisailles entrent en œuvre pour forcer des brèches afin de pénétrer à l'intérieur du dispositif de défense.

Et les canons? Leurs tubes se profilent, pointés à 45 degrés. Des gros pavés sombres se distinguent à côté. Des blockhaus!

«En avant!» hurle Ducournau.

Le commando bondit et les lourdes Thompson crépitent. Les Allemands sont pris au gîte, surpris par cette irruption inattendue. Les sentinelles tiraillent au hasard et se démasquent. Les lueurs de leurs coups de feu les localisent. Elles n'auront guère le temps de recharger leurs Mauser. Au milieu des rafales et des explosions se perçoivent des injonctions en allemand. Des gradés qui s'efforcent de rallier leurs hommes dans l'espoir de faire face.

Tout se joue en quelques minutes ponctuées par deux détonations plus sourdes. Deux Bengalore ont soufflé les tubes des canons.

Hagards, les défenseurs lèvent les bras. Ils ont eu 20 tués ou blessés. Chez Ducournau on compte deux blessés, un miracle dans le tumulte de l'assaut.

Ducournau jette un coup d'œil à sa montre. 1 heure 45. Le commando du Cap Nègre est parfaitement dans les temps. Une déception à l'examen des résultats. Toutes les recherches ne donnent que deux pièces d'artillerie au lieu de trois. Et ce sont des 77 et non du 155 comme il était annoncé. Le bombardement aérien est passé par là. A la hâte les Allemands ont remplacé le matériel détruit par ce qu'ils avaient sous la main.

Ces 77, toutefois, pouvaient faire du mal. Les plages de Cavalaire ou du Lavandou tombaient encore sous leurs feux.

*

Le Cap Nègre s'affirme un magnifique fait d'armes à porter au crédit d'une poignée d'intrépides bien emmenés. Le fait est à souligner, il commence par un exploit sportif de haut niveau. Grimper près de 100 mètres à la corde lisse, à la force des bras, n'est pas à la portée de tous. Plus que jamais un commando se présente d'abord en combattant d'une valeur physique exceptionnelle.

*

Dans la matinée, les Allemands tenteront une vigoureuse contre-attaque pour réoccuper le site stratégique du Cap Nègre et le col à son nord. Ils seront repoussés par le 1er Commando en grande partie regroupé, les sections de l'aspirant Maury et du lieutenant Chochon ayant rejoint leur capitaine.

Trois jours plus tard, Ducournau fera rebelote au Fort de Mauvannes. Encore une très grosse affaire dans des conditions exceptionnelles d'audace. 150 Allemands hors de combat dont 50 tués. Hélas ! 15 morts au commando. Mais au bilan 5 tubes de 152 mm qui menaçaient dangereusement l'avance franco-américaine sur Toulon.

La batterie du Cap Nègre.

La batterie du Fort de Mauvannes.

Le Fort de Coudon au-dessus de Toulon peu après. Les 700 hommes du Groupe de Commandos d'Afrique débutent victorieusement leur Campagne de France. Ces 10 jours de combats déploreront 33 tués et 150 blessés. La Libération du pays coûte cher [1].

---

1. Le Groupe de Commandos d'Afrique aura 182 tués et 49 disparus.

Chapitre X

MOURIR À SENNECEY-LE-GRAND

Confronté à la dimension globale de l'événement, le regard trop souvent n'appréhende pas ce qui se déroule le Jour J en dehors des plages et des paysages normands. Il ne s'arrête pas sur une action qui pourtant est loin d'être mineure.

Dans la nuit du 5 au 6 juin, aux alentours de minuit, les premiers à sauter sur la France sont des Français. Sans doute est-il normal qu'il en soit ainsi. La libération de leur propre patrie est en cause. Quatre sticks de neuf sont largués en Bretagne, ceux des lieutenants Deschamps et Botella dans les Côtes-du-Nord près de la forêt de Duault, ceux des lieutenants[1] Marienne et Deplante dans le Morbihan sur les landes de Lanvaux. 400 de leurs camarades les rejoindront bientôt.

L'épopée du «Bataillon du Ciel» du commandant Bourgoin commence avec, au départ, mission d'encadrer les maquis bretons et de retarder l'arrivée en Normandie des huit divisions allemandes stationnées en Bretagne. Ce bataillon, devenu 2ᵉ RCP le 1ᵉʳ avril 1944 après avoir été le 4ᵉ SAS, a été constitué à l'origine en Grande-Bretagne fin 1943, début 1944. Des volontaires, pour

1. Capitaines plus exactement. Ils sont nommés capitaines la veille du saut.

beaucoup évadés de France, ont étoffé un noyau d'anciens du French Squadron SAS de Stirling.

L'Allemand, encore en force en Bretagne, ne saurait tolérer ces intrus dont il a rapidement eu écho. Ses réactions sont violentes. La base «Digson» organisée par Deschamps et Botella est attaquée et détruite. Celle de «Sanwest», près de Saint-Marcel, où est arrivé le gros du régiment et où s'équipent les maquisards du Morbihan, est investie par des forces importantes. Elle doit être évacuée après de furieux combats. Les paras éclatent afin d'engager une guérilla conforme à leurs aptitudes d'hommes de commandos. Par petites équipes, guidés à l'occasion par des résistants bretons, ils s'en prennent aux voies ferrées, aux câbles téléphoniques, à l'occupant en déplacement par camions ou chemin de fer. L'exploit du lieutenant de Camaret réussissant, au terme d'une escalade scabreuse, à faire dérailler un train de DCA sous un tunnel de la grande ligne Paris-Brest, fait date.

Les Allemands se vengent par une traque sempiternelle des paras et en multipliant leurs exactions contre la population. Marienne, Martin, de La Grandière, et bien d'autres de leurs compagnons, tombent. Des blessés sont achevés. Des fermes brûlent. Des civils sont abattus.

Le 4 août, le message à jamais fameux, «*Le chapeau de Napoléon est-il toujours à Perros-Guirec ?*», donne le signal de l'insurrection générale. De toutes parts maquisards et SAS harcèlent l'ennemi, facilitant l'avance des Américains qui, surgissant d'Avranches, déferlent sur la Bretagne.

En deux mois de combats le 2e RCP perd 23 officiers et175 sous-officiers et hommes de troupe, tués ou disparus. Regroupé à Vannes après le 15 août, il n'aligne plus que 180 SAS sur les rangs. Récompense suprême, il a été, le 2 août, fait Compagnon de la Libération.

*

Le 2e RCP, le régiment de Saint-Marcel et de la Bretagne avant bien d'autres lieux [1], possède un frère jumeau issu du 3e Bataillon d'Infanterie de l'Air d'Algérie, né à l'initiative d'un officier FFL qui a recruté des garçons qui, comme lui, regardent plus du côté de De Gaulle que du côté de Giraud. Le bouche à

1. Il sera dans le centre de la France, dans les Ardennes, en Hollande.

oreille a joué. Dans une vaste ferme de la Mitidja, une troupe hétéroclite s'est rassemblée, cataloguée 3e BIA. Des évadés de France, largement majoritaires, y côtoient des natifs de l'île de Beauté récemment libérée, de jeunes Pieds-Noirs et des militaires ayant quitté leur corps dans l'espoir de participer plus activement à la bataille prochaine en métropole.

Fin novembre, le 3e BIA fort de plusieurs centaines de volontaires a embarqué pour l'Angleterre. Les choses sérieuses ont alors débuté pour l'unité intégrée à la brigade du Special Air Service (SAS) comme Third French SAS, puis 3e RCP le 1er avril 1944. Entraînement physique, stages de saut à Ringway, parcours du combattant, tirs toutes armes, utilisation des explosifs, mines et pièges, se succèdent à un rythme accéléré.

Une certaine émulation se glisse entre les 2e et 3e RCP. Le 2e peut se targuer de compter des anciens, compagnons du capitaine Bergé, le fondateur des premiers parachutistes de la France Libre. Au 3e on ne voit pas les choses sous le même angle, d'autant que le patron est un authentique Français Libre historique [1]. Le lieutenant Chateau-Jobert, breton et fier de l'être, s'est rallié dès le 1er juillet 1940. Refusant la défaite, il avait gagné la Grande-Bretagne sur un bateau polonais. Après quoi, devenu *Conan*, du nom du héros du roman de Roger Vercel, ce furent l'Erythrée, la mauvaise guerre de Syrie, la Libye, puis comme capitaine le volontariat pour les paras avant de se voir confier le commandement du 3e RCP. Le chef est dans la logique de son pseudonyme. Ce petit homme pas bien haut sous la toise entraînerait ses hommes jusqu'au fond de l'enfer.

*

Bourgoin, le commandant du 2e RCP, a su certainement se placer et bénéficier de l'aura du French Squadron et de la sienne propre. (L'homme a de la présence et a perdu un bras en Tunisie.) Certains le pensent et les faits leur donnent raison. Le 2e RCP a sauté massivement en Bretagne alors que le 3e, son homologue, piaffait d'impatience.

Enfin, à partir de la seconde quinzaine de juillet, l'horizon s'éclaire. Le 3e est appelé à sauter avec une mission d'envergure : travaillant sur un axe général Nantes-Lyon, interdire, en liaison avec les maquis du centre de la France, une contre-offensive des

1. Il sera fait Compagnon de la Libération le 28 mai 1945.

Allemands encore au sud de la Loire. Une guerre d'Indiens l'attend.

Sur le plan pratique, au fur et à mesure de l'évolution de la bataille en Normandie et en France, onze détachements seront parachutés de la Bretagne à la Franche-Comté.

Les premiers commencent à être largués fin juillet en Vendée, Poitou et Limousin. Deux sticks le sont le 5 août dans le Finistère. Conan lui-même est parachuté en Saône-et-Loire, entre Tournus et Montceau-les-Mines, dans la nuit du 13 au 14. 200 de ses hommes sont éparpillés autour de lui, de la vallée de la Saône au canal du Centre.

*

La Saône-et-Loire n'a pas été choisie à la légère comme théâtre d'opérations SAS. Deux axes majeurs, la Route Nationale 6 et la grande ligne de chemin de fer, allant toutes les deux de Paris à Lyon, empruntent la vallée de la Saône dans la partie orientale du département. Ces axes sont pour l'occupant des voies de liaisons et de communications vitales avec ses Forces du Midi et du Sud-Est de la France. En revanche, la partie centrale de la Saône-et-Loire avec les Monts du Morvan, du Charolais et du Mâconnais, offre des zones refuges favorables aux maquis. De là peuvent être lancés des raids contre nationale et voie ferrée.

Dans ce département de Saône-et-Loire, la Résistance sous l'impulsion d'André Jarrot et du commandant de La Ferté est assez bien implantée. Les maquis ont recruté. A défaut d'expérience militaire, l'ardeur semble au rendez-vous. Conan, prudent, rappelle cependant que ni l'heure ni les moyens n'autorisent la bataille rangée. Les paras sont là pour renforcer les maquisards et se livrer au harcèlement et au sabotage.

Conan a laissé derrière lui, en Grande-Bretagne, son squadron sur jeeps. Il espère qu'il lui sera prochainement parachuté, lui donnant ainsi les moyens de lancer des coups de main «à la Stirling». Car au plan militaire tout va très vite. Chaque journée apporte une nouvelle de bon augure. La progression foudroyante de l'armée Patton vers l'est de la France est susceptible, à court terme, d'isoler les Allemands du sud de la Loire[1]. De crainte d'être cernés, ils feront mouvement vers le nord, d'où l'intérêt des jeeps armées pour les harceler.

1. Patton dépasse Le Mans le 14, Orléans le 19 et atteindra Troyes le 25.

Larguer les jeeps ou les amener par planeurs exige un temps clair donc en principe pleine lune. Ce préalable suppose d'attendre la fin du mois d'août. Le délai est trop long eu égard aux impératifs du terrain. Le capitaine de Combaud Roquebrune commande le squadron de jeeps. Résistant, évadé de France, il a hâte d'aller rejoindre Conan et de reprendre le combat. De surcroît, son patron et ses camarades se battent chez lui en Bourgogne. Pour précipiter son départ, il propose au général Mac Leod, commandant de la brigade SAS, une solution inédite : débarquer en Normandie et gagner les points de destination par voie routière. Des jeeps passent partout. Elles n'ont pas besoin des nationales. En empruntant les routes secondaires, elles arriveront. Séduit, Mac Leod acquiesce.

Le 15 août, jour du débarquement franco-américain en Provence, les 19 jeeps armées de mitrailleuses Vickers prennent la mer. Le lendemain, elles accostent près de Courseulles. Après Laval déjà libérée, Combaud Roquebrune fait éclater son détachement. Trois jeeps partent direction la Vendée, huit pour le Poitou. Les huit dernières filent vers la Saône-et-Loire avec leur capitaine.

Orléans, Montargis ont aussi été libérées. Au-delà s'ouvre l'inconnu. Des colonnes allemandes retraitent sur les principaux axes. Le maquis, dans une certaine mesure, contrôle l'arrière-pays et patrouille dans les bois et petits villages. La situation dans les grosses et moyennes agglomérations demeure incertaine. La vague Patton est-elle passée ? L'ennemi a-t-il décampé ou non ? Bref, partout sur le parcours, de mauvaises rencontres sont à craindre. Par prudence, après Auxerre, les huit jeeps utilisent des itinéraires différents. Quatre progressent par le nord du Morvan, parallèlement à la RN 6. Les quatre autres passent plus au sud. Un peu avant Montceau-les-Mines, les Allemands gardent un passage à niveau. Au débouché de la jeep de l'aspirant Aubert Stribi ils ouvrent brutalement le feu. L'aspirant réplique avec ses Vickers, à bout portant, et parvient à se dégager par un demi-tour. Un para est mortellement atteint dans l'accrochage.

Enfin, le 28 août, la liaison est assurée avec les camarades déjà sur place. Combaud Roquebrune se retrouve chez lui, non loin de Sennecey-le-Grand, gros bourg sur la RN 6 à 15 kilomètres au sud de Chalon-sur-Saône. Il a passé son enfance tout à côté, au château de La Ferté. L'officier du reste, au lendemain de son arrivée en Grande-Bretagne, avec son intelligence et sa bonne connaissance de l'anglais, aurait pu opter pour un poste d'état-major. A 37 ans il a préféré les paras et le voici avec ses jeeps, bien décidé à porter le maximum de coups.

L'occupant reflue de plus en plus. Marseille a été libérée le 27 août, Lyon le 3 septembre, Villefranche-sur-Saône le même jour. L'épée dans les reins, la XIXe armée allemande remonte vers le nord pour atteindre la trouée de Belfort et éviter d'être coupée. Les avant-gardes du 2e Corps d'Armée français, général de Monsabert, le talonnent sans répit.

Depuis leur parachutage, les gens de Conan, sans discontinuer, tendent des embuscades le long de la RN 6. Les jeeps et leurs redoutables mitrailleuses Vickers jumelées[1] apportent mobilité et puissance de tir.

Leur première attaque s'affirme un succès total. Crachant le feu, elles doublent un convoi allemand circulant à faible allure. Les Feldgrau entassés dans les bennes des camions sont pris au piège. Une compagnie est décimée, une quinzaine de véhicules détruits. L'affaire a été si prompte que l'ennemi n'a pas eu le temps de réagir. Il se venge en fusillant des civils innocents et en incendiant deux fermes proches.

Le commandement local de la Résistance et les paras eux-mêmes sont-ils confortés dans les possibilités des jeeps armées ? Ce n'est pas impossible. L'idée est avancée d'une attaque contre Sennecey-le-Grand où sont signalés des contingents allemands en transit. Le 3 septembre au soir, Combaud Roquebrune est convoqué à Corlay, hameau niché dans les bois au sud-ouest de Sennecey, où Jarrot a installé son PC. Conan n'est pas là. Il vient de partir pour coordonner les actions de son régiment dans le centre de la France. Au niveau du commandement régional des FFI la décision est prise. Les forces françaises débarquées en Provence sont à moins de 100 kilomètres puisqu'elles viennent de libérer Villefranche-sur-Saône. S'emparer de Sennecey-le-Grand boucherait complètement la RN6 et les traînards allemands seraient pris dans l'étau. Pour ce, le lendemain 4 septembre, les paras lanceront un raid sur la bourgade pour y semer la confusion. Simultanément une compagnie de maquisards, appuyée par les sticks du capitaine Boissonas et du lieutenant Zermati, tentera l'investissement par l'ouest. De leur côté, les FTP, volet d'obédience communiste de la Résistance, annoncent vouloir enlever Tournus, 10 kilomètres au sud et toujours sur

1. La Vickers utilisée par les SAS est celle à haute cadence de tir, nommée Vickers Gas Operated. 1 200 coups/minute. Calibre 7,7 mm.

la RN 6. Cette diversion soulagera l'action sur Sennecey. Si Tournus tombe, des renforts allemands ne peuvent provenir du sud.

L'opération est sans conteste un pari audacieux. Chez les paras on goûte assez les formules à la «Danton». *De l'audace, encore de l'audace et toujours de l'audace!* et Combaud Roquebrune ne demande qu'à foncer... Malgré les réticences de Zermati, il se montre O.K. Il est revenu en Bourgogne pour cela. Dans le cas présent se dresse toutefois une inconnue. Combien d'Allemands stationnent à Sennecey? Nul ne peut le préciser et ce point ne paraît pas inquiéter. Les FFI ont une foi de charbonnier en la valeur guerrière des paras et Conan n'est pas là. En chef et soldat expérimenté, il aurait sûrement voulu en savoir un peu plus avant de se lancer dans l'aventure. N'a-t-il pas préconisé d'éviter les batailles rangées?

Rentré à Talant, son cantonnement proche de Corlay, Combaud Roquebrune organise son commando du lendemain matin. Il partira avec quatre jeeps:

– Jeep n° 1. Capitaine de Combaud Roquebrune
SAS Pache
FFI Madeleine.
– Jeep n° 2. Adjudant Ben Hamou
SAS Lucien et Gilbert Djian (deux frères)
FFI Nectoux.
– Jeep n° 3. Aspirant Aubert Stribi
SAS Barkatz et Lombardo.
– Jeep n° 4. Adjudant Tramoni
SAS Beaude et Bayeux.

Au total, 11 parachutistes et deux maquisards.

Sennecey-le-Grand s'étire sur un bon kilomètre de part et d'autre de la RN 6, son artère principale. La commune comptait environ 2000 habitants avant la guerre mais une partie de la population a évacué les lieux par crainte des bombardements et des combats. Surgissant du sud par la nationale, le commando abordera Sennecey à 7 heures. Après la mairie à main gauche et un virage peu accentué, la rue centrale s'allonge rectiligne. Les jeeps l'emprunteront à vive allure mitraillant tout sur leur passage. (Normalement, à cette heure matinale, les habitants seront encore cloîtrés chez eux.) A la sortie du bourg, les jeeps bifurqueront à droite pour piquer sur le village de Saint-Cyr, 4 kilomètres au nord-est. Après quoi, par un large crochet vers l'ouest, elles reviendront épauler Boissonas et les maquisards attaquant Sennecey par le sud-ouest à hauteur du cimetière.

Les assaillants devraient bénéficier de la surprise et surprendre l'adversaire au saut du lit à l'heure du café. Combaud Roquebrune est confiant. Il a calculé que ses véhicules ne mettront que 70 secondes pour traverser Sennecey. En roulant à 60-70 kilomètres à l'heure, mathématiquement, il ne se trompe pas. Faut-il encore ne pas rencontrer d'obstacles majeurs sur le parcours !

*

4 SEPTEMBRE. 6 HEURES 30

Les quatre jeeps marquent une légère halte à Corlay où Jarrot souhaite « Bonne chance » à ses amis paras. Pourtant, les derniers renseignements sont inquiétants. Le village de Venières, à cinq kilomètres au sud de Sennecey, viendrait d'être occupé par deux compagnies allemandes. Pour Sennecey l'incertitude subsiste. Des renforts sont peut-être arrivés dans la nuit ? (On apprendra par la suite que près de 1 500 Feldgrau stationnaient dans le bourg. Les Allemands préfèrent s'arrêter dans les agglomérations où ils craignent moins les bombardements à cause de la présence d'une population civile.) La prudence imposerait de reporter l'attaque. Ce n'est pas le style SAS. Qui ose gagne ! Combaud Roquebrune est le premier à le proclamer.

Un enfant du pays, André Rivot, s'est porté volontaire pour guider les paras par les chemins de terre jusqu'à la grand-route. Fier de son poste, il s'est juché sur le capot de la jeep du capitaine. Cramponné au montant d'une Vickers, il indique l'itinéraire.

Normalement un autre FFI attend vers Saint-Julien, un peu avant l'intersection avec la RN, pour fournir d'autres informations sur la situation dans Sennecey. L'homme n'est pas au rendez-vous. Les circonstances ne permettent ni d'épiloguer ni d'attendre. Rivot se montre rassurant : « *Je vous guiderai !* »

7 HEURES

Le débouché, en sifflet, sur la RN 6 est brutal. Le conducteur de la jeep de tête vire d'un coup sec sur la gauche et accélère pour embouquer la nationale le plus rapidement possible. En équilibre instable Rivot est projeté sur la chaussée. Indemne, il se relève et détale à toutes jambes n'ayant rien d'autre à faire. Les jeeps l'ont déjà dépassé.

Dans Sennecey-le-Grand les Allemands s'éveillent et commencent à vaquer aux premières occupations journalières. Brin de toilette aux pompes et aux puits. Casse-croûte matinal. Ils sont nombreux ces Feldgrau, très nombreux. Les uns se replient en unités constituées ; beaucoup d'autres retraitent au hasard des événements, à titre individuel ou derrière un gradé. La majorité n'est pas encore sur le pied de guerre même si les groupes, paquetages bouclés, se préparent à se rassembler pour faire mouvement. Autour des moteurs, les chauffeurs s'activent. Le travail ne manque pas. La fière Wehrmacht fait feu de tout bois pour échapper à l'étreinte. Elle s'en va aussi bien en camions civils réquisitionnés qu'avec ses véhicules traditionnels

A l'entrée de Sennecey le piquet de garde n'est qu'à demi sur le qui-vive. La nuit imposait la vigilance. Avec le lever du soleil la tension se relâche. Les maquisards n'oseront pas se risquer de jour contre un rassemblement aussi important et les blindés ennemis sont signalés encore loin.

Les premières rafales de Vickers ou de Bren claquent et fauchent les factionnaires surpris sans avoir le temps de se protéger. Combaud Roquebrune passe à hauteur de la mairie, prend le tournant de la rue principale et poursuit tout droit dans l'enfilade de la nationale. Derrière ça suit, presque roue dans roue. Les jeeps roulent vite : 60-70 kilomètres heure. Les conducteurs par moments doivent se livrer à un véritable slalom pour éviter des camions ou des charrettes entravant quelque peu la route. Agrippés à leurs armes les paras tirent sans mollir, perpendiculairement à leur axe de marche. Ils vident bande sur bande, chargeur sur chargeur. A leur passage des Feldgrau boulent à terre ou s'affaissent dans un cri de douleur. Rares sont ceux capables de répliquer. Même si les armes sont approvisionnées, elles ne sont pas obligatoirement prêtes à tirer. Bien des bandes de MG ne sont pas engagées. Et que faire avec un Mauser à répétition contre une jeep défilant à folle allure ?

Combaud Roquebrune avait compté 70 secondes pour la traversée de Sennecey. Il est certainement dans son créneau lorsqu'il achève sa ligne droite et s'apprête à s'aiguiller sur Saint-Cyr.

Pourquoi le contretemps au programme prévu ? Le mystère subsiste. Combaud Roquebrune ne quitte pas la nationale et n'oblique pas vers Saint-Cyr. S'est-il rendu compte que l'itinéraire à emprunter était obstrué par des véhicules ? Très possible. Il continue à pleine vitesse sur la RN 6 qui s'allonge parfaitement rectiligne devant lui. Soudain, après plusieurs centaines de mètres, un convoi, en provenance de Chalon-sur-Saône, survient en face, barrant la route.

Rivot éjecté, le guide défaillant... le capitaine n'a personne pour lui indiquer un chemin de traverse par où se dégager. Reprendre le parcours inverse, avec un autre passage éclair dans Sennecey, s'annonce la seule issue, d'où un demi-tour sur place, après quelques salves de Vickers sur les arrivants de plus en plus proches.

Traversée de Sennecey, quelques centaines de mètres sur la RN 6, demi-tour, n'ont demandé que quatre à cinq minutes. Pas plus ! Le délai a été suffisant pour que les Allemands se ressaisissent. Ils se tiennent aux aguets, le doigt sur la détente, embusqués derrière tout ce qui peut servir d'abris. Les jeeps se précipitent dans un véritable piège.

Combaud Roquebrune est toujours en tête miraculeusement sauf sous la mitraille qui crépite de partout. Arrivé au centre du bourg, il semble vouloir s'engager sur une petite route qui sur sa droite conduit au village de Laives. Sa jeep, dans sa course, accroche une bicyclette tombée en bordure du trottoir. Elle l'écrase et l'entraîne avec elle. Catastrophe ! Le cycle se coince sous un essieu et bloque une roue qui immobilise net le véhicule. Les trois paras se retrouvent à découvert presque à bout portant. L'un d'eux parvient à s'extraire mais ne va pas très loin. Les deux autres sont tués sur leur siège

Immédiatement derrière, pour une cause mal déterminée, la jeep n° 2 s'écrase contre un mur et prend feu. L'adjudant Ben Hamou et les deux frères Djian, criblés de balles, périssent dans l'incendie. Avant la collision, le FFI Nectoux, quatrième passager, a été blessé et est tombé à terre. Dans un sursaut d'énergie il se relève, franchit une barrière en fer et, s'éclipsant aux vues, se réfugie dans un grenier. Un habitant, Monsieur Justeau, l'y découvrira et le transportera chez les religieuses qui le soigneront.

En zigzaguant les deux dernières jeeps continuent de rouler. A bord les paras n'ont pratiquement plus de munitions. Ils tirent leurs ultimes cartouches contre ceux qui ne cessent de les prendre pour cibles. L'aspirant Aubert Stribi sur la n° 3 aperçoit un embranchement. Alors qu'il veut s'y engager, une rocket de Panzerfaust frappe sa jeep de plein fouet. Barkatz et Lombardo, ses deux coéquipiers, sont tués sur le coup. L'aspirant à peu près indemne saute à terre et le Colt à la main fait front avant de s'effondrer mortellement atteint.

Sur la n° 4, Tramoni, Beaude et Bayeux ont été blessés mais leur jeep est toujours en état de marche. Alors ils foncent, atteignant la sortie de Sennecey. Ça tire du côté du cimetière. L'attaque du capitaine Boissonas et des maquisards. Il faut rejoindre les camarades en pleine action. Leur brave véhicule a bien donné et une rafale a raison de son moteur. Les trois paras ont tôt fait de l'abandonner. La campagne s'ouvre devant eux. Oubliant leurs blessures, ils courent à travers champs pour rejoindre les amis.

Hélas, au cimetière, tout va mal. Les Feldgrau n'ont pas été surpris et ils ne sont pas sans métier. Ils se battent depuis des lustres et, parmi eux, quel est le gradé qui n'a pas connu le front de l'Est et les vagues soviétiques se lançant à l'assaut sans souci des pertes. La défense bien coordonnée a eu tôt fait de transformer Sennecey en citadelle. Les snipers visent juste. Les MG balaient tous les espaces dégagés.

Les jeunes Bourguignons ont de l'enthousiasme mais ce baptême du feu pour le plus grand nombre est trop rude. Ils voient des camarades tomber sans discerner d'où partent les coups. Désemparés ils refluent. Boissonas sent que sa troupe vacille. Il paie d'exemple et crie «en avant!». Personne ne le suit. Une balle arrête à jamais cet homme seul, héroïque jusqu'au bout.

C'est fini. Le stick Zermati qui tentait une diversion pour soutenir Boissonas est bloqué à son tour. L'ennemi concentre son tir dans sa direction. Au fil des minutes les Allemands se renforcent. Des camions arrivent de Tournus où les FTP n'ont pas été au rendez-vous. Leur défaillance n'améliorera pas leurs rapports avec les SAS qui ont souvent tendance à les regarder comme des voyous au vu de certains de leurs comportements.

Rien n'est totalement terminé pour autant. Vers midi, d'autres sticks de paras convergent sur les lieux, volant au canon pour secourir leurs camarades. Des combats font rage aux abords du village de Laives et surtout sur la hauteur de la chapelle de Saint-Martin-de-Laives, dominant Sennecey, qu'un détachement allemand a occupée.

A partir de 14 heures le feu décroît. Les Allemands de Sennecey ont reçu l'ordre de décrocher et de ne pas s'attarder. L'armée de Lattre pousse de toutes parts et menace de les envelopper. A la hâte les Feldgrau évacuent non sans se livrer à d'ultimes monstruosités. Un habitant et un garçonnet sont abattus. Pour protéger le repli, des civils sont disposés en bouclier humain avant d'être finalement massacrés.

Au début de la soirée, le CCI de la 1re DB française, ayant débordé la RN6 par Cluny et Saint-Gengoux, déboule dans Sennecey-le-Grand, bourgade meurtrie. Des maisons ont été incendiées. Du matériel, des véhicules de toute nature, détruits ou abandonnés, traînent un peu partout. Des cadavres gisent encore de-ci de-là. Les Allemands dans leur précipitation n'ont enterré sommairement qu'une partie de leurs morts, près de l'église.

Après leur départ, les habitants se sont risqués furtivement à sortir. Ils ont confié les blessés et mourants aux religieuses, puis ont regroupé pieusement les morts français dans l'école.

*

Ils étaient partis à 14 pour le commando de Sennecey-le-Grand. Cinq ont été chanceux. Rivot et Nectoux, les deux FFI, Tramoni, Beaude et Bayeux, les trois SAS, qui ont réussi à gagner les bois. Tous leurs autres camarades sont morts. Tués aussi Boissonas et plusieurs paras et maquisards engagés dans la tentative pour enlever Sennecey.

En face une trentaine d'Allemands sont tombés sous la mitraille des jeeps. Les blessés emmenés sont mal dénombrés mais, aux dires des médecins français requis à Chalon-sur-Saône pour les soigner, ils étaient d'importance.

*

Sennecey-le-Grand pour le 3e RCP est un souvenir amer. Trop de camarades sont tombés. Mais le commando n'a pas été inutile. Il conforte encore l'ardeur pour la revanche. En était-il besoin ? Il précipite surtout le repli allemand de Sennecey-le-Grand et ouvre la porte de Chalon-sur-Saône et au-delà celles de Dijon et Besançon.

*

Avec le recul, il est facile d'énoncer que tout concourrait à la tragédie. L'ambiance du moment, pour l'offensive. L'absence de renseignements précis. La précipitation et l'inexpérience du commandement local de la Résistance. La faiblesse intrinsèque des maquisards. La rage de vaincre de Combaud Roquebrune et de ses compagnons. Les défaillances constatées. Certes, tout s'en est mêlé. Assurément le retour sur Sennecey était de trop. Il n'était pas prévu dans le plan initial. La malchance, à quelques minutes près, a joué son rôle avec le convoi débouchant de Chalon. S'il ne s'était pas trouvé là, les quatre jeeps se seraient esquivées. Des routes de dégagement s'ouvraient à courte distance.

Des hommes sont morts à Sennecey-le-Grand, victimes d'abord et avant tout de leur patriotisme et de leur volonté de bouter l'Allemand hors de France. Leur sacrifice est hautement respectable et s'inscrit en bonne place dans la mémoire des hauts faits des commandos français.

Chapitre XI

AVEC LE SBS

En France, le terme SAS, Special Air Service, est relativement connu. Plus couramment on parle des SAS, se remémorant les glorieux parachutistes à béret amarante de la France Libre. Le vocable SBS, à l'encontre, est presque totalement ignoré même si ses initiales s'apparentent un peu à celles du SAS[1].

Le SBS, Special Boat Section, mérite mieux. Il représente l'une des plus valeureuses unités de commandos de la Seconde Guerre mondiale. Ses exploits rejoignent ceux du SAS. Ses chefs, Jellicoe, Sutherland, Lassen, rivalisent en audace et habileté avec Stirling ou Paddy Mayne. Les SAS qui comptaient des Français, sont apparus au grand jour en métropole au lendemain de la Libération. Les Parisiens et d'autres les ont vus et acclamés. Le SBS s'est battu pour l'essentiel sur le pourtour du Bassin méditerranéen, loin des regards métropolitains et s'affirme comme une unité spécifiquement britannique[2]. Ce positionnement géographique, cette spécificité n'enlèvent rien à la valeur de ses actions,

1. Lequel ne doit pas être confondu avec un autre vocable SAS, Section Administrative Spécialisée, de la Guerre d'Algérie.

2. Même si elle compte quelques étrangers dans ses rangs.

exemples types d'opérations de commandos alliant l'ingéniosité à l'audace.

*

Ce SBS possède une histoire qui remonte aux origines des commandos britanniques.

En juin 1940, le lieutenant «Jumbo» Courtney, canoéiste passionné, fait une démonstration probante. De nuit, avec un camarade, il gagne discrètement, en canoë, un navire de guerre de Sa Majesté à bord duquel se tient une importante réunion d'état-major. Aucune sentinelle ne l'a décelé. Quelques jours plus tard, il renouvelle. Toujours en canoë, il vient tracer des croix à la craie sur la coque d'un autre bâtiment. Là, il aurait, s'il l'avait voulu, plaqué des mines magnétiques.

Courtney est entendu. Un canoë est un moyen d'approche maritime discret pour qui sait s'en servir. Le jeune officier est autorisé à mettre sur pied un groupe de canoéistes destiné à s'intégrer aux commandos. A la fin de l'été 1941, il a dix volontaires à l'entraînement autour de lui. Le canoë utilisé à cette heure est un Folbot, du nom de son fabricant. Baptisé Cockle M K I. Longueur 4,9 mètres ; cadre en bois ; enveloppe en toile caoutchoutée ; équipage deux hommes. Il est le premier d'une belle série de Cockle améliorés (huit au total) [1].

Au début de 1941, les Commandos 7, 8 et 11, sous le commandement du lieutenant-colonel Laycock, sont envoyés au Moyen-Orient, seul champ de bataille terrestre du moment pour la Grande-Bretagne. Courtney et 15 de ses canoéistes (son groupe s'est étoffé) se joignent à cette «Layforce».

Le général Wavell, commandant en chef au Caire, envisage à cette époque d'envahir l'île de Rhodes, au sud du Dodécanèse, occupée par les Italiens. L'idée de reconnaissance par canoë des zones possibles de débarquement ressort avec l'arrivée de Courtney. Courant mars, le sous-marin *Triumph* quitte Alexandrie avec Courtney et le lieutenant-commander Clogstoun-Willmott de la Royal Navy. Au large des rivages de l'île de Rhodes, il fait

1. Le modèle le plus prestigieux fut le MSC, Moteur Submarine Canoe, «Sleeping Beauty», mû par un petit moteur électrique. Légèrement immergé, il permettait une approche invisible des objectifs (généralement navires où plaquer des limpets). Le pilote, également immergé, utilisait un appareil respiratoire et faisait de promptes apparitions en surface pour se repérer et se diriger.

surface. Un Cockle est mis à la mer. Courtney sera le barreur, Clogstoun-Willmott le nageur. A 100 mètres de la grève, Courtney immobilise son esquif. Clogstoun-Willmott, le souffle un instant coupé par la fraîcheur de l'eau, commence à nager. Par quatre fois il prend terre, reconnaissant au mieux la nature des plages, sable ou galets, dans la perspective d'un débarquement. A un moment il distingue une sentinelle non loin mais n'est pas inquiété. Au bout de trois heures il revient vers Courtney qu'il retrouve après des minutes d'émotion. Le canoë, sa propre tête, se distinguent mal au ras des flots dans l'obscurité. Le nageur se réchauffe de quelques lampées de café chaud d'une thermos, puis les deux canoéistes, à grands coups de pagaie, rejoignent le *Triumph.*

La première reconnaissance de plages en Méditerranée est un succès. D'autres suivent en inversant les rôles : Courtney nageur, Clogstoun-Willmott barreur.

Les revers anglais en Grèce et en Crète, l'entrée en scène de Rommel et de l'Afrika Korps en Libye, ajournent les projets sur Rhodes. Cette nouvelle situation n'interdit pas de tenter de porter des coups sur les arrières de l'ennemi. Celui-ci sera obligé de mieux se garder et de réduire son potentiel de l'avant.

Durant la nuit du 21 au 22 juin 1941, le lieutenant Wilson, adjoint de Courtney, et le Marine Hughes, toujours au départ d'un sous-marin, gagnent en canoë la côte occidentale de la Sicile. S'enfonçant dans l'intérieur des terres, ils piègent une voie ferrée. Leur retour s'avère scabreux à cause de la présence de sentinelles et de bateaux de pêche. A peine ont-ils rejoint le sous-marin qu'une formidable explosion éclaire l'horizon. Le sabotage a réussi. Les tenants des coups de main discrets par canoë ou par homme-grenouille ont encore confirmé que ce qu'ils prônaient était réalisable.

Peu avant, lors de la guerre de Syrie, le 7 juin, un nageur de combat avait gagné l'estuaire du Litani, au sud Liban, afin de baliser le point de débarquement du Commando n° 11 dans une zone difficile d'accès [1].

Le second semestre 1941 est ingrat pour les canoéistes. Peu de sous-marins sont disponibles pour les amener à pied d'œuvre. Toutefois, dans la nuit du 22 au 23 septembre, Wilson et Hughes relancent un raid sur les rivages italiens. Une patrouille italienne

---

1. Ce Commando n° 11 avait éprouvé des pertes sévères – le quart de son effectif – dans des affrontements avec les Forces françaises (22e RTA) relevant du Gouvernement de Vichy. Le jeune major Keyes s'y était distingué.

les surprend en plein travail, mais ils réussissent à s'éclipser et à regagner leur submersible. Obstinés, ils reviennent le lendemain, s'en prenant à un pont. Là encore ils sont obligés de retraiter après combat. Cinq semaines plus tard, ils sont plus heureux et font dérailler un train sur la ligne Milan-Brindisi. Ce sabotage, chez eux, alarme les Italiens.

En novembre, les canoéistes reçoivent mission de mettre à terre le commando Keyes s'en allant attaquer le PC supposé de Rommel à Beda Littoria[1]. L'état de la mer n'autorise pas un débarquement complet du commando dont l'issue est tragique.

A la mi-décembre Wilson et Hughes, décidément infatigables, s'infiltrent dans le port de Navarino[2], en Grèce, après avoir pagayé sur près de 20 kilomètres. Cette incursion ne donne rien. Une seconde permet de s'approcher à 150 mètres d'un destroyer à l'amarre. En nageant et en tirant derrière lui des limpets accrochés à une bouée, Wilson atteint le bâtiment. Hughes, resté au canoë, se rend compte que son lieutenant est depuis trop longtemps dans l'eau glacée. Le tirant à bout de corde, heureusement porté par sa Mae West, il le ramène à temps.

*

Les volontaires rassemblés par Courtney forment un groupe dit « Groupe Z ». Il y a encore d'autres « mordus » de la pagaie, issus des armées alliées du Moyen-Orient. Plus ou moins dépendants du SAS, ils sont commandés par George Jellicoe. Tous ces canoéistes, « Z » ou non, sont basés à Kabrit. Ils y côtoient les gens du SAS et il leur arrive de participer à leurs opérations. Ce voisinage ouvre des horizons. Stirling, qui cherche à s'étoffer – il a réussi à accaparer les Français Libres de Bergé –, s'intéresse à eux.

En décembre 1941, Courtney, épuisé et malade, rentre en Grande-Bretagne. La fusion avec le SAS se précipite. Tous les canoéistes deviennent le Squadron « D » du SAS. Avec 1942, ils seront le SBS, Special Boat Section, portant fièrement insignes et tenues du SAS, œuvrant avec Stirling en tant que grand patron.

*

1. Cf. tome 1, chap. VIII.
2. Mieux connu sous le nom de Navarin suite à la célèbre bataille de 1827.

1942. – Année difficile pour les Anglais en Méditerranée et au Moyen-Orient. Malte, « porte-avions isolé », croule sous les bombes et vit des heures de famine. Rommel, adversaire coriace, menace Le Caire. Il faut attendre la bataille d'El Alamein, fin octobre, pour que le flux s'inverse.

Le SAS est constamment sur la brèche. Tout doit être tenté pour enrayer la marche de Rommel et ravitailler Malte. De là une série de raids contre les aérodromes d'où décollent les appareils de la Luftwaffe. Que ce soit ceux de Crète, de Rhodes ou des rivages libyens.

Juin. – A 80 kilomètres au sud-ouest de Tobrouk, la garnison française de Bir Hakeim tient bon. Elle n'évacuera, sur ordre, que dans la nuit du 10 au 11.

A des centaines de kilomètres de là, Malte, tout autant, résiste avec énergie. Un convoi à son intention doit quitter Alexandrie le 11. Pour l'aider à passer en évitant les chasseurs bombardiers de Crète, des opérations SBS sont prévues contre les quatre aérodromes de l'île :

– Malemé au nord-ouest.
– Héraklion à l'est.
– Kastelli au centre.
– Tymbaki au sud.

L'équipe arrivée sur Malemé par sous-marin et canoë découvre un terrain trop bien gardé. Barbelés, certains électrifiés, miradors avec projecteurs, fortins avec mitrailleuses, rendent toute tentative suicidaire. Il faut renoncer.

A Héraklion, les quatre Français de Bergé (qui eux appartiennent au SAS), accompagnés par George Jellicoe du SBS, débarqués dans des conditions sensiblement identiques, réussissent. Par contre leur retour se déroule mal. Un tué, trois prisonniers [1].

Les équipes pour Kastelli et Tymbaki embarquent à Bardia sur la côte libyenne le 7 juin. Leur vedette, *La Porcupine*, est barrée par un marin de légende. Le lieutenant-commander John Campbell, un homme du SOE, avec sa coque de noix (à peine 10 tonnes), ne cesse de traverser la Méditerranée pour déposer et recueillir des agents ou des groupes de saboteurs.

Faute de place ils ne sont que six à monter à bord :

– Duncan, Barnes et McKenzie pour Kastelli ;
– Moss, Brittlebank et Sutherland pour Tymbaki.

---

1. Cf. tome 1, chap. XIII.

Le caporal Brittlebank est l'un des trois rescapés avec le colonel Laycock et le sergent Terry du commando contre Rommel en 1941. Il possède le gabarit et la force d'un demi de mêlée. Son expérience, après son odyssée de 40 jours dans le désert, est précieuse [1].

Environ 350 kilomètres séparent Bardia du littoral méridional de la Crète. La vedette file gaillardement. A la chute du jour, Campbell annonce:

«*Débarquement dans environ une demi-heure!*»

Au loin se distingue la masse du Mont Ida. Deux signaux lumineux, en morse, scintillent en provenance de la côte. Le comité d'accueil est au rendez-vous. Les Crétois ont choisi leur camp. Les agents du SOE sont chez eux en Crète.

Moteur au ralenti, *La Porcupine* achève sa course et met en panne à 30 mètres du rivage. Le voyage se terminera en dinghies.

Le retour, par *La Porcupine*, est prévu le 23 juin. Les deux commandos, qui ne tardent pas à se séparer, ont du temps devant eux. Guidés par des bergers, ils vont de grottes en grottes, dormant le jour, marchant la nuit. Avec la sécurité, l'eau est le grand problème. La canicule est là. Les ruisseaux sont à sec et les puits dans l'obscurité pas toujours faciles à retrouver.

A Tymbaki, l'équipe Sutherland, à sa grande déconvenue, pénètre sur un terrain déserté. Rien à se mettre sous la dent! A Kastelli, le trio Duncan-Barnes-McKenzie est plus heureux. Il détruit 8 avions, 6 camions et un dépôt de bombes et de carburant.

La veille du départ, observant aux jumelles, Sutherland a une surprise. Il aperçoit un homme seul, en kaki, marchant d'un pas vif. Jellicoe! Le rescapé du commando Bergé allait vers le rendez-vous de *La Porcupine*. 21 avions au bilan d'Héraklion. 8 à celui de Kastelli. Le «voyage» en Crète n'a pas été vain. Des combats aériens, des bombardements ne peuvent se targuer d'un tel résultat.

Le moment n'est pas à se contenter de ces points marqués, si satisfaisants soient-ils. Le SAS accentue ses raids en jeeps contre les aérodromes libyens; le SBS poursuit ses opérations maritimes avec des fortunes diverses.

Le 11 août, sept hommes sont capturés en attaquant un aérodrome sicilien.

Toujours en août, le lieutenant Alexander et un caporal sont faits prisonniers lors d'un débarquement avec six canoës partis

1. Cf. tome 1, chap. VIII.

détruire un dépôt de munitions près de Daba. Un autre groupe est décimé à l'occasion d'une incursion près de Tobrouk. Trois hommes seulement, le capitaine Langton, les soldats Hillman et Wather, parviennent à rejoindre les lignes anglaises.

En septembre, l'opération Anglo ne voit que deux rescapés sur douze. Cette opération Anglo est un peu l'exemple type des commandos du SBS. Après la guerre un film en retracera l'odyssée[1].

Son cadre est l'île de Rhodes d'où décollent les appareils de la Luftwaffe et de la Regia Aeronautica pour attaquer le trafic maritime allié en Méditerranée orientale. Les aérodromes visés sont Maritsa au nord et Kalathos sur la côte est. Le lieu de débarquement a été fixé un peu à l'est du cap Feraclos que coiffe un vieux château fort. Kalathos se situe à une quinzaine de kilomètres au sud et Maritsa à une cinquantaine au nord.

Le capitaine Allott, patron de l'opération, a scindé son détachement en deux. Quatre hommes avec lui sur Maritsa, cinq avec le lieutenant Sutherland sur Kalathos. Le douzième homme, le capitaine grec Tsoucas, restera en recueil dans une grotte près du point d'embarquement retour.

Le 31 août, à Beyrouth, un sous-marin grec, le *Papanikolis*, prend en charge le commando. (Devant l'avance allemande, la flotte britannique a évacué Alexandrie et s'est repliée sur Beyrouth.) La mise à terre en dinghies se déroule normalement dans la nuit du 4 au 5 septembre. La prudence aussitôt s'impose. Rhodes est occupée par 30 000 Italiens et contrairement à la Crète le SOE n'a pas d'agents dans la place.

L'île, montagneuse et escarpée, ne déroge pas à la règle habituelle dans l'archipel du Dodécanèse. Monter, descendre, monter, descendre à nouveau, sur un sol rocailleux, par des pistes de chèvres. Le commando, lourdement chargé avec armement, explosifs, vivres, peine. Il compte bien deux guides mais ces deux braves, Savas et Kyrmichalis, enfants de la ville, connaissent mal l'arrière-pays de leur île. Plus d'une fois la petite colonne est obligée de faire demi-tour.

Septembre est toujours l'été sur Rhodes. Plus encore qu'en Crète au mois de juin, l'eau se fait rare. Remplir le bidon n'est pas une sinécure. Au bout de trois jours, les deux groupes se séparent, Allott d'un côté, Sutherland d'un autre.

---

1. Titre : *They who dare* (Ceux qui osent), avec Dirk Bogarde dans le rôle de Sutherland et Denholm Elliot dans celui de Duggan.

Le groupe Allott a le plus long trajet à parcourir avec obligation de franchir la crête centrale, pour atteindre Maritsa sur le versant occidental. Son périple est assez flou. Un fait est sûr. Respectant le programme, il pénètre sur l'aérodrome de Maritsa le 12 au soir et y dépose ses charges. Combien d'appareils sont détruits ? Le rapport du commandant italien, incriminant surtout les sentinelles, se garde de précisions. Et par la suite ? Le guide Kyrmichalis est probablement arrêté alors qu'il était en quête d'eau. Le commando est localisé. Un ratissage minutieux du terrain conduit à son interception.

Le groupe Sutherland s'est posté sur les hauteurs dominant la petite plaine côtière où est installé l'aérodrome de Kalathos. Aux jumelles son chef observe très longuement les avions et constate qu'ils sont très largement dispersés au sol. Le mieux est donc de frapper par équipes de deux ou trois en plusieurs endroits. Le sous-lieutenant grec Calambokidis partira avec les Marines Barrow et Harris et s'en prendra aux appareils situés au nord-est. Sutherland avec le Marine Duggan poussera plus loin en direction de la piste et d'alvéoles servant d'abris. Les charges explosives ne manquent pas : 22 chez Calambokidis, 15 chez Sutherland. De quoi faire du bon travail...

Une faible bruine obscurcit la nuit du 12 au 13. Le lit à sec d'un ruisseau procure un bon cheminement d'accès au commando qui éclate à 23 heures 15. Chacun s'oriente vers ses objectifs. Sutherland et Duggan, après s'être glissés sous les barbelés de ceinture, piègent trois SM 84 [1]. Contrariés par les factionnaires, ils ne peuvent ensuite que déposer une charge contre un dépôt de carburant. (Ils doivent se montrer prudents pour ne pas donner l'alarme et gêner l'autre équipe.) A 2 heures du matin, ils se retirent discrètement vers le point de rendez-vous convenu avec Calambokidis. Quinze minutes après une charge placée par ce dernier explose, bientôt suivie par d'autres. Au total, 12 à 15 détonations sont relevées jusqu'à 3 heures 30.

L'ennemi a réalisé qu'une attaque terrestre était déclenchée. Des projecteurs s'allument. Des rafales de mitrailleuse se font entendre. Sutherland et Duggan se retrouvent seuls au rendez-vous. A 4 heures 30, l'aurore approchant, ils filent dans les collines voisines pour s'y camoufler le jour suivant.

De leur retraite ils ont la satisfaction d'apercevoir les dégâts

1. Bombardier bimoteur italien. Vitesse 430 km/h. 4 mitrailleuses, 2 tonnes de bombes. Equipage : 5 hommes.

occasionnés sur l'aérodrome par la visite du commando. Manifestement du personnel s'affaire pour y remédier.

A la nuit tombée, les deux hommes s'empressent de prendre du champ et sont assez heureux de reprendre contact avec Tsoucas qui a un peu d'eau. Ah cette eau !... En recherchant un puits, Sutherland évitera de justesse le fil piège d'une mine posée en travers d'un chemin.

Le 14, les 15 et 16 sont des journées d'anxiété passées tapis dans les broussailles ou sous des rochers. D'importants contingents parcourent les collines. Les allées et venues d'une vedette se distinguent le long du rivage. Les Italiens traquent le commando. A un moment, une patrouille défile à 15 mètres au-dessus de la cache du trio Sutherland-Tsoucas-Duggan. L'observation permet aussi de se rendre compte que les dinghies camouflés près de la plage ont été découverts.

La date du rendez-vous avec le sous-marin du retour approche. Les trois hommes, par les collines, en évitant la plaine côtière, se dirigent vers le point d'embarquement. Durant leur marche ils tombent sur une unité italienne. Tsoucas, plus âgé, ne peut emboîter le pas de ses deux compagnons. Attardé, il sera fait prisonnier[1].

Le 17, à 20 heures, Sutherland et Duggan débouchent dans la crique où ils sont censés être attendus. Effectivement, un sous-marin, le *Traveller* cette fois, fait surface au large et émet des signaux lumineux qui correspondent au code convenu. A 22 heures, Sutherland transmet en morse avec sa torche : « Arrivons à la nage ! » Faute de dinghies, c'est la seule voie de salut. Heureusement la mer est calme, l'eau tiède, mais les deux nageurs sont affaiblis par le manque de sommeil et de nourriture. Sans désespérer ils progressent dans la direction de la lueur aperçue au loin. De temps à autre Duggan lance des coups de lampe pour se faire localiser. Enfin, vers 23 heures 20, un bruit sur la droite. Le ronronnement des moteurs du *Traveller*. A 23 heures 30, les deux rescapés épuisés sont hissés à bord.

Aucun écho des autres membres du commando de l'opération Anglo. Une vedette italienne se manifeste. Le *Traveller* doit plonger pour échapper au grenadage.

Ils ne seront que deux à regagner Beyrouth. Les deux guides seront condamnés à mort[2]. Savas sera exécuté le 7 octobre 1942.

---

1. Il s'évadera via la Suisse, la France, l'Espagne et gagnera Gibraltar.
2. Ils sont regardés sujets italiens et coupables de trahison. (Rhodes est occupée par l'Italie depuis 1912 ; l'île reviendra à la Grèce en 1947.)

Kyrmichalis sera gracié à cause de son jeune âge. Il mourra peu après la guerre des suites de sa captivité.

Le bilan exact du raid sera difficile à préciser. Très certainement au moins une quinzaine d'appareils détruits à Maritsa et Kalatos.

*

1942. Année sanglante pour le SBS. En janvier, ils étaient 35 sur ses rangs. En décembre, ils ne sont plus que 12. Les autres ont été tués, blessés ou faits prisonniers.

*

Janvier 1943 apporte une évolution en Méditerranée. La guerre du désert tend vers sa fin, l'Afrika Korps[1] étant rejeté hors de Libye. Le combat du SAS est à conduire différemment. L'outil doit être repensé dans ses méthodes et réorganisé.

A cette évolution Stirling s'y prépare mais sa « baraka » l'abandonne le 23 janvier. Cerné dans un fond d'oued entre Gabès et Gafsa, le fondateur du SAS tombe aux mains des Italiens. Sa forte personnalité marquait l'unité[2]. D'autres doivent assurer la relève.

Le SAS éclate. Ses membres prennent des routes divergentes. Certains partiront bientôt en Angleterre se préparer au débarquement[3]. D'autres formeront le SRF, Special Raiding Force, sous le commandement de Paddy Mayne, l'adjoint de Stirling. Appelé dans un premier temps à combattre en Sicile et en Italie, le SBS acquiert son autonomie. Il s'étoffe et atteint un effectif de 230. Tout en gardant ses initiales SBS, il se mue en Special Boat Section. C'est sous ce titre qu'il entrera dans la légende des commandos amphibies en Méditerranée.

---

1. Plus exactement, groupe d'armées Africa.

2. A son égard le général Laycock écrira : « *C'était un chef d'une valeur exceptionnelle et un des militaires les moins décorés de toute la guerre. Plus d'une fois il aurait dû recevoir la plus haute décoration militaire qu'un souverain puisse accorder, si ce n'avait été pour respecter le règlement qui impose la présence d'un officier supérieur pour attester des circonstances de la citation d'un officier supérieur. Or, il n'y avait jamais d'officier supérieur sur place pour témoigner des raids que Stirling lançait derrière les lignes ennemies.* »

3. Aux origines du 2e Régiment SAS britannique de 1944.

George Jellicoe en prend le commandement. Le fils du célèbre amiral n'a que 25 ans. Celui que ses hommes surnomment «My Lord» a su, en peu de temps, s'imposer, payant largement de sa personne. Il était avec Bergé à Héraklion en juin 1942.

Au-dessous de lui, ses adjoints, qui n'ont même pas son âge, sont de la même trempe. Ils se sont tous illustrés dans les commandos ou au SBS première version. La première lettre de leur nom désigne chaque détachement du nouveau SBS :

«L» pour Langton.

«M» pour Maclean [1].

«S» pour Sutherland.

Jellicoe choisit Athlit, au sud de Haïfa en Palestine, comme base arrière de l'unité. En bordure de mer, au pied d'un château datant des Croisades, le site permet aussi bien les exercices de débarquement que les longues marches avec barda. Parmi les nouvelles recrues se détache le Danois Anders Lassen. Ce grand gaillard, capable de toutes les audaces, qui exècre les Allemands, obtiendra la seule Victoria Cross du SAS et du SBS.

*

La capitulation allemande en Tunisie, le 13 mai, le recul général des armées de l'Axe orientent les combats vers la Méditerranée centrale et occidentale. Là se situeront les zones d'action du SBS jusqu'à la fin de la guerre.

Le SBS, ancienne mouture, utilisait sous-marins, vedettes, canoës, dinghies. Dans sa seconde version il fera souvent appel aux caïques. Ce voilier à moteur auxiliaire, familier de la mer Egée et du littoral turc, destiné à la pêche ou au cabotage, se glisse un peu partout et se dissimule aisément. Des filets de camouflage le noient dans le paysage côtier où il est amarré. Outre les transports, les caïques assureront des bases pour lancer des raids.

Dans ces aventures maritimes, à chacun son métier. Les marins de la LSF [2] sont aux commandes de ces embarcations qui les font renouer avec la marine d'antan.

---

1. En juillet 1943, Maclean partant en Yougoslavie sera remplacé par Ian Lafrait.

2. Levant Schooner Flotilla. (Un schooner est un petit bâtiment à deux mâts gréé comme une goélette.)

Ces raids sont trop nombreux pour les rapporter tous. Ils se comptent par dizaines, opérés le plus souvent par de très petits éléments. Légèreté, audace, surprise sont plus que jamais les maîtres mots.

*

La Crète, avec ses aérodromes, reste une épine pour les Alliés en Méditerranée, comme Malte l'était pour les Allemands. Une fois encore il est donc demandé au SBS d'y porter le fer.

Sutherland a déjà séjourné en Crète en 1942. Fort de son expérience, il lui est confié le futur raid de juin, *l'opération Albumen.* Pour celle-ci, l'aérodrome de Malemé est trop bien gardé. La précédente tentative l'a, hélas, démontré. Inutile de s'y casser les dents. Contre les autres aérodromes, Sutherland organise trois équipes avec pour responsables :

– Le lieutenant Lamomby sur Héraklion.
– Le lieutenant Lassen sur Kastelli.
– Le lieutenant Rowe sur Tymbaki.

Les moyens se sont améliorés. Chaque équipe dispose d'un poste radio. Au total 25 hommes sont engagés.

Le scénario est rodé. A partir du 23 juin, débarquements par vedette dans le sud de l'île. Camouflage d'une partie du matériel. Marche durant la nuit. Repos de jour dans des grottes. Tout du long assistance des Crétois. Mise en place pour attaques simultanées le 4 juillet.

Depuis le raid Bergé-Jellicoe, un an auparavant, Héraklion a perdu de son importance. Très peu d'avions stationnent de jour et aucun la nuit. Lamomby se rabat sur un dépôt d'essence et déclenche un incendie spectaculaire. 120 à 200 tonnes de carburant avions partent en fumées. Le coup est payant. Les Allemands éprouvent des difficultés à ravitailler la Crète en ce genre de produit.

A Kastelli, il y a du monde. Au terme d'une longue marche d'approche, Lassen n'est pas déçu. Il découvre des Stukas, des JU 88 et autres. Apparemment, le tout sous bonne garde. A l'exemple de Sutherland à Kalathos, Lassen scinde ses gens pour multiplier ses chances. Il garde Gunner avec lui. Le sergent Nicholson part avec le caporal Greaves. Le plan réussit. Cinq avions sont détruits et dans l'action Lassen abat de sa main quatre sentinelles.

Le dernier groupe, celui du lieutenant Rowe, revient bredouille et désappointé. Il n'y avait rien à Tymbaki.

La vedette du retour est annoncée le 11 juillet au soir. Après 19 jours en Crète, l'intégralité du commando regroupé dans une ravine proche de la grève patiente. Juillet est une fournaise au milieu des rochers surchauffés, mais il faut rester masqués. Vers 22 heures, les guetteurs signalent une patrouille allemande. Ils sont quatre largement étirés. Deux sont capturés discrètement par les gens du SBS. Des Crétois, en instance d'évacuation, voient les deux autres tenter de s'esquiver. Ils commencent à tirailler. Sutherland a du mal à faire cesser le feu. La pétarade a dû s'entendre de loin. L'endroit devient malsain. Par chance, à minuit, la vedette est signalée. A 1 heure l'embarquement est terminé mais il manque le lieutenant Lamomby. Les recherches ne donnent rien et la sécurité de l'ensemble est en cause. Impossible de s'attarder[1].

Les commandos, dans l'action, sont impitoyables. Le combat terminé, ils respectent leur adversaire. Sutherland a reçu ordre de conduire ses deux prisonniers au Caire en vue d'interrogatoire. Avant de les remettre, il s'arrête, avec eux, au Groppi, le bar huppé de la capitale égyptienne, pour prendre un verre.

Un général n'appréciera pas…

*

Le 8 septembre 1943, l'Italie capitule. L'axe Rome-Berlin a vécu. Une formidable opportunité s'offre aux Alliés: entraîner derrière eux le maximum d'Italiens puisque le gouvernement Badoglio s'est engagé à changer de camp. Déjà les troupes anglo-américaines ont débarqué en Calabre et à Salerne au sud de Naples.

Au-delà des combats pour la conquête de la péninsule et la prise de Rome[2], l'archipel du Dodécanèse[3], occupé par les Italiens, s'affirme d'emblée un autre objectif politique et militaire majeur. Le tenir est influencer la Turquie et l'inciter à se joindre aux puissances occidentales. C'est aussi contrôler la partie orientale de la mer Egée et ouvrir aux convois vers l'URSS une route moins périlleuse que l'Arctique ou moins longue que le Golfe Persique.

---

1. On apprendra que Lamomby avait été grièvement blessé dans l'incident avec la patrouille. Capturé, il est décédé à l'hôpital d'Héraklion.

2. Combats qui se révéleront assez décevants. Les Alliés seront bloqués dans les Abruzzes bien au sud de Rome.

3. 12 îles étalées sur près de 200 kilomètres à proximité des rivages turcs.

Si la majorité des moyens terrestres alliés est engagée en Italie[1], le SBS est disponible.

Dans la nuit du 9 septembre, avec un interprète et un radio, Jellicoe saute sur Rhodes. Mission: rallier l'amiral Campioni, gouverneur de la principale île du Dodécanèse. Le vent souffle en rafales. Le sol durci par la sécheresse estivale offre le moelleux de la brique. Le radio se casse une jambe à l'atterrissage. Les Italiens surpris ouvrent le feu sur ces ombres qui descendent du ciel. Les balancements dus aux bourrasques rendent leurs tirs incertains. Au jour Jellicoe se fait reconnaître et prend contact avec Campioni. L'amiral se montre hésitant. Il a peur des Allemands. Ils sont 6000 dans l'île à côté de 30000 Italiens. Jellicoe se trouve dans l'impossibilité de lui certifier que des renforts britanniques le suivent immédiatement. Il doit quitter les lieux, évacué par une vedette italienne. Il ne part pas les mains vides. Il emmène avec lui les plans des champs de mines en mer Egée et dans les zones de défense italiennes à Rhodes. De tels renseignements n'ont pas de prix.

Au moment où Jellicoe était largué, Sutherland avec 50 hommes se présentait devant l'île de Castelrosso. 300 Italiens sont sur place. Sous réserve de quelques coups de fusil ils laissent entrer la vedette dans le port. Au matin les Britanniques sont chez eux. La population les acclame, les Italiens fraternisent. Castelrosso, «Le Château Rouge», à 150 kilomètres à l'est de Rhodes, à un jet de pierres de la Turquie, retrouvera son histoire millénaire de tanière de pirates. Le SBS s'en servira comme repaire pour lancer ses raids.

Proches de la côte turque, au nord-ouest de Rhodes, s'alignent les îles du Dodécanèse, Symi, Kos, Kalymnos, Leros, Samos... pour ne citer que les plus notoires.

Le 12, Jellicoe, à peine de retour de Rhodes, file avec Sutherland et 10 hommes sur Kos. Quel en sera l'accueil? Les renseignements sont incertains sur l'occupant. Allemand ou italien? La joie des habitants révèle ce qu'il en est. La garnison est italienne et coopère.

Le 17, le major Lafrait, successeur de Maclean à la tête du détachement «M», s'intéresse à Symi. La position est avantageuse. La Turquie juste en face, Rhodes à 30 kilomètres au sud. Via Kos et Leros, Lafrait se porte en caïque sur Symi. Le rapport des forces

1. Troupes et bateaux manquent pour un débarquement en force sur Rhodes.

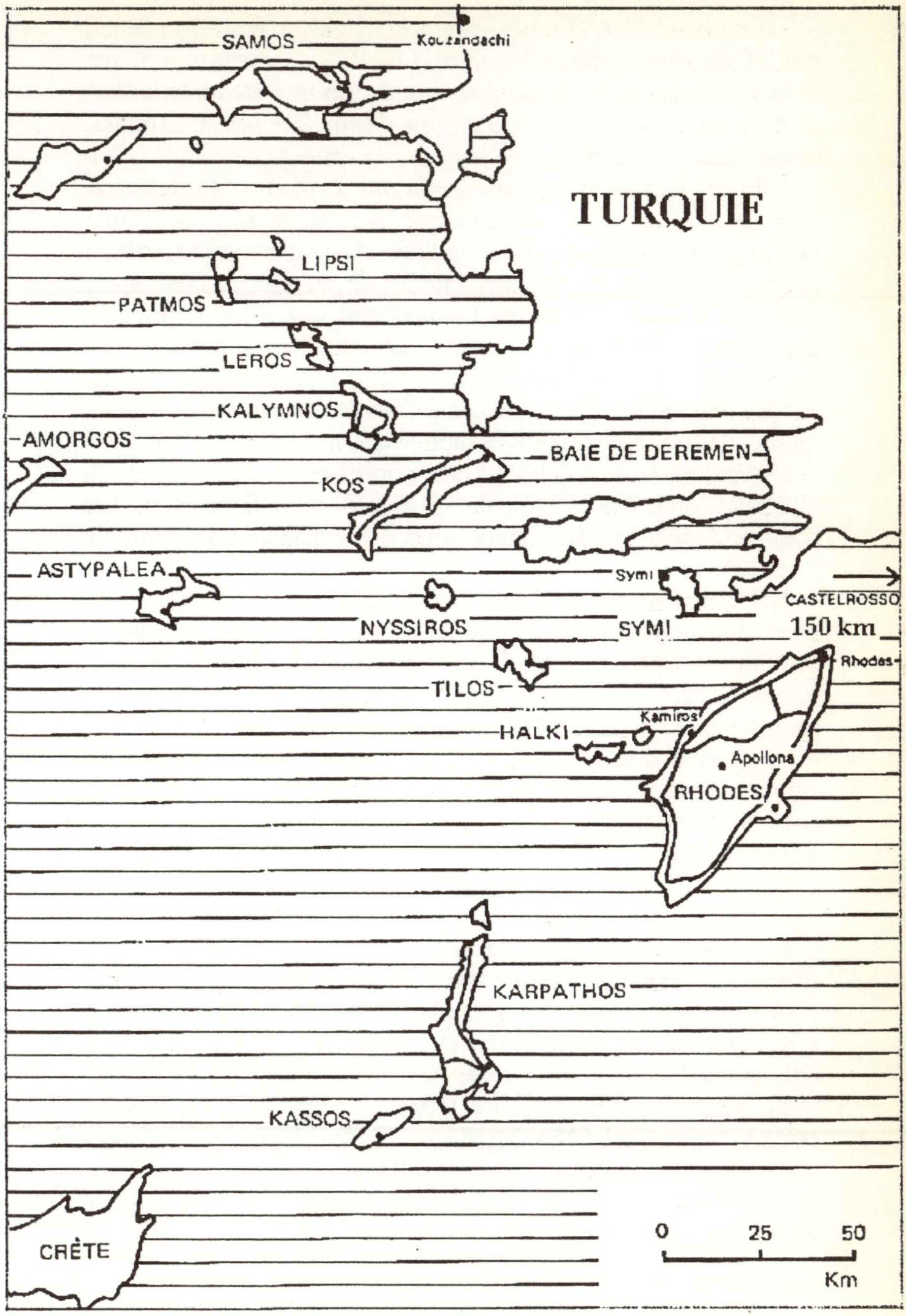

Le Dodécanèse

– il n'est pas à s'en étonner – ne penche pas en sa faveur. Il n'a que 50 hommes avec lui contre 140 Italiens dont il finit par obtenir la reddition, mêlant la diplomatie et l'intimidation. A peine installé et sans attendre il porte des banderilles sur Rhodes, obligeant les Allemands à se méfier.

Jellicoe et les siens ont osé. Ils ont mis un pied sur Castelrosso, Kos, Leros, Symi. Oubliant leur infériorité numérique, ces audacieux poursuivent. Arrivant encore en vedette, Sutherland débarque sur Samos, la plus grande île du Dodécanèse après Rhodes. La garnison compte 1 500 Chemises noires, en principe des fidèles de Mussolini. A bord de la vedette ils ne sont que 25 ! Paradoxalement les officiers britanniques sont invités à déjeuner par le commandant de la garnison. Tous les visages autour d'eux ne sont pas obligatoirement accueillants.

Des parachutistes, des fantassins finissent par se présenter en renforts. Sutherland, libéré de sa mission première, en profite pour se diriger sur Kalymnos, une île volcanique au cœur du Dodécanèse.

Kalymnos ferait une excellente base de départ pour des attaques contre Rhodes. Hitler en décide autrement. Le Führer, pour de multiples raisons, à commencer par la Turquie, entend, lui aussi, garder le Dodécanèse. Samos, Leros, Kos, Kalymnos, toutes visitées par le SBS, sont progressivement reprises, en octobre et novembre, par la Wehrmacht[1]. En vedette ou en caïque, les hommes du SBS s'éclipsent à temps. Ne demeure entre leurs mains qu'un seul bastion : Castelrosso.

*

L'hiver, avec ses gros temps, ralentit ou interdit les opérations avec des embarcations légères. Les caïques suppléent. Les plus gros servent de bases dans les eaux turques. Les petits s'infiltrent et se glissent partout, déposant ou reprenant des commandos.

Le travail s'est partagé. Le Bataillon Sacré grec travaille au nord de Samos, sur Chio, Mytilène, Limnos ; le SBS au sud, secteur qu'il a découvert en septembre 1943.

---

1. Les unités britanniques envoyées sur place éprouvent de lourdes pertes. La bataille de la mer Egée, à l'automne 1943, est une défaite sévère.

Churchill reprochera aux Américains de ne pas l'avoir soutenu ; mais ceux-ci se préoccupent avant tout de préparer Overlord.

Une rotation est organisée entre les trois détachements de Jellicoe. Chacun opère à son tour au départ du caïque *Tewfik*. Les coups de main se succèdent, dépassant assez vite le Dodécanèse et frappant dans les Cyclades. Ils visent à neutraliser le trafic maritime ennemi, à attaquer les postes isolés ou les points sensibles, à aider les résistances locales, à créer un climat général d'insécurité pour saper le moral des garnisons allemandes de plus en plus isolées.

Cette guérilla n'est pas sans résultats. Ainsi, pour la période du 26 mars au 9 juin, le détachement « S » annonce :

25 débarquements réalisés, 17 objectifs attaqués ayant provoqué la mise hors de combat de 67 Allemands et 43 Italiens. 2 stations radio détruites ou saisies, 3 caïques capturés, 12 autres coulés ou endommagés. L'ennemi doit se tenir constamment sur ses gardes.

Les pertes du détachement, à côté, sont faibles : 2 tués, 3 blessés et 5 disparus. Ces 5 disparus ne reviendront jamais. Ils appartenaient à ce que le SBS appellera la Patrouille d'Alimnia.

Début avril 1944, le SBS reçoit mission de détruire le radar de l'île de Karpathos située entre Rhodes et la Crète. Ils sont dix à partir, le 5 avril à 16 heures, sur la goélette LS 24, sous les ordres du capitaine Bill Blyth : 5 du SBS, 3 de la Royal Navy, 2 de la Marine grecque. Tous sont expérimentés. L'itinéraire aller et retour passe par la petite île d'Alimnia à l'ouest de Rhodes où une escale est prévue. L'affaire se présente presque comme une opération de routine.

Au retour le groupe est intercepté par une vedette allemande devant le port d'Alimnia. L'après-guerre révélera qu'un certain capitaine Kurt Waldheim avait alors signé un ordre précisant pour les membres du commando :

« *Traitement spécial suivant l'application de l'ordre de Hitler sur les commandos*[1]. »

Neuf commandos sont exécutés. Seul le capitaine Blyth sera épargné et terminera la guerre dans un camp de prisonniers. Pourquoi cette exception aux ordres monstrueux du Führer ?

*

A l'été 1944, le repli allemand se précise dans les Balkans. La mer Egée perd de son importance. Le SBS change de théâtre

1. Cf. tome 1, chap. XVIII.

d'opérations et gagne l'Adriatique. Par avion il fait mouvement sur Bari à la pointe méridionale de l'Italie. Ses nouvelles missions l'amènent à confronter deux réalités qui influent sur le déroulement de la guerre dans cette partie du Bassin méditerranéen :

– les rivalités internes de la Résistance grecque [1],

– la forte pression des partisans yougoslaves du maréchal Tito.

Dans les premiers jours de septembre, le major Patterson saute, avec 68 hommes, sur le terrain d'aviation désaffecté d'Aroxos à l'entrée sud du golfe de Corinthe. Jellicoe, rejoignant le lendemain, presse aussitôt la marche sur Corinthe. Patterson a réceptionné des jeeps armées de mitrailleuses. Il peut œuvrer dans le style de Stirling, en jouant sur sa mobilité et sa puissance de feu. Renforcé par des véhicules blindés, il atteint Patras le 26 septembre au soir. La garnison allemande n'a que le temps de s'échapper par mer. Sur sa lancée Patterson se précipite sur Corinthe. La ville occupée à la hussarde, il lui reste à franchir la tranchée du canal de Corinthe qui barre l'accès d'Athènes. Des patrouilles s'emparent de petites embarcations et passent sur la rive nord où elles se heurtent aux arrière-gardes allemandes. Embarquée dans un caïque, l'une d'elles entre même dans le port du Pirée. Patterson a ouvert la voie mais sa position est aventurée [2]. Le 4e Bataillon de parachutistes saute à la rescousse en dépit d'un vent soufflant à plus de 50 kilomètres à l'heure. (Il compte 40 accidentés à l'arrivée au sol.)

Les Allemands évacuent Athènes. SBS et paras pénètrent dans la capitale. Jellicoe et Patterson finissent le trajet à bicyclette. La petite histoire rapporte que le SBS s'approprie comme billet de logement le luxueux hôtel de Grande-Bretagne. Dormir dans un bon lit avec des draps n'est pas coutume…

Pour coller aux basques de l'adversaire en retraite, Jellicoe se voit confier le commandement d'une « Pomp Force » : 900 hommes, SBS, paras et artilleurs. Appuyé par les Spitfire de la RAF, il monte vers le nord-ouest, bousculant les Allemands qui lui opposent un combat retardateur. A Florina, aux approches de la frontière yougoslave, une de leurs colonnes ne peut, dans un fond de vallée, échapper à un encerclement par les

1. Divisée entre ELAS pro-communiste et EDES orientée à droite.
2. Patterson sera tué par la suite dans un accident d'avion.

jeeps. «*Il fallut longtemps pour décompter les morts allemands*», mentionne un rapport.

Au-delà de Florina commence la Yougoslavie. Tito se veut maître chez lui. Jellicoe et Patterson doivent s'arrêter. Que ce monde balkanique est embrouillé ! Les Britanniques se présentaient en amis. Autre incident peu après. Procédant à une reconnaissance côtière en caïque, une section du SBS est prise sous un feu violent. Son chef, le lieutenant Bury, est tué. Les tireurs ne sont pas des Allemands. Ils appartiennent à l'ELAS et croyaient avoir devant eux leurs rivaux de l'EDES.

Les incidents avec l'ELAS, dans une Grèce ravagée par la guerre civile, se multiplieront. En Crète, les Allemands abandonnent Héraklion et se retranchent dans le secteur Malemé-La Canée. L'ELAS tue deux hommes d'un élément du SBS envoyé sur place. A Athènes, en janvier 1945, le détachement «L» aura 3 tués et 12 blessés dans des combats de rues pour évincer la Résistance pro-communiste.

En décembre, Sutherland remplace Jellicoe à la tête du SBS. Le nouveau patron, promu lieutenant-colonel, n'a que 24 ans. Il passe le détachement «S» à Lassen nommé major.

Pendant qu'une partie du SBS œuvre en terre grecque, le restant de l'unité travaille sur la côte dalmate en liaison avec, cette fois, les partisans yougoslaves. Objectifs essentiels : les voies de communications. Des groupes arrivent par mer, d'autres sont parachutés. Tous se heurtent ici comme en Grèce à un arrière-plan de guerre civile entre communistes et royalistes. A la longue la situation restreint les activités du SBS. En fin d'hiver il y a mieux à faire en Italie. C'est là que le SBS terminera la guerre.

Fin mars 1945, après un hiver ingrat dans les Apennins, les Alliés se préparent à reprendre l'offensive vers le nord pour gagner le Pô. En bordure de l'Adriatique, au nord de Ravenne, le Ve CA de la 8e Armée britannique se heurte au lac de Comacchio (du nom de la ville proche). Sur près de 50 kilomètres de front une vaste étendue inondée n'offre que deux passages fortement verrouillés par les Allemands : route Ravenne-Ferrare ou route côtière Ravenne-Comacchio qui emprunte une étroite bande sableuse, le «Spit», séparation entre l'Adriatique et le lac. (Lequel n'est qu'une lagune.) Sa profondeur dépasse rarement quelques dizaines de centimètres. S'y déplacer implique en général des embarcations à faible tirant d'eau.

Le général commandant le Ve CA, afin de lancer ses blindés sur Ferrare et le Pô, envisage de déborder ces verrous qui bloquent sa progression. Il compte confier cette opération à la 2e brigade de commandos traversant le lac par surprise et débarquant sur les arrières ennemis. Ce plan implique une reconnaissance préalable des itinéraires susceptibles de recevoir des engins de débarquement.

Des bateaux à fond plat, ou mieux des canoës, sont seuls capables de permettre une telle entreprise. Deux sections du SBS, commandées par le major Lassen, sont expédiées sur place.

Durant plusieurs nuits Lassen et ses hommes sillonnent le lac en Cockles. Minutieusement ils sondent les fonds et déterminent les itinéraires possibles. Une carte nautique se dessine, permettant d'élaborer ce qui sera appelé l'opération « Roast ».

L'opération « Roast »

Dans le but de faire croire à l'ennemi que l'effort principal du Ve CA interviendra direction Comacchio, le long de la côte par le « Spit », un premier débarquement intervient dans la nuit du 1er au 2 avril. Des commandos de la 2e Brigade, guidés par les canoës de Lassen, mettent pied à terre, prenant les défenses à revers. Devant cette incursion pleinement réussie, les Allemands se renforcent sur le « Spit » au détriment du dispositif d'ensemble.

Toujours pour laisser supposer que Comacchio représente le point central de l'offensive du Ve CA, une seconde opération est engagée le 6 avant le lever du jour. Un commando de 200 hommes, dont 60 du SBS sous les ordres de Lassen, reçoit mission d'enlever quatre îles au sud-ouest de Comacchio. Ces îles sont reliées à la ville et à la terre ferme par une digue surélevée au milieu des marais salants. Une cinquantaine d'Allemands les défendraient. Arrivant en canoës et bateaux à fond plat, le commando occupe les îles sans subir de contre-attaque.

Le 8, à la nuit tombée, il en repart pour débarquer à cinq kilomètres de là sur la rive septentrionale du lac. De cette tête de pont trois pointes sont aussitôt lancées afin de « faire du volume ». Une patrouille part couper des lignes téléphoniques et placer des mines sur une route côtière. Deux autres progressent vers Comacchio simulant les préparatifs d'une attaque d'envergure contre la ville.

Lassen s'est joint à la troisième patrouille du lieutenant Turnbull. S'étant faufilée en dinghies au milieu des roseaux, elle a pris pied sur une digue supportant une autre route conduisant à

Comacchio. Au bout de 500 mètres de marche silencieuse, les éclaireurs de tête sont interpellés par une intonation germanique. L'un d'eux réplique en italien: «Nous sommes des pêcheurs italiens», réponse qui n'illusionne personne. Une fusillade se déclenche contre les arrivants. Lassen et trois de ses hommes se portent en avant. S'abritant contre le talus de la digue, le major scrute le terrain devant lui. Un peu plus loin, au-delà du poste de guet qui s'est manifesté, un blockhaus d'où partent des tirs de mitrailleuses. Toujours dissimulé sur le bas-côté de la route, Lassen progresse jusqu'à lui. Deux grenades bien ajustées ont raison des quatre occupants.

Des lueurs de départ situent deux autres emplacements de MG dont les longues rafales balaient la chaussée. Fidèle à l'esprit de la manœuvre: faire croire à une attaque sérieuse, Lassen continue, entraînant quelques hommes derrière lui.

Son groupe est-il repéré ou simple malchance? Le tir ennemi porte. Un compagnon de Lassen est tué, un autre blessé. Ses camarades le tirent de leur mieux pour le mettre à l'abri et le panser.

Lassen poursuit seul, les poches bourrées de grenades. Les Anglais entendent crier «Kamerad!» suivi du crépitement d'un pistolet mitrailleur. Pensant que les Allemands se rendaient, Lassen s'est dressé et a été frappé à bout portant. Avec peine il rampe jusqu'aux rescapés de la patrouille et murmure: «*Essayez de les avoir!*» Ce seront ses derniers mots avant de projeter trois grenades pour couvrir les siens.

Impossible de le ramener. La patrouille se replie sous le feu pour sauver au moins le premier blessé. Elle aura encore deux tués avant de rejoindre ses dinghies.

Le lendemain, un débarquement du Ve CA sur la rive occidentale du lac de Comacchio surprendra les Allemands et permettra d'ouvrir la route de Ferrare. Les reconnaissances de Lassen et de ses hommes, les diversions sur Comacchio ne sont pas étrangères à ce succès.

Anders Lassen, 25 ans, «Killed in action[1]» le 9 avril 1945, deux fois titulaire de la Military Cross, recevra la Victoria Cross à titre posthume.

*

1. Littéralement «*Tué en action*». Les Français disent: «*Mort au champ d'honneur*» ou «*Mort pour la France*».

Le SBS ne saurait faire oublier une autre unité de commandos, tout aussi valeureuse et encore moins connue, avec des interventions sensiblement identiques. Le RMBPD, Royal Marine Boom Patrol Detachment[1], émanation des Royal Marine, voit le jour le 6 juin 1942. Il est créé en vue d'aller attaquer les bâtiments ennemis dans les ports. Sous les ordres d'un major, son effectif sera toujours assez faible, 75 hommes de tous rangs à la fin de la guerre. Divisé en trois sections, Motorized Submersible Canoe Section (MSC), Canoe Section, Explosive Boat Section (EBS), il exige de ses membres une très grande technicité professionnelle[2]. Ces marins sont capables de pagayer, nager des heures durant pour s'enfoncer dans les eaux ennemies. La descente de la Garonne en décembre 1942 est l'un de leurs grands exploits[3]. Mais à quel prix ! Deux rescapés sur douze. Exploit aussi, ce raid heureusement moins coûteux sur l'île de Leros dans le Dodécanèse en juin 1943.

L'île de Leros, à 150 kilomètres au nord-ouest de Rhodes, en juin 1943 est toujours occupée par les Italiens. Bien qu'elle soit peu étendue, sa proximité des rivages turcs et surtout l'existence d'un bon mouillage lui confèrent un intérêt certain. Sa rade de Porto Lago s'ouvre par un étroit goulet et s'enfonce de plusieurs kilomètres dans l'intérieur des terres. Les hauteurs proches rendent une attaque aérienne difficile. Des bâtiments peuvent s'ancrer et se camoufler au pied des hautes falaises. Il n'est pas à s'étonner que les Italiens aient fait de ce site privilégié une base navale.

*

Au printemps 1943, le RMBPD est engagé dans deux types d'opérations. Cinq de ses canoës sous les ordres de son chef, le

---

1. Traduction littérale française assez difficile, Boom pouvant signifier gronder ou faire du tapage.

2. Ces trois sections utilisent :

– MSC : des Cockles type « Sleeping Beauty » (cf. plus haut).

– Canoe Section : des Cockles MK1 ou MK2 type ceux du raid dans la Gironde en décembre 1942.

– EBS : des canots à moteur à forte vitesse, type les barchini italiens. Ces canots portent une charge explosive à l'avant. Leurs barreurs s'éjectent quelques secondes avant l'impact sur l'objectif.

3. Cf. tome 1, chap. XVIII.

major Pritchard, chassent les navires de ravitaillement le long des côtes crétoises. Chasse infructueuse malgré 17 jours de recherches, au départ du sous-marin *Unruly*, fin mai-début juin.

La seconde opération est menée par les trois canoës du lieutenant Richards, commandant en second du RMBPD.

Ayant quitté Castelrosso, base arrière commune avec le SBS, le groupe Richards s'est installé dans un caïque camouflé près de Sertchech, dans les eaux turques du golfe de Mandalya. (La Turquie n'a pas encore pris position dans le conflit mais ferme de plus en plus les yeux sur les agissements britanniques [1].). A 90 kilomètres au nord de Rhodes et à 60 à l'est de Leros, il est en bonne position d'intervention dans l'attente de renseignements fournis par l'observation aérienne.

Le 16 juin après-midi, une vedette rapide apporte à Richards des photographies aériennes récentes de la rade de Porto Lago. Plusieurs bâtiments apparaissent nettement sur les clichés. L'*Anita*, un navire ravitailleur de munitions, est à l'ancre au pied d'une falaise, sur la côte nord de la rade, à 2,5 kilomètres de l'entrée. Un autre ravitailleur, le *Carola*, ainsi qu'un navire DCA, stationnent près de la rive nord-est. Enfin, au sud-est, deux destroyers italiens de 1000 tonnes et quelques escorteurs plus modestes.

A Porto Lago il y a de quoi faire et Richards n'hésite pas. Le soir même, la vedette rapproche Richards et ses hommes avant de les lâcher la nuit suivante à trois kilomètres de l'entrée de la rade.

Trois canoës participent à l'expédition :

– Le *Shrimp* avec le caporal Horner et le Marine Fisher.
– Le *Shark* avec le lieutenant Richards et le Marine Stevens.
– Le *Salmon* avec le sergent King et le Marine Ruff [2].

Chacun emporte huit limpets avec fusées à retard réglées à 4 heures 30. Les marins sont munis de 24 heures de vivres, de Sten avec silencieux, de filets de camouflage, du petit traditionnel Kit de survie du SBS et de cartes marine. Ils emmènent aussi des sifflets imitant des cris d'oiseaux, mouettes, canards, chouettes, corneilles, afin de se signaler les uns aux autres. Quant aux

1. Les Britanniques savent aussi se montrer généreux avec les policiers, douaniers, gardes-côtes et autres…

2. Tous ces canoës portent des indicatifs d'origine marine. *Shrimp* : crevette, *Shark* : requin, *Salmon* : saumon. Il en était de même lors de l'opération contre Bordeaux en décembre 1942. Les canoës s'appelaient alors poisson-chat, colin, écrevisse, seiche, congre.

canoës, ils sont de type Cockle Mark II, l'un des modèles les plus couramment utilisés. Longs de 5,2 mètres avec pont et fond en contreplaqué, côtés en toile, ils peuvent se contenter de 15 centimètres d'eau. Les deux passagers les propulsent évidemment à la pagaie.

*

La vedette s'est éloignée moteurs au ralenti. La nuit est étoilée mais sans lune. Les trois canoës naviguent de concert, dans l'ombre des falaises de la côte jusqu'aux abords de la rade. Le *Shrimp*, le premier, franchit le goulet. Sa route pour atteindre l'*Anita* est la plus longue, près de trois kilomètres. Le *Shark* suit à 15 minutes et le *Salmon* s'engage le dernier 5 minutes après. Ce décalage est obligatoire. Même si les canoës sont peu visibles au ras de l'eau, mieux vaut éviter un regroupement plus aisé à déceler.

Le *Shrimp* progresse sans encombre. Arrivant à la poupe de l'*Anita* des voix l'interpellent tandis qu'une échelle de corde est lancée. A bord on doit croire à une arrivée amie. Horner ne se laisse pas impressionner. Il hurle : «*Brandenburger Patrola! Patrola!*» Une patrouille de Brandebourgeois! Que viendraient faire ici les commandos de l'Abwehr? Il est prudent de ne pas insister. Rapidement Horner et Fisher quittent les lieux, regagnant l'ombre complice des rochers du littoral. Se faire prendre remettrait en cause toute l'opération. L'alerte générale serait donnée. Des plongeurs iraient à la recherche des mines. Pour le *Shrimp* le coup est manqué mais le retour est heureux.

Le lieutenant Richards et son coéquipier se sont enfoncés dans la rade. En principe leurs objectifs, les destroyers, se situent là sur leur droite, mais où exactement? Les escorteurs se repèrent plus facilement. Des bruits de voix, des aboiements de chiens les localisent. Deux limpets sont plaqués sur le premier, puis deux sur le second. Des conversations nettement perceptibles n'interrompent pas le travail. Il est encore un troisième escorteur. Il n'est pas épargné même si les limpets sont difficiles à fixer.

Le *Shark* est depuis une bonne heure dans la rade. Tout s'est bien déroulé et relativement rapidement. Richards sait qu'il dispose encore de temps devant lui. Obstiné, il se met à la recherche des destroyers signalés sur la photographie aérienne. Il finit par en trouver un amarré à une espèce de ponton. Les deux Anglais déposent un limpet à 10 mètres de la proue puis un autre, leur dernier, un peu plus loin. Seul incident, un homme d'équipage se vidant la vessie dans la mer sans se douter qu'il avait du monde juste au-dessous de lui.

Il ne reste pas trois heures avant l'aurore. Richards et Stevens forcent sur leurs pagaies pour rebrousser chemin au plus vite.

Sur le fond ils ont été chanceux. Leurs camarades King et Ruff, eux, n'ont pas été épargnés par les émotions. A peine entrés dans la rade, ils sont repérés par deux fois. Un projecteur s'allume sur un petit patrouilleur qui, paradoxalement, n'insiste pas. Trente minutes après, nouvelle alerte, cette fois depuis le rivage, sans doute à cause du bruit des forts coups de pagaie. Le canoë prend l'eau, il faut du muscle pour le faire avancer. King et Ruff s'arrêtent, s'accrochent à une barque vide découverte par hasard, et profitent de cette pause pour écoper.

Cet arrêt permet à King de distinguer à 50 mètres un destroyer amarré bord à bord avec un autre bâtiment. En zigzaguant les deux canoéistes se glissent entre eux. 7 limpets sont placés à la proue du destroyer, un autre sous la ligne de flottaison. Le sabotage a été relativement bref mais le *Salmon* est à nouveau à moitié rempli d'eau. Impossible de prolonger.

L'aube rend obligatoire aux trois équipages de se dissimuler dans les broussailles et rochers du rivage. Une longue journée les attend. Mais le jour est à peine levé que les échos de plusieurs explosions leur mettent du baume au cœur. A priori les limpets ont bien fonctionné.

A la nuit ils regagnent sains et saufs la vedette. Par la suite ils apprendront que les trois escorteurs avaient coulé et que les deux destroyers étaient sérieusement endommagés. Ces derniers remorqués en Grèce y seront définitivement coulés par la RAF.

L'opération Porto Lago réalisée de fait par six hommes écarte du Dodécanèse la menace dangereuse des deux destroyers. Les déplacements alliés dans le secteur et en mer Egée en seront facilités. Les Allemands croiront à l'intervention d'un sous-marin.

Chapitre XII

LES FLIBUSTIERS DU BATAILLON SACRÉ

Les Grecs savent se battre et mourir pour leur patrie. La voie tracée jadis par Léonidas et ses compagnons a toujours été héroïquement suivie.

Les Italiens l'ont encore appris à leurs dépens à l'automne 1940. Le 28 octobre 1940, Mussolini les lance dans une folle guerre de conquête contre la Grèce. Un mois après leur déconfiture est totale. L'hiver interrompt les combats et les assaillants ne sont sauvés de l'humiliation d'un armistice que par l'intervention de la Wehrmacht en avril 1941. Le rapport des forces penche alors par trop d'un côté. La Grèce malgré le courage de ses enfants et le soutien britannique est envahie. Elle ne renonce pas pour autant à la lutte. Une double résistance se développe. A l'intérieur même des territoires occupés[1]. A l'extérieur avec l'appui des Britanniques.

Au premier rang de ceux qui entendent poursuivre le combat figurent de nombreux officiers. Les uns ont pu être évacués à temps. Les autres se sont évadés et ont gagné l'Egypte, bastion

1. Non sans divisions et oppositions intestines graves.

de l'Union Jack en Méditerranée orientale. Et, par la force des choses, ils se retrouvent sans troupes. A défaut de soldats à mener au feu, ces officiers tiennent un langage qui les honore:

«*Au moins qu'on nous donne un fusil pour le combat de la liberté!*»

Devant cet état d'esprit l'idée d'une unité composée essentiellement d'officiers prend racine. Le gouvernement grec en exil donne son accord sur le principe. Une telle formation ne peut cependant s'intégrer directement aux Forces grecques libres. La cohabitation susciterait trop de problèmes. On en vient ainsi à la conception d'un corps autonome faisant en quelque sorte «*bande à part*» eu égard à sa spécificité. Son nom est assez vite choisi, Bataillon Sacré. Il remonte au lointain souvenir de 300 guerriers thébains au IVe siècle avant Jésus-Christ.

Dans ce passé plus proche il fut celui des révoltés de 1821 dressés contre l'occupant turc. «*Vaincre ou mourir*» était la devise de ces braves. Elle sera encore celle du troisième Bataillon Sacré de l'Histoire grecque.

Son chef sera un vieux soldat, à la personnalité bien tranchée, le colonel Chritodoulos Gigantes, diplômé de l'Ecole de Guerre française.

En liaison avec le SAS de Stirling, ce rassemblement hétéroclite de colonels, commandants, capitaines, lieutenants, issus des trois armes, se prépare à livrer une guerre hors normes, une guerre de commandos. Telle a été la destination fixée au Bataillon Sacré. A Kabrit, dans un premier temps, les recrues de Gigantes s'initient aux grands classiques: sauts en parachute, marches forcées, exercices de sabotage, combat rapproché.

A l'automne 1942, ils sont 156 prêts à se lancer dans le chaudron de la guerre du désert: 100 officiers, 42 sous-officiers, 14 techniciens. Les Anglais les ont équipés de jeeps avec mitrailleuses Vickers à l'instar du SAS. A eux d'en faire bon usage.

Leur premier baroud sérieux se déroule non pas avec la VIIIe Armée de Montgomery mais avec les Français Libres de Leclerc débouchant du Fezzan. Depuis El Alamein, Rommel bat en retraite vers l'ouest. Il s'efforce de se rétablir sur la frontière Tunisie-Libye à hauteur de la Ligne Mareth édifiée, avant-guerre, par les Français face à la Libye de Mussolini. La colonne Leclerc est très sérieusement accrochée à Ksar Rhilane, à 100 kilomètres au sud-ouest de Gabès. Aux côtés des Français Libres, le BS repousse la contre-attaque allemande, harcelant sans répit l'adversaire avec ses jeeps. Après quoi il contribue à forcer les défenses de la Ligne Mareth.

*

Au BS, comme au SAS, la fin de la guerre du désert impose une reconversion. Si l'esprit est identique : « *Qui ose gagne* » et « *Vaincre ou mourir* », les méthodes de combat doivent évoluer.

Avant toutes choses, pour l'unité regroupée en Egypte, se pose un problème d'effectifs. La campagne close a creusé les rangs. Heureusement, d'autres officiers évadés de Grèce se présentent. Gigantes récupère des volontaires reconnus aptes physiquement et moralement. Il incorpore également des sous-officiers et hommes de troupe heureux de découvrir une ambiance autre que l'agitation politique qui remue les Forces grecques libres (à l'instar de la Résistance intérieure). Il arrive ainsi à un chiffre théorique de 423 articulés en trois échelons. Théorique ne signifie pas réalisé. Ils ne sont qu'un peu plus de 300 vraiment disponibles. Tous les nouveaux venus partent s'intégrer à un entraînement qui n'est pas sans risques. Deux hommes se tuent lors d'un exercice d'escalade.

*

Le BS, de concert avec le SBS et le LRDG, également reconverti, après la capitulation italienne, participe aux efforts des Britanniques pour s'accaparer le Dodécanèse. A compter du 26 octobre il est ainsi appelé à sauter sur Samos. Terrain, conditions météorologiques provoquent un fort pourcentage d'éclopés. Plus de 10 % ! Le saut de nuit du 11 novembre établit certainement un record. A 59 ans, le lieutenant-colonel Triantafillakos devient certainement le parachutiste opérationnel le plus âgé du monde et ses vieux os supportent bien le choc à l'atterrissage.

Les paras du BS, et leurs camarades, n'y changent rien. Samos, on l'a vu, doit être abandonnée. Dans l'affaire, le BS a la bonne fortune d'être évacué à temps. Le voilà disponible pour mener dans le Dodécanèse occupé par les Allemands la « guerre de pirates » que, faute de mieux, préconise Churchill.

Pirates ! Tout un chacun, à ce terme, imagine des bâtiments avec pavillons noirs à têtes de mort, des diables d'escogriffes à bandeau sur l'œil, des abordages à grand renfort de clameurs et de mousqueteries.

Les faits montreront que le BS, attaché à «*soutenir sur mer la réputation acquise dans les sables*», ne sera pas très éloigné de ces clichés d'un passé à priori pourtant révolu.

De cette guerre de flibuste et de course, une image d'entrée pour en fixer le style.

Le sous-lieutenant Katsikas est le fils du consul de Grèce à Catane. Depuis sa jeunesse il maîtrise parfaitement l'italien et l'accent sicilien. A la tête d'une petite équipe n'ayant pas froid aux yeux il débarque de nuit dans une petite île où un émetteur radio sert de relais aux Allemands. La garnison y est annoncée «fasciste», c'est-à-dire composée d'Italiens qui ne respectent pas l'armistice et se sont rangés derrière Mussolini. L'île possède naturellement un port. Arrivé discrètement sur les quais, Katsikas se met brusquement à hurler:

«*Aïuto! Aïuto! Naufragati! Naufragati!*» (Au secours! Naufragés!)...

Ses cris rameutent les soldats italiens cantonnés non loin. Dans leur hâte à secourir un compatriote, ils se précipitent sans armes et en tenue plus que rudimentaire.

Les gars de Katsikas étaient tapis dans l'ombre et se manifestent le PM menaçant: «*Mani in alto!*»

Les Italiens s'exécutent. Les voici prisonniers de l'escouade du BS. Détruire l'émetteur radio avant d'embarquer avec les «Fascistes» ne demandera qu'un bref délai.

Des coups de main de ce style ont convaincu le général Turnbull, patron des Forces de raid. Les Grecs du BS sont parfaitement de taille à mener la «guerre de pirates» voulue par le Premier ministre anglais. Les îles du Dodécanèse au nord du parallèle de Samos leur sont attribuées comme terrain de chasse au départ de Castelrosso ou des eaux turques du golfe de Deremen.

Le premier raid d'importance est du reste contre Samos pour rappeler aux Allemands qu'ils sont loin d'avoir définitivement partie gagnée.

Le 7 mars 1944, une quinzaine de commandos partent pour Samos. L'aventure commence par l'escalade de la falaise calcaire du Cap Blanc. Personne ne garde ce coin inaccessible. Dans le groupe le jeune Gasparotos a tout du vrai singe. Il avale la paroi comme il monterait le long d'un mât. Arrivé en haut, il balance une corde pour ses camarades. Le commando Ducournau au Cap Nègre agira de même.

Une petite base s'installe d'où partent des reconnaissances. Le but est de s'en prendre aux infrastructures et au matériel

Le général Kreite, commandant la 22e Panzer Grenadier Division, après sa capture. (DR)

Le commando et son prisonnier encadré par les deux officiers britanniques. (DR)

En haut :
Une armada de remorqueurs Halifax et de planeurs Horsa sur une base aérienne anglaise. (DR)

Ci-contre :
Pathfinders règlant leur montre avant le décollage des avions. (DR)

Ci-dessous :
Le général Richard Gale, commandant la VIe Airborne britannique. (DR)

Les trois planeurs du commando de Pegasus Bridge.
Le plus proche s'est posé à quarante mètres du pont. (DR)

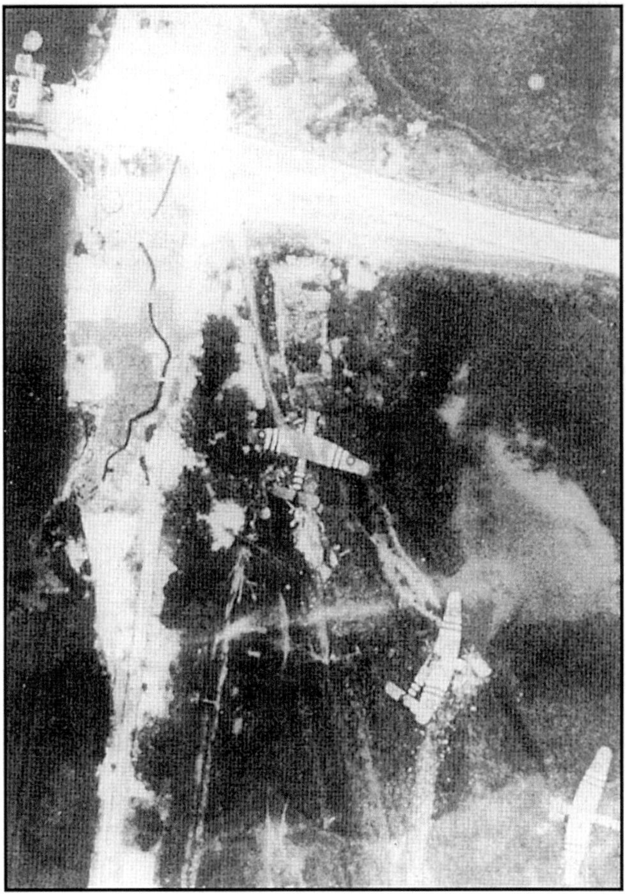

Les ponts de Bénouville (à gauche) et de Ranville (à droite). (DR)

Le pont de Ranville sur l'Orne. On distingue l'un des planeurs du commando britannique. (DR)

Planeur Horsa au déchargement. (DR)

L'état des planeurs du commando de Pegasus permet de se rendre compte de la violence du choc à l'atterrissage. (DR)

Cratères dûs aux impacts des bombardements préparatoires sur la batterie de Merville. La photo a été prise le 27 mai 1944. (DR)

L'ellipse de la batterie de Merville. On distingue les bunkers des pièces et l'entrée est. Les paras ont attaqué par le sud. (DR)

Le lieutenant Steiner,
commandant la batterie de Merville. (DR)

Un blockaus du Mur de l'Atlantique (ici, on voit le poste d'observation et d'arme automatique). (DR)

Ci-dessus : La Pointe du Hoc fume sous le bombardement de l'US Air Force. (DR

Ci-dessous : La pointe du Hoc, véritable site lunaire avec, au centre, le PC du 2e bataillon et à droite l'emplacement DCA allemand. (DR)

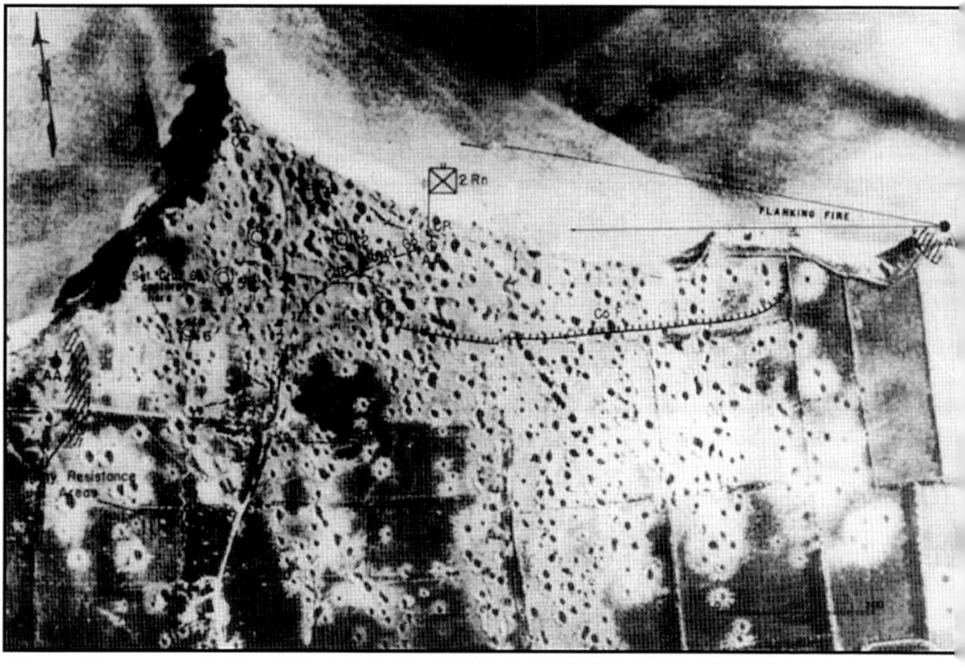

Rangers du 2e bataillon au poste de combat. (DR)

Une brèche dans la falaise de la Pointe du Hoc. On distingue très bien la bannière étoilée. (DR)

Le leutenant-colonel Stauffenberg, l'auteur de l'attentat du 20 juillet 1944. (DR)

Hitler revenu sur les lieux après l'attentat. De profil, la tête bandée, le général Jodl, futur accusé de Nuremberg. (DR)

Hitler faisant visiter à Mussolini la salle des cartes dévastée. (DR)

Mise à l'eau d'un Biber allemand. (DR)

A gauche : le capitaine de corvette Bartels, responsable du projet Biber. (DR)

Rotterdam, 1944. Un pilote de Biber sonde les eaux glacées dans lesquelles évolue son engin. (DR)

Le vice-amiral Heye décore un marin. (DR)

Un pilote de Linse à l'entraînement en septembre 1944. (DR)

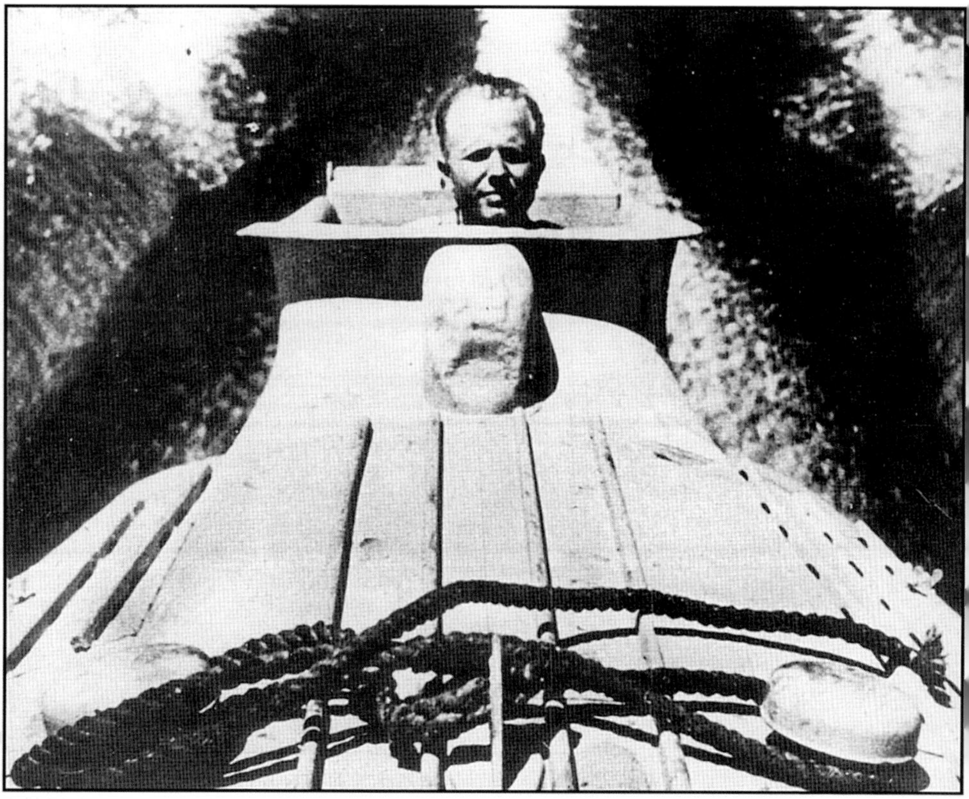

Hollande, fin 1944. Des Linsen en attente de départ en mission. (DR)

Normandie, le 8 juillet 1944. De retour de mission, le caporal Gerhold est félicité pour avoir coulé un croiseur léger. (DR)

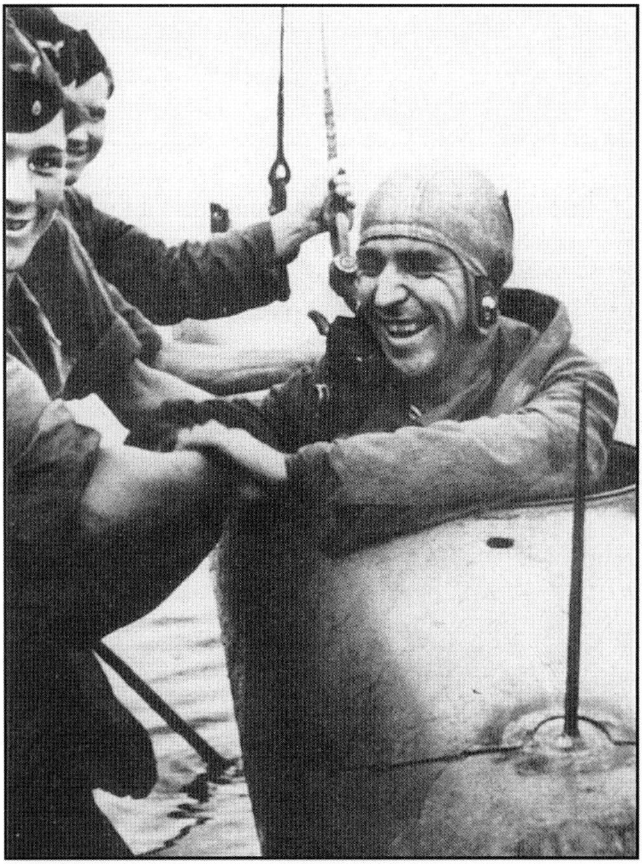

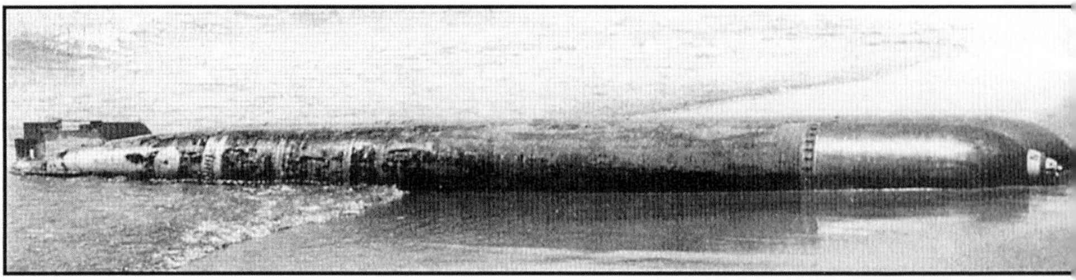

Un Neger échoué sur la grève près d'Anzio. (DR)

Mise à l'eau d'un Neger, équipé d'une torpille. (DR)

Inspection d'un Neger avant une mise à l'eau. (DR)

Skorzeny,
le chef des commandos de Hitler. (DR)

Ci-contre : L'ultime contre-offensive allemande dans la neige des Ardennes, en décembre 1944. (DR)

Ci-desous :
La Bataille des Ardennes en décembre 1944.
Des Allemands remontent une colonne de véhicules incendiés. (DR)

Corregidor.
Des victimes de l'explosion d'un tunnel. (DR)

Corregidor.
Des parachutistes viennent de lancer une grenade explosive au phosphore. (DR)

Corregidor.
Zone de saut du terrain de golf avec la piscine à droite. (DR)

ennemis en évitant l'accrochage de crainte de déclencher des représailles contre la population civile.

Le 14 mars à l'aube, au terme d'une épuisante marche de nuit, le sous-lieutenant Thanos et quatre commandos découvrent, en contrebas de leur point d'observation, la bourgade de Marathocampos et son port. Un peu à l'écart de ce dernier se situe un chantier allemand. Toute la journée les cinq Grecs remarquent, aux jumelles, la construction de deux gros caïques. Au crépuscule les Feldgrau regagnent leur cantonnement à proximité immédiate et les ouvriers civils leurs demeures.

La longue observation a permis de bien étudier les lieux et de reconnaître les meilleurs itinéraires d'accès. En rampant le commando parvient aux barbelés d'accès à l'enceinte. Les cisailles claquent en faisant trop de bruit au gré de leurs manœuvriers. Les sentinelles doivent avoir l'esprit ailleurs ! De gros éclats de voix montent du poste de garde. C'est bien connu, le vin des îles grecques est bon.

Le premier caïque est aisément décelé. Charges et fusées à retard sont vite posées sous la coque pratiquement terminée. Au tour du second ! Des planches en déséquilibre n'étaient pas prévues. Un pas malencontreux dans l'obscurité déclenche un tintamarre. Cette fois le factionnaire a entendu :

« Wer da ? »

Bientôt suivi de retentissants :

« Alarm ! Alarm ! »

Une rafale crépite tirée au hasard sans résultats. Le commando déjà se glissait sous les barbelés. La nuit couvre son repli.

Des projecteurs balaient l'enceinte. Trop tard ! Les Grecs sont loin. Soudain une lueur illumine le port. La charge vient d'exploser et le caïque a volé en éclats.

Thanos s'occupait de Marathocampos. Le sous-lieutenant Karadimos, avec une deuxième équipe, a gagné Kokari, autre port sur la rive opposée à Samos. Un berger et son frère leur ont servi de guides.

Les Allemands sont peu nombreux, au plus une petite douzaine. La surprise aidant il serait possible de les neutraliser mais quelles conséquences ? Kokari paierait le prix de la rancœur teutonne. Le commando se contente d'incendier les caïques amarrés dans le port.

Le 17 mars, à 23 heures 50, la vedette du retour récupère au cap Blanc les saboteurs de Samos. A quinze ils ont inquiété une garnison de plusieurs milliers d'hommes et l'ont privée d'une partie de ses moyens de liaison.

*

Lorsque Churchill apprendra l'épisode – s'il l'apprend –, il pourra se féliciter d'avoir été bien suivi.

A L'ABORDAGE !

Au soir du 8 mars la vedette ML 1252 s'en va repérer les abords de l'île de Chio. Gigantes doit avoir idée de tenter un commando dans le coin. Outre l'équipage britannique quatre Grecs sont à bord. Soudain un gros caïque se profile droit devant. Un Turc ou un Allemand ? Le doute ne dure pas. Une mitrailleuse double se dévoile, tire des coups de semonce et le caïque se met en position d'arraisonner la vedette.

La ML possède un canon de 40 mm à tir rapide. Son feu surprend l'assaillant qui ne s'attendait pas à une telle réaction. De précieuses secondes sont perdues sur le caïque. Son adversaire est sur lui. Les coques des deux bâtiments se heurtent.

« A l'abordage ! »

Les quatre Grecs, tels les marins de Surcouf, étaient prêts. D'un même élan ils sautent sur le pont. Seule différence avec leurs lointains prédécesseurs, ils ont des Sten à la main.

Le *Saint-Isidore*, bâtiment armé de 84 tonneaux, rempli de munitions, change de pavillon. Son équipage grec se rallie d'enthousiasme. Les deux « Teutons » de convoyage sont prisonniers.

Les flibustiers du BS auraient-ils pris goût à l'abordage ?

Les sous-lieutenants Makris et Tombras, avec la fougue de leur jeunesse, sont partis à nouveau, en reconnaissance sur Chio. Dans la nuit du 23 au 24 mars, leur vedette inopinément se place dans le sillage d'un escorteur allemand. L'ennemi n'a rien remarqué ni entendu. L'équipe de quart doit surtout scruter sur l'avant, réflexe normal. Résolument la vedette se glisse derrière afin de tenter une manœuvre d'abordage. Tout l'art consiste à se plaquer bord à bord. Sans heurt ! Sinon les deux bâtiments s'écartent l'un de l'autre sous le choc.

Ce qui se produit. Trois Grecs avaient pu sauter sur l'escorteur lorsque leur vedette « rebondit ». Le combat s'engage dans des conditions délicates. La vedette n'est pas loin. Elle recolle à l'adversaire. Le restant des flibustiers déferle sur le pont. L'escorteur G 8 est à rayer des bâtiments en service dans la Kriegsmarine, ainsi que le caïque *Saint-Nicolas* qu'il escortait.

Un escorteur. Un caïque. Des prisonniers. Les deux sous-lieutenants peuvent se vanter de rentrer avec une bonne pêche.

Les coups d'épingle

Les moyens limités interdisent dans l'immédiat des opérations de reconquête dans le Dodécanèse. Elles seraient sans lendemains. Par contre les coups d'épingle, typiques de l'action commando, peuvent faire mal.

Mytilène – 5 avril 1944

Au départ vers Mytilène (ou Lesbos), au nord de Samos, ils sont 39 Grecs articulés en trois détachements.

Objectifs visés: la prison de Mytilène[1] où sont détenus des résistants ainsi que le PC de la Gestapo locale. Liquider les tortionnaires nazis soulagerait certainement les patriotes.

La capture de l'escorteur G 8 n'a pas été inutile. Elle a autorisé une large reconnaissance et l'envoi d'un message annonçant mer libre. La vedette, avec le commando de Mytilène, a le champ dégagé devant elle. Navigation et débarquement seront facilités.

A 1 heure 30 tout le monde est à terre et chaque groupe s'éloigne vers son point assujetti. Le sous-lieutenant Tombras – l'un des vainqueurs du G 8 – posté en embuscade voit déboucher, vers 2 heures 15, une voiture de la Feld-Gendarmerie. Elle n'ira pas loin. Les Sten la stoppent. Les grenades la transforment en carcasse embrasée.

A la prison, le corps de garde réveillé par les rafales n'a guère loisir de réagir. Seul un Allemand réussit à s'échapper par une fenêtre abandonnant ses trois compagnons à leur triste sort. Le commando du sous-lieutenant Staghatos est maître des couloirs. Les clés tournent dans les serrures des cellules. Les prisonniers sont libres mais sur les 150 peu osent profiter de cette liberté

1. La principale bourgade donne son nom à l'île.

inattendue. Où aller? Mytilène n'est qu'une île. Quelles seraient les représailles sur les familles?

Le gros morceau est sans conteste la villa de la Gestapo. Le sous-lieutenant Galinos y conduit ses compatriotes les yeux fermés. Il est un enfant de Mytilène et la maison visée était celle de sa famille avant la guerre et l'occupation. Arrivant sur les lieux, le commando éclate. Le lieutenant-colonel Kallinsky attaque les bureaux, le lieutenant Staghatos le cantonnement. Les séides de la Gestapo ne sauraient bénéficier de la moindre miséricorde. Ils sont criblés de balles à commencer par leur chef, le sinistre capitaine Wonderlich. Un seul parvient à s'éclipser.

Des sirènes hurlent. Le vacarme des PM, des grenades, des charges de plastic, a déclenché l'alerte générale. Depuis leurs casernements les Feldgrau se déversent dans les ruelles de Mytilène. La surprise a joué. L'essentiel a été atteint. Inutile de s'engager dans un combat inégal. Le décrochage, bien programmé, s'opère en bon ordre.

A 4 heures 15, le commando qui ne compte qu'un blessé est à bord de la vedette du retour. L'opération a été aussi rapide que payante.

Samos – 17 mai

Trente commandos débarquent sur Samos, île où les Allemands stationnent en force. Cinq jours plus tard, ils dominent un dépôt de carburant localisé par les reconnaissances aériennes. L'intention est évidemment de déclencher un beau feu d'artifice. L'observation apporte une désillusion. Les fûts d'essence, de la manière dont les Allemands les manient, sont obligatoirement vides. Le dépôt doit être dans l'attente d'un réapprovisionnement. Le déplacement a été inutile.

La fortune se montre plus généreuse la nuit suivante. Un convoi de ravitaillement, à dos de mulets, tombe dans une embuscade. Deux Allemands, un «fasciste», sont capturés. Les prisonniers, pauvres diables paniqués, ne font guère de difficultés pour être loquaces. Ils fournissent des renseignements précis sur leur casernement occupé par sept Feldgrau. Le coup de main ressemble presque à un exercice en vraie grandeur. Les sept Allemands se transforment en cadavres ou en captifs. Mais dans l'opération une balle en ricochant fait un blessé grave, un malheureux à brancarder alors que la traque est lancée. Le retour s'avérera difficile.

CHIO – 5 JUIN

Ils sont 50 dans l'expédition. Leur chef, le lieutenant-colonel Kallinsky, s'est donné pour mission de détruire la flottille signalée dans le port de Chio. S'en prendre au tonnage de l'adversaire est l'affaiblir indirectement.

L'attaque, peu après minuit, surprend les défenseurs. Deux Allemands sont abattus, 14 caïques détruits avec des bombes Lewis de six livres. Après quoi, repli en bon ordre.

Apprenant le résultat du coup de main, le général Turnbull, grand patron des Forces de raid, lâchera :

« *Damned Greeks !* »

Un compliment de la part de cet Ecossais peu bavard.

*

Au mois de juin 1944, le BS s'étoffe et gonfle ses rangs. Devenu régiment, tout en gardant son nom de « Bataillon Sacré », il aligne un effectif de 1 016 hommes avec toujours Gigantes comme chef de corps. Ce développement ne l'empêche pas de continuer à s'affirmer unité d'assaut et de commandos. Ses moyens renforcés lui permettent cependant des opérations de plus grande ampleur comme à Symi.

SYMI – 14 JUILLET 1944

Symi, au nord de Rhodes, n'est qu'à quelques encablures des rivages turcs. Cette petite île au relief tourmenté sert un peu de vigie au large de sa grande voisine. S'y manifester, en détruire les installations, serait prouver aux Allemands que le Dodécanèse commence à leur échapper.

Les renseignements obtenus signalent trois objectifs intéressants :

– Le port de Symi [1] est dominé par un château fort datant des Hospitaliers. La vieille bâtisse, occupée par des Allemands et des Italiens, serait défendue par des mortiers, des mitrailleuses, des barbelés et des champs de mines. Les maisons voisines, ont été transformées en redoutes. Quant au débarcadère, en contrebas, il serait également bien gardé.

1. A Symi, comme à Mytilène, la principale bourgade a donné son nom à l'île.

– Le monastère de Saint-Phanourios sur la hauteur dominant Symi, point fort des Italiens, avec un canon de 20 mm et des mitrailleuses.

– La presqu'île de Panormitis, à la pointe méridionale de l'île. De là part le câble sous-marin assurant la liaison téléphonique avec Rhodes.

Au total, la garnison s'élèverait à environ 200 «Fascistes» et une trentaine d'Allemands, tous solidement armés et bien retranchés. La partie s'annonce difficile.

Le lieutenant-colonel Triantafillakos, sur lequel le poids des années semble ne pas peser, est responsable de l'opération. Conscient des résistances à affronter, il prévoit de venir «avec du monde». Sa troupe comprendra 154 Grecs du BS, appuyés par 70 Britanniques du SBS, le tout scindé en trois éléments:

– Une Force A principale, axée sur Symi.
– Une Force B, pour Panormitis.
– Une Force C se portant sur le monastère.

Le 12 juillet, trois équipes légères partent reconnaître les zones de débarquement. Le lendemain, à 22 heures, 11 vedettes transportant les commandos du BS et du SBS quittent le golfe de Deremen, l'habituelle base de départ. La mer est agitée. Les embarcations tanguent. Leurs passagers sont soulagés de voir apparaître les côtes où les éléments envoyés en précurseurs annoncent voie libre.

Les cinq vedettes de la Force A accostent à une heure du matin au Cap Aghia-Marina, un peu à l'est de Symi. Le grondement des flots étouffe les bruits de cette arrivée. La colonne se met en route. A 5 heures, les 90 Grecs du BS et les 34 Britanniques du SBS sont en place, les mortiers de deux et trois pouces en position. La Force B, avec ses trois vedettes, profite d'une crique abritée pour sa mise à terre et s'infiltre sans encombre jusqu'à Panormitis. Les trois vedettes de la Force C se heurtent à une houle rendant l'approche délicate sur la côte occidentale ouverte sur le grand large. Deux Grecs lourdement chargés perdent pied et se noient. Malgré tout, l'avance vers le monastère se réalise dans les temps.

6 heures 15 – Le jour commence à poindre. Une fusée rouge s'élève au-dessus de Symi. Le signal convenu. Les mortiers entrent en action contre la forteresse des Hospitaliers. Les minutes de surprise passées, la riposte se déclenche avec les armes lourdes. La canonnade fait rage, précipitant la population

dans des abris de fortune. Dans le port, deux grosses vedettes allemandes se sentant prises au piège tentent une sortie. Sous les impacts qui les piquettent de toutes parts elles sont contraintes de renoncer et à chercher un couvert relatif le long d'un ponton.

Profitant de l'appui des mortiers, les hommes de la Force A attaquent de partout. Le port est investi, les bas quartiers de Symi occupés. Trois chasseurs allemands se manifestent vers 9 heures 30 mais ne peuvent pas grand-chose contre les commandos se faufilant dans les ruelles de la ville.

Vers midi, seule la forteresse continue de tirer. Tous ses abords ont été enlevés. Jouant sur la vulnérabilité de la garnison qui ne peut espérer de secours extérieur immédiat, à 12 heures 30, Triantafillakos ordonne de cesser le feu en vue d'engager des pourparlers. Le colonel a raison. Le moral derrière les vieux murs est ébranlé. A 14 heures, les derniers défenseurs capitulent. Les drapeaux grec et britannique flottent de concert sur l'ancienne demeure des Hospitaliers. A Saint-Phanourios, à Panormitis, les choses ont pu être menées plus rondement. Les défenses moins solides ont cédé, même s'il fallut des combats au corps à corps pour en avoir raison.

Le restant de la journée du 14 est consacré à une destruction systématique des installations et du matériel allemand et italien. Les caïques dans le port sont incendiés, les ouvrages défensifs rasés. Les deux vedettes qui escomptaient s'éclipser sont tombées aux mains des assaillants.

Le bilan global de l'opération Symi donne 174 Allemands ou Italiens hors de combat, tués, blessés et prisonniers. S'il n'y avait les deux noyés du débarquement, les pertes du commando seraient modestes : 11 blessés.

A 22 heures les vainqueurs repartent avec leurs prisonniers et leur butin, après avoir distribué les 20 tonnes de vivres des entrepôts allemands à la population. Pour quelques heures encore ne demeure sur les lieux qu'une patrouille du SBS. Elle observera la réoccupation de Symi par les renforts envoyés de Rhodes.

Est-ce le résultat du commando contre Symi ? Le général von Klemann, commandant en chef en mer Egée, est limogé et remplacé par un nazi bon teint, le général Wagner, un bourreau de la Pologne.

Avec l'automne l'évolution de la situation dans les Balkans conduit les Allemands à alléger leur dispositif en mer Egée. Parallèlement l'opposition se durcit entre ELAS et EDES. Bien malgré lui le BS est impliqué dans la guerre civile qui couve.

Gigantes préférera de loin s'occuper des garnisons allemandes toujours dans les îles. Les harceler, les affaiblir est son vrai souci de soldat. Il ne cesse de lancer des raids. En octobre, il aura la satisfaction d'obtenir la reddition de Samos.

L'hiver est consacré à isoler chaque jour un peu plus les ultimes bastions qui s'appellent Kos, Milo, Leros, Rhodes, la Crète occidentale, etc. Des coups de main heureux à Moudros, Tilos, Nissyros, Alimnia, Chimna... sur Rhodes même, se terminent toujours par des tués et des prisonniers chez l'ennemi.

Le final n'interviendra qu'avec la capitulation générale le 8 mai 1945.

Le 8 août 1945 le Bataillon Sacré sera dissous, les officiers de réserve démobilisés, ceux d'active mutés dans les unités de l'armée régulière. Cette dissolution s'inscrivait dans la logique d'une troupe hors normes, née de circonstances très particulières. Elle laisse derrière elle le souvenir d'un rassemblement héroïque peu ordinaire. Elle fut une unité de commandos évoluant suivant l'heure en baroudeurs du désert ou en pirates de haute mer.

Chapitre XIII

LES K. VERBÄND

Pendant longtemps Hitler et le Haut Commandement de la Kriegsmarine ont été persuadés pouvoir l'emporter sur mer avec leurs navires de ligne et leurs sous-marins. L'expérience a prouvé l'illusion d'une telle ambition. Le cuirassé *Bismarck* a été envoyé par le fond en mai 1941, son jumeau le *Tirpitz*, contraint de se terrer dans un fjord norvégien avant d'être sérieusement endommagé par des midgets britanniques. Les autres, les *Scharnhorst*, *Gneisenau* ou *Amiral-Hupper*, pas plus heureux ont connu finalement un sort sensiblement identique. Seuls, les U-Boote, des mois durant, ont inquiété les Alliés et menacé leurs convois de ravitaillement dans l'Atlantique. Les radars, les asdics, la protection aérienne ont permis, à la longue, de gagner la partie engagée contre les «*Loups gris*».

Devant cette situation Hitler réagit avec fureur. Il condamne à la ferraille une flotte de haute mer qui ne lui procure que des déceptions. Plus réaliste et confronté à la perspective d'un débarquement massif sur les côtes européennes, l'amiral Dönitz, grand patron de la Kriegsmarine, se tourne vers d'autres solutions. Il connaît les formules employées par les Anglais ou les Italiens. Elles ont démontré leur efficience et s'appellent canots torpilleurs, sous-marins de poche, hommes-grenouilles. A la fin de 1943, le «Grand amiral» confie à l'amiral Helmut Heye la responsabilité de créer de toutes pièces des unités spécialisées de même type, vite dénommées Klein Kampf Verbände [1], en abrégé K. Verbänd. Aux K. Verbänd d'engager sur mer une véritable guerre de commandos.

Heye a toujours regardé de l'avant. Dès 1937, à l'encontre des théories traditionnelles de la Kriegsmarine, il préconisait une guerre sous-marine à outrance afin de gagner la bataille des océans. Avec toute son énergie et son imagination, il se met au travail se dépensant sans compter. Il sait que sur le littoral britannique, presque à portée de main, les objectifs ne manquent pas. Scapa Flow, Rosyth, les estuaires de la Tyne, de l'Humber, de la Tamise, Portsmouth, Portland, Devonport, abritent des concentrations énormes de bâtiments alliés. Là se rassemble l'armada destinée à attaquer la «*Forteresse Europe*». C'est à elle qu'il faut s'en prendre si l'Allemagne veut espérer gagner la bataille du débarquement.

Heye est pénalisé par un double handicap: le retard pris, les délais requis. Les anciennes conceptions ont longtemps interdit d'envisager autre chose. L'imminence de l'invasion n'accorde que quelques semaines. Heye, toutefois, n'est pas sans atouts. Dönitz lui a conféré tous pouvoirs. Il est de taille à en profiter et à exploiter le potentiel militaire et industriel disponible. Borghèse, le commandant de la Decima Mas, s'est rangé derrière Mussolini. Cet orfèvre en matière de guerre sous-marine peut faire profiter les Allemands de son expérience. Outre, et le fait n'est pas négligeable, la Kriegsmarine a eu la chance de récupérer un Midget utilisé par les Britanniques lors de leurs attaques dans les fjords norvégiens.

Quoi qu'il en soit le temps presse. L'inéluctable échéance se précise. Obligé de réaliser vite, Heye est amené à utiliser au mieux le matériel déjà existant. Les essais seront obligatoirement très brefs.

La Kriegsmarine dispose d'une torpille standard dénommée G7. Cet engin conçu par l'ingénieur Möhr est fiable. A partir de cette G7, Möhr construit un appareil à deux niveaux. Une première torpille inerte, propulsée par un moteur électrique, assure, au-dessous, le transport d'une torpille traditionnelle. Sa proue, légèrement modifiée, présente un habitacle destiné au

1. Petite unité de combat.

pilote, le «*Kapitan*», protégé par un capot en plexiglas. Ce binôme, d'une longueur de 7,6 mètres, d'un poids de deux tonnes, possède un rayon d'action de près de 90 kilomètres à vitesse réduite (7,5 km/heure). Il ne navigue pas en plongée et se maintient juste en surface. Son «*Kapitan*», au ras des flots, confiné dans son étroit cockpit, ne peut prétendre qu'à une vue limitée. Par mer agitée, il lui sera difficile de déclencher le tir du G7 transporté.

Möhr baptise son enfant Neger (Nègre), allusion directe à son propre nom signifiant Maure en allemand. Son Neger sera fabriqué à 200 exemplaires. Le Marder, une version identique mais un peu plus longue, avec possibilité d'immersion rapide à 30 mètres, sortira à près de 300. 150 Negers ou Marders seront utilisés en Europe occidentale ou en Italie.

Les torpilles, déjà en service, par la simplicité de leur conception ont autorisé une fabrication rapide du Neger. Leur rusticité limite cependant leurs possibilités.

Adepte de longue date des sous-marins de poche, le capitaine de corvette Bartels réalise les plans d'un appareil se rapprochant des midgets britanniques. Les divers prototypes donneront le modèle appelé «*Biber*». Inspecté et approuvé par Dönitz, il entre en service le 29 mars 1944.

Ce *Biber* est un véritable submersible miniature.

– Son moteur électrique le rend capable de naviguer immergé sur 16 kilomètres à une vitesse de 9 km/h en emportant sur ses flancs deux torpilles de 533 m/m de diamètre.

Cette possibilité ne doit pas dissimuler ses faiblesses.

– Son moteur Diesel lors de la navigation en surface dégage des émanations toxiques. Il manque de stabilité par grosse mer. Son équipage est réduit à un seul homme avec trop de charges à assumer.

Le *Biber* sera fabriqué à 324 exemplaires. Son successeur, légèrement amélioré, le *Molch* (la Salamandre), à 363. Au second semestre 1944 apparaîtra le *Seehund*, cette fois à deux hommes d'équipage et possibilité de parcourir 110 kilomètres en plongée (mais à vitesse réduite, 5 km/h). Emportant lui aussi deux torpilles, presque impossible à détecter, le *Seehund* sera le midget le plus sophistiqué de la Kriegsmarine. Sa fabrication tardive et en petit nombre ne permettra pas aux Allemands de l'exploiter à fond. Biber, Molch, Seehund, avec toutes leurs défectuosités, se présenteront toujours comme des engins suicides pour leurs équipages. Pourtant les volontaires ne manqueront pas. Le matériel disponible permettra aux K. Verbänd de mener sur mer une véritable guerre de commandos.

*

Les Italiens avaient développé des canots torpilleurs, leurs fameux barchini. Ces embarcations rapides avaient opéré en baie de Sude et contre Malte. Les réalisations allemandes s'en inspirent. Même principe d'un canot à grande vitesse, bas sur l'eau, portant une charge explosive. Le modèle le plus courant, le Linse [1], atteint une vitesse de 55 km/h. Il possède un rayon d'action de 110 kilomètres et transporte une charge explosive de 300 à 400 kilos. Barchino italien et Linse allemand diffèrent toutefois par le mode d'utilisation tactique. Le pilote italien, seul maître de son destin, s'en va vers sa cible et s'éjecte quelques instants avant l'impact. Evoluant dans des eaux ennemies, il est, sauf miracle, condamné à être capturé. Par contre les Linsen allemands procèdent de manière à pouvoir récupérer leurs équipages. Ils sont groupés en troïkas : deux canots torpilleurs avec un homme à bord, un canot de commandement de deux [2]. En arrivant sur zone, l'objectif repéré, le commandant y dirige son équipe. Sous son contrôle les pilotes de torpilleurs actionnent une fusée électrique pour accélérer et s'éjectent afin d'être repêchés. Leurs canots finissent leurs courses télécommandés [3]. Une telle méthode implique des voyants lumineux arrière pour bien localiser les Linsen.

*

Neger, Biber, Seehund relèvent intégralement de la Kriegsmarine et de l'amiral Heye qui a implanté la base des K. Verbänd à Timmersdofer près de Lübeck sur la Baltique. Organisés en Marine Einsatz Kommando, ces K. Verbänd sont scindés en petites unités, les K. Flotilla. L'ensemble, encadré par des officiers de la Kriegsmarine, est soudé.

---

1. Pluriel Linsen.

2. Trois équipes de trois forment à leur tour un groupe et quatre groupes, une flottille. Une flottille est ainsi censée comprendre 32 canots torpilleurs et 16 canots de commandement.

3. Pour accentuer ses effets, l'explosion ne se produit pas à l'impact mais 7 secondes plus tard. Le Linse a pu s'enfoncer sous la coque de son objectif.

Tout se complique avec les canots torpilleurs que Skorzeny entend s'approprier. Le SS, après le Gran Sasso et avec la suspicion entourant l'Abwehr, se verrait fort bien l'unique grand maître des unités de commandos dans le cadre de ses Jagdverbände [1]. Il a de son côté recruté dans les rangs des Waffen SS et monté une base d'entraînement à Langenargen sur les bords du lac de Constance. Initialement, marins et Waffen SS devaient s'entraîner de concert. L'origine de certains SS, enrôlés dans la perspective de se faire absoudre d'un passé douteux, n'est pas appréciée par les officiers de la Kriegsmarine. Chacun mènera sa guerre de son côté.

*

Les Américains ont débarqué à Anzio le 22 janvier 1944 dans l'espoir de tourner la Ligne Gustav qui leur barre la route de Rome. L'opération s'est vite révélé un fiasco. Les troupes mises à terre sont enserrées dans une étroite poche adossée à la mer Tyrrhénienne et incapables d'en déboucher. Leur ravitaillement constitue une lourde charge. Il ne peut s'opérer que par mer avec une noria de bâtiments venant s'ancrer devant Anzio ou un peu au sud à Nettuno. Ces navires en instance ou en cours de déchargement offrent une proie tentante paraissant à portée. La zone côtière tenue par les Allemands n'est qu'à quelques kilomètres avec possibilité d'y installer une base de départ pour des commandos sous-marins.

Naturellement Hitler est tenu informé de l'avancée des études et travaux sur les engins submersibles. Pour tromper son impatience, avant même que les essais définitifs soient achevés, une attaque générale contre Anzio est décidée pour le 20 avril, date de son cinquante-cinquième anniversaire. Les Allemands s'attendent du reste au déclenchement d'une offensive alliée. (Elle interviendra le 12 mai.) Le trafic maritime au profit de la poche d'Anzio s'est intensifié. Le frapper présente un réel intérêt stratégique.

Si le personnage Skorzeny a tendance à tirer la couverture à lui, il ne manque pas d'efficacité. Ses commandos avec canots torpilleurs s'avèrent opérationnels à la mi-avril. Quelques-uns de ses engins participeront au raid sur Anzio avec les K. Verbänd de la Kriegsmarine.

---

1. Unités à destination spéciale, organisées à Friedenthal par Skorzeny pour concurrencer et suppléer les Brandebourgeois de l'Abwehr.

40 Negers de la K. Flotilla 175, commandée par le lieutenant de vaisseau Krieg, sont acheminés en Italie dans le plus grand secret et non sans difficultés étant donné les moyens de communications. Le site de départ est fixé à Torre Vaïanica, 28 kilomètres au nord d'Anzio. S'il est relativement bien placé, il se heurte à un obstacle sérieux. A Torre Vaïanica, comme partout sur la côte de part et d'autre, la grève s'enfonce dans la mer par une pente très douce. Trop douce ! Une mise à l'eau avec des grues est impossible. Les Negers doivent être poussés très loin, sur leurs chariots transporteurs, par des corvées de 30 hommes. Sur 30 Negers utilisables, 13 s'enlisent ou s'arrêtent en chemin. Ils ne sont que 17 à gagner le large. (Dans l'eau encore froide d'avril bien des « pousseurs » ont renoncé.)

La nuit est noire mais étoilée, la mer calme mais sombre. Les instruments de navigation sont rudimentaires et pourtant il faut braver les flots et les ténèbres. Les pilotes qui se repèrent aux étoiles ont reçu instruction de piquer plein sud, puis à deux heures du matin de virer vers l'est. Après advienne que pourra ! L'espoir pousse ces courageux. Il y aurait de nombreux bateaux à Anzio et Nettuno.

Les canots des gens de Skorzeny filent cinq fois plus vite que les Negers. Pour eux, le temps d'approche sera bref.

Le récit de l'attaque est controversé. Pour les historiens de l'US Navy les assaillants sont localisés au radar le 21 à 2 heures 30. Des vedettes rapides, des chasseurs de sous-marins entrent aussitôt en action. Cinq Negers auraient été coulés ainsi que les quatre canots de Skorzeny. Aucun navire allié n'aurait été atteint.

Les Allemands reconnaissent la perte de quatre Negers et affirment avoir coulé deux petits bâtiments américains. L'un par l'aspirant Potthard qui a pénétré dans le port d'Anzio, l'autre par l'aspirant Voigt dans la baie de Nettuno. Pour les équipages des Negers, sept pilotes auraient rejoint directement la zone allemande, six autres auraient rallié après avoir abandonné leur engin et traversé les lignes alliées.

Qui croire ? Un fait subsiste. Globalement l'attaque se solde par un échec. Les Allemands escomptaient frapper un coup d'importance. Il n'en est rien. Le tonnage américain alimentant Anzio n'est absolument pas affecté. Pire même pour les Allemands, un de leurs Negers est capturé intact. Son pilote est mort asphyxié.

A bien des égards cette opération d'Anzio avait tous les caractères d'un banc d'essai pour tester l'intérêt des nouveaux engins. Les pilotes sans être regardés comme des kamikazes étaient sacrifiés. Ils savaient qu'ils ne disposaient pas du potentiel suffisant pour accomplir l'aller et retour. Afin de préserver le secret, ils devaient, après l'attaque, saborder leurs engins en eaux profondes et regagner la terre à la nage. C'est dire que ce commando d'Anzio n'était pas dépourvu d'héroïsme.

*

L'invasion attendue s'est produite. Les Alliés ont pris pied en Normandie. S'ils ont réussi le débarquement, ils n'ont pas encore gagné la bataille de Normandie. Au début de juillet 1944 on se bat avec fureur devant Caen et dans le bocage. Si le nord du Cotentin est libéré, les Allemands tiennent toujours les côtes à l'est de l'embouchure de la Dives. Ils ne sont pas très loin du port artificiel d'Arromanches et des plages par où transite l'intendance des troupes débarquées sur le continent.

En vue de continuer à repousser l'invasion, les rescapés de la tentative d'Anzio ont été rappelés d'Italie. Une base est constituée à Villers-sur-Mer, soit à 20 kilomètres de l'extrémité orientale de la tête de pont alliée. Deux compagnies du génie travaillent pour y construire des rampes camouflées destinées à faire glisser des chariots transporteurs et à mettre des Bibers ou Marders à l'eau.

La météo de la seconde quinzaine de juin n'a guère été clémente. Negers ou Marders ont impérativement besoin d'une mer calme. Le 5 juillet, enfin, une accalmie leur autorise une sortie. 26 Marders sur les 40 arrivés à Villers-sur-Mer sont lâchés à marée basse, afin d'aller attaquer les navires alliés devant les plages de la baie de Seine.

Oh ! certes, côté anglo-américain, en connaissance de cause, un dispositif sévère de protection, appelé « Trout Line », a été mis en place. Une patrouille permanente est assurée, sur une double ligne, par le SSEF, *le Support Squadron Eastern Flank.* Ce SSEF comprend 80 bâtiments de petit et moyen tonnage très fortement armés. En particulier, les ML, vedettes rapides filant à 20 nœuds (36 km/h), avec canons de 40 et 20 mm, sont capables d'intervenir très vite contre tout adversaire détecté.

Les pilotes allemands se doutent qu'ils vont vers des heures sévères mais ils ont fait acte de volontariat et d'abnégation. Pour cette première attaque « *spéciale* » en Manche, ils peuvent espérer compter sur la surprise. Elle jouera effectivement, défiant les surveillances du SSEF. Deux dragueurs de mines de 900 tonnes, le

Catto et le *Magic*, ancrés en limite extérieure du périmètre de défense, sont atteints par des torpilles et sombrent. Il y a 50 morts à bord. Les Allemands annonceront également avoir atteint un navire DCA et un destroyer. Ils reconnaîtront que 12 de leurs Negers n'étaient pas rentrés.

Deux navires perdus. Deux autres endommagés. Un tel bilan n'appauvrit guère les Alliés dont la garde se renforce.

Par mer calme et beau clair de lune les K. Verbänd récidivent le 7 juillet, toujours au départ de Villers-sur-Mer. L'approche s'avère encore plus délicate. A intervalles réguliers les bâtiments anglo-américains larguent des grenades sous-marines. La tentative précédente les a éclairés. Ils savent que les Negers sont des esquifs fragiles sensibles aux flots agités.

Le chef de l'expédition est un vétéran d'Anzio, l'aspirant Potthard. Il évite les escorteurs du SSEF et atteint l'embouchure de l'Orne. A moins de 300 mètres il lâche sa torpille G 7 contre le vieux croiseur léger *Dragon*, un ancien bâtiment de la Royal Navy à équipage polonais. Le *Dragon*, frappé de plein fouet, ne pourra être restauré et ira renforcer la digue artificielle d'Arromanches. Potthard a pu jauger de son succès mais avec le jour, à 7 heures 37 très exactement, son Neger aperçu par un dragueur de mines est pris sous le feu d'un canon de 20. Grièvement blessé, Potthard sera extrait à temps de son Neger en train de sombrer et fait prisonnier [1].

Un dragueur de mines de 900 tonnes, le *Pylades*, est également coulé et deux autres endommagés. Une vedette lance-torpilles, la MTB 463, aurait, selon les Allemands, disparu. Ces quelques succès se paient. 5 Negers sur 21 regagnent Villers-sur-Mer. Comme la fois précédente, le ravitaillement allié par Arromanches et les plages n'est en aucun cas remis en question.

Les attaques des 5 au 8 juillet se chiffrent par un pourcentage de pertes excédant les 60 %. Personne n'ose l'avouer. Les commandos des K. Verbänd coûtent très cher. Dans ces opérations les hommes ne sont pas en cause. Même s'ils manquent de technicité et d'entraînement, leur courage, leur oubli de soi mériteraient mieux. Mais ils disposent d'un matériel et d'un équipement trop rudimentaires pour remplir correctement les missions qu'ils ont acceptées.

1. La propagande nazie attribue le torpillage du *Dragon* au caporal Gerhold pour ne pas révéler que Potthard était tombé aux mains de l'ennemi.

*

On l'a vu, les Allemands ont fabriqué le Marder légèrement plus puissant que le Neger. Dans la nuit du 2 au 3 août, ces Marders sont appelés à intervenir en liaison avec des Linsen, les canots torpilleurs.

Cette opération combinée, au départ de Houlgate, vise les anciennes plages britanniques de « Sword » et « Juno » à hauteur de Courseulles-sur-Mer. 50 Marders et 24 Linsen (dont 8 de commandement) y figurent. Afin de faire diversion, le plan élaboré prévoit une première attaque par les Marders à l'extrémité nord de la « Trout Line ». Les Linsen en profiteront pour s'infiltrer au centre, espéré dégarni, et frapper les transporteurs ancrés devant la côte.

Les Marders quittent Houlgate le 2 août à 23 heures. Côté allié, trois heures plus tard, l'alerte est donnée lorsqu'une torpille frappe un vieux croiseur léger, le *Durban.* Il n'y a que demi-mal. Le *Durban* est un bateau mort servant de brise-lames. A 2 heures 30, le destroyer *Guorn* de 900 tonnes reçoit à son tour une torpille et sombre presque aussitôt. 130 marins périssent dans le naufrage. Y a-t-il eu sabotage dans les usines ? Ce n'est pas impossible. 10 torpilles, lancées parfois à courte distance, trouvent impact et n'explosent pas.

A compter de 4 heures les Linsen de la 211e K. Flotilla du lieutenant de vaisseau Bastian entrent à leur tour en action. Résolument ils tentent de s'infiltrer dans la « Trout Line ». Leurs efforts ne débouchent pas. Le rideau défensif ne laisse rien passer. Les fusées éclairantes illuminent la mer comme en plein jour. Les canons à tir rapide déversent des salves d'obus sur les assaillants surpris à découvert en pleine lumière. Quatre Linsen sont détruits d'entrée. La suite de l'attaque leur coûte encore 14 canots avec pour seule satisfaction un navire de débarquement de 570 tonnes, le LCG-764, au tableau de chasse.

Les vrais succès sont à mettre à l'action des Marders. Outre le *Guorn*, le dragueur de mines *Gairsay* est coulé ; un Liberty Ship et un cargo sont endommagés.

Comme toujours, pour un bilan modeste le prix payé est élevé. 41 Marders ne rentrent pas, soit un taux de pertes de 80 %. Celui des Linsen est du même ordre. A la disparition du matériel se joint celle irremplaçable de combattants résolus.

En fait, grâce à Ultra, le commandement allié connaissait les intentions allemandes. La parade était organisée. Elle n'a échoué que sur un point. L'ambition était affichée de capturer un Linse intact afin d'en percer les secrets. Deux Linsen peuvent être saisis et pris en remorque, mais ils sont munis d'un dispositif d'autodestruction programmée. Finalement ne sont récupérés que des débris sans intérêt.

*

La percée du front de Normandie s'accélère début d'août. Les K. Verbänd devant le repli de la Wehrmacht doivent se préparer à abandonner leurs bases proches des plages de débarquement. Avant leur évacuation, ils montent encore des attaques en baie de Seine.

La première se déroule dans la nuit du 8 au 9 août avec 28 Linsen. Elle n'est pas plus heureuse que celle du 3. 20 canots sont détruits. Utilisant largement des fusées éclairantes pour situer leurs adversaires, escorteurs et vedettes rapides se sont livrés à une traque sans merci.

La nuit du 16 au 17 sera la dernière action massive contre les plages normandes. La K. Flotilla 363 a rassemblé 42 Marders à Houlgate près de l'embouchure de la Dives. Au premier rang des objectifs fixés se situe le cuirassé français *Courbet* de 23 500 tonnes. Les Allemands sont persuadés que ce vieux bâtiment lancé en 1910 et battant pavillon à Croix de Lorraine est toujours en service. Bien à tort ! Le *Courbet* a été coulé le 9 juin pour servir de brise-lames au large d'Arromanches. L'illusion sur ses activités a été maintenue avec succès. Le malheureux est frappé de deux torpilles qui ne changeront rien à son destin.

Les assaillants sont décimés par les escorteurs et les chasseurs bombardiers décollés dès le point du jour. Ils vont perdre 26 des leurs avec pour unique contrepartie le naufrage d'un Landing Craft de 400 tonnes. Un Marder sera pris en remorque et ramené à bon port après un combat rapproché ayant entraîné la mort de son pilote.

Avec l'automne, Negers, Marders ou Linsen se heurtent à un obstacle supplémentaire : les intempéries. Il devient très difficile de prendre la mer. La maîtrise absolue du ciel par l'aviation alliée ne facilite rien. Les opérations Linsen ou autres se transforment de plus en plus en missions suicides. Le fanatisme des hauts dirigeants nazis est tel qu'ils persistent à ordonner des raids vains contre Anvers, contre des convois, contre des dragueurs de mines. Les volontaires se présentent dans l'espoir de servir leur pays…

Des actions sporadiques se produisent également en Méditerranée à partir de San Remo. Le destroyer américain *Gleaves* est attaqué le 2 octobre 1944 par plusieurs Linsen. Ses mitrailleuses lourdes, des grenades anti-sous-marines ont raison des assaillants. Deux pilotes, sains et saufs, sont repêchés. Le 10 janvier 1945, le destroyer français *Le Fortuné* connaît la même aventure qui se termine à son seul avantage.

*

Dans la panoplie des moyens utilisés par les K. Verbänd dans leurs combats désespérés, on ne saurait oublier les midgets. Bien que tardivement venus, ils sont aux côtés des Negers, Marders et autres Linsen à la mort du Troisième Reich.

A la fin du mois d'août 1944, 20 Midgets Bibers, à peine sortis des ateliers, rejoignent la K. Flotilla 261 sur les côtes de France. L'avance alliée leur interdit d'utiliser Le Havre. Le capitaine de corvette Bartels, leur patron, espère pouvoir travailler depuis Fécamp toujours occupée par la Wehrmacht. Dans la nuit du 29 au 30 août, sans souci du gros temps, 18 Bibers s'aventurent en Manche. Miraculeusement ils rentrent sains et saufs, affirmant avoir coulé un Liberty Ship et un navire de débarquement. Affirmation contestée par leurs adversaires.

Les Canadiens progressent vite le long de la côte. La K. Flotilla 261 est forcée d'évacuer Fécamp en catastrophe. Elle a tout juste le temps de saborder ses Bibers. La page des K. Verbänd sur le littoral français se tourne.

*

Lors de l'opération Market Garden en septembre, la 82e Airborne américaine s'est emparée à Nimègue de deux ponts sur le Waal, le Rhin méridional. Tenir ces ponts, l'un de chemin de fer, l'autre routier, est capital. Ils voient s'écouler l'approvisionnement des troupes engagées au nord du Waal en direction d'Arnhem, d'où leur étroite surveillance. Un échec des hommes-grenouilles des K Verbänd n'a pu que renforcer davantage les défenses.

Dans la nuit du 12 au 13 janvier 1945, depuis les positions allemandes en amont du pont, 240 mines flottantes sont lâchées afin de détruire les filets de protection autour des piliers des ouvrages. 20 Bibers les suivent. Leurs périscopes ont été camouflés. On peut à la rigueur les prendre pour des amas de branchages dérivant au fil de l'eau... *à la rigueur* !

Les explosions des mines alertent le dispositif de protection qui ratisse méthodiquement le cours du fleuve par des tirs d'artillerie et d'armes automatiques. Les premiers Bibers qui se présentent pour déclencher leurs torpilles vers les ponts sont immédiatement détruits. La seconde vague remorquait des troncs d'arbres supportant des charges explosives de 300 kilos. Libérés, ces brûlots descendant le cours du fleuve sont à leur tour hachés par les gerbes d'obus. Les ponts de Nimègue n'ont pas souffert, même si certains de leurs filets de protection sont déchirés.

*

Les Bibers, comme les Negers et les Linsen, éprouvent de terribles difficultés pour s'aventurer l'hiver en mer. Personne ne renonce cependant même en sachant la débâcle inéluctable du régime. Nuit après nuit les Bibers se risquent le long des côtes néerlandaises, danoises ou norvégiennes. Sorties vaines avec de lourdes pertes.

Ces échecs ne contrarient pas un projet ambitieux de prendre corps. Courant novembre 1944, la K. Flotilla 265 est envoyée s'entraîner en Norvège en vue d'un raid contre les convois de ravitaillement en rade de Kola près de Mourmansk. A l'instar des Midgets britanniques, les Bibers seraient amenés à pied d'œuvre par des sous-marins. Ils pénétreraient dans la rade, et leur coup de main réalisé, rejoindraient leurs sous-marins.

Le 5 janvier 1945, les trois U-Boote U 295, U 318 et U 716 quittent Harstadt dans le nord de la Norvège. Ils transportent chacun deux Bibers. Les renseignements laissent supposer sur les lieux de destination la présence du cuirassé soviétique *Arkhangelsk* et de plusieurs autres « gros ». Les Allemands manquent d'expérience pour ce type de convoyage. A l'inspection préparatoire, avant de libérer les Bibers, des ruptures de canalisation sont constatées suite aux vibrations encaissées durant le transport. De l'eau pénètre dans les machineries. L'opération prévue pour le 8 janvier doit être annulée. L'affaire en restera là, s'ajoutant aux déconvenues précédentes.

Ces incidents confirment. Elaborés trop rapidement, les Bibers sont les cendrillons des midgets de toutes origines de la Seconde Guerre mondiale. S'embarquer sur ces engins relève de la roulette russe. Mais les Allemands sont tenaces. Ils ont mis au point le Seehund équipé, entre autres, d'un compas magnétique. La navigation est nettement améliorée. Ces Seehund n'ont qu'un défaut. Les premiers ne sont regroupés à Ijmuiden aux Pays-Bas qu'au mois de décembre 1944. Dans moins de six mois le Troisième Reich aura vécu.

Les préambules ne se montrent guère encourageants. Les trois coups opérationnels, le jour de l'an 1945, s'achèvent en désastre. Sur 17 Seehund engagés, 7 se retrouvent drossés au rivage, 2 chavirent. Les sorties suivantes se heurtent aux conditions climatiques, à des rencontres inopportunes avec des navires de guerre alliés ou tout simplement à des déboires techniques. Ainsi, le 21 janvier, 10 Seehund sont envoyés «chasser» le long des rivages britanniques. Sept font demi-tour après avaries, deux rentrent sans avoir rien décelé dans leurs périscopes. Le dixième et dernier a une défaillance de son compas peu après le départ. Surmontant ce handicap, il gagne l'estuaire, de la Tamise où il attaque, sans résultats, un cargo. Sortant de l'estuaire, il est poussé vers le nord par les courants marins. Aperçu par une vedette garde-côtes, il réussit à s'esquiver. Dans sa fuite, il dérive et talonne sur les bancs de Scroby où il reste échoué durant deux jours et demi. Finalement, son équipage épuisé envoie des fusées de détresse et a la chance d'être recueilli. Cet épisode illustre les mécomptes successifs.

Février apporte quelques succès. Un pétrolier hollandais est endommagé le 15, une vedette coulée le 22, un navire câblier le 24.

Toutefois, une opération combinée avec des Linsen dans l'estuaire de l'Escaut échoue totalement.

La victime la plus notoire des Seehund durant ce mois de février est le torpilleur *La Combattante*, ancien bâtiment des Forces navales françaises libres [1]. Après avoir participé aux opérations du débarquement le Jour J, *La Combattante* avait conduit le général de Gaulle sur les plages normandes le 14 juin. En patrouille au large de l'estuaire de la Humber dans la nuit du 23 au 24 février, elle est atteinte à 23 heures 55 par une torpille tirée par le Seehund du lieutenant de vaisseau Sparbrodt. Trois officiers, soixante-deux officiers mariniers et marins français, deux marins anglais sont portés disparus. Un officier marinier mourra peu après de ses blessures. Il y a 117 survivants sur un effectif de 185.

Février s'achève sur 77 sorties et 4 000 tonnes envoyées par le fond au cours des deux derniers mois.

---

1. Ex-HMS *Halden* transféré aux FNFL le 15 décembre 1942.

En mars la pression alliée ne cesse de s'intensifier. Les vedettes et les chasseurs traquent tout périscope, tout sillage ressemblant à ceux d'un sous-marin. A la moindre alerte ils déclenchent un grenadage sans appel. Pourtant, les Seehund se targueront d'un bilan de 5 300 tonnes.

Avril. La fin approche. 29 Seehund sont opérationnels le 8 à Ijmuiden. 20 autres arriveront encore les jours suivants pour livrer les combats du désespoir. Le 28, il est mis un terme à leurs opérations. Destinée imprévue, dans les derniers jours jusqu'à la capitulation, quatre d'entre eux seront employés à ravitailler Dunkerque toujours aux mains de la Wehrmacht.

Les Italiens ont endommagé les cuirassés *Valiant* et *Queen Elizabeth* à Alexandrie, les Japonais le *Ramillies* à Diégo-Suarez, les Britanniques le *Tirpitz* dans un fjord norvégien. Pour ne citer que les exploits les plus fameux des commandos sous-marins des trois principaux belligérants. Rien ne semblable côté allemand. Matériel tardif et par trop sommaire, personnel héroïque mais trop hâtivement formé. Même si la méthode utilisée à bon escient avait fait ses preuves, l'outil ne pouvait être efficient contre un adversaire bénéficiant en 1944-1945 d'une couverture adaptée.

Dans l'échec global des K. Verbänd, les Seehund font presque figure d'exception. A leur actif 18 500 tonnes coulées, 18 000 autres endommagées. Un chiffre relativement bon par comparaison aux autres engins servis par les K. Verbänd. «*Heureusement pour nous, ces damnés engins arrivèrent trop tard dans la guerre pour nous causer du dommage*», déclarera l'amiral anglais Charles Little.

Echec des K. Verbänd, a-t-il été écrit plus haut... Est-ce si sûr ? 500 navires, un millier d'avions furent mis en œuvre par les Alliés pour s'opposer à leur menace[1]. Le résultat n'est pas mince au regard du potentiel réel des K. Verbänd. Un commando n'a jamais besoin d'être très étoffé pour représenter un danger.

*

LES HOMMES-GRENOUILLES

La Kriegsmarine et Skorzeny ont trouvé un terrain d'entente. Ils se sont répartis les secteurs de chasse. La mer à la première.

1. Soit un peu plus de 10 % des forces aériennes tactiques alliées.

Les lacs et les rivières au second. Cet accord conduit Skorzeny à développer les hommes-grenouilles, combattants parfaitement adaptés au domaine qui lui est assigné.

Dans ce but, le bouillant SS monte quatre centres d'entraînement en Autriche, sa terre natale, et en Allemagne après une sévère sélection. Etre nageur de combat requiert des qualités exceptionnelles. L'intéressé doit pouvoir évoluer des heures durant dans des eaux souvent très froides. Il agit seul ou en compagnie de quelques coéquipiers. La résistance physique est à doubler impérativement d'une énergie farouche pour affronter tout à la fois l'ennemi et l'élément liquide.

Le chef des nageurs de combat de Skorzeny, le capitaine Wimmel, est un ancien Brandebourgeois. La suspicion jetée sur l'Abwehr lui a fait changer de casquette. Son patron dira de lui qu'il était un officier d'une audace et d'un sang-froid exceptionnels. Il a certainement raison. Les faits le prouvent.

Les ponts de Nimègue sont toujours debout. Les K. Verbänd n'ont pas réussi à les faire sauter. La Luftwaffe repoussée par une formidable DCA n'a pas été plus heureuse. Seule voie possible: un commando d'hommes-grenouilles. La convention passée avec la Kriegsmarine attribue fleuves et rivières à Skorzeny. Le Waal entre pleinement dans le champ d'action du SS. La mission combien périlleuse de neutraliser le pont de Nimègue est confiée au capitaine Wimmel.

Les Alliés tiennent solidement les lieux sur sept kilomètres en aval et en amont des ouvrages. Les photographies aériennes sont trop floues pour une étude fouillée de l'objectif. Afin de monter son opération, Wimmel se met à l'eau pour une reconnaissance nocturne en solitaire. Il en rapporte une vision précise du site. La nuit suivante, il entraîne derrière lui un commando de douze hommes-grenouilles. Ses nageurs tirent derrière eux quatre mines torpilles soutenues par des flotteurs et dérivant entre deux eaux. Arrivés aux piliers des ponts, ils amorcent les détonateurs réglés à dix minutes.

Les explosions se produisent alors qu'une colonne de chars et de camions roule sur un tablier. Les résultats ne peuvent être que spectaculaires. Les auteurs de ce feu d'artifice n'ont guère loisir de les apprécier. La partie centrale du pont de chemin de fer s'est écroulée. Le pont routier a été endommagé imposant de gros travaux. Des projecteurs s'allument et balaient tout l'environnement. Les nageurs sont aperçus. Des impacts nourris cinglent le cours du fleuve. Trois hommes-grenouilles sont blessés. Leurs camarades les soutiennent de leur mieux.

Epuisé mais complet, le commando rejoindra les lignes allemandes.

Ce succès à Nimègue en appelle un autre sur un pont encore plus connu. Le pont Ludendorff sur le Rhin, à Remagen au sud de Cologne, a été saisi le 7 mars par une avant-garde américaine. Mal gardé, il a été enlevé sans coup férir, surprise et audace aidant. Cette opportunité inespérée offre à la 1re Armée américaine la possibilité de créer immédiatement une tête de pont sur la rive orientale du fleuve. La suite de la campagne s'en trouve modifiée.

Les bombardements par l'aviation ou l'artillerie ne donnent rien. Les divisions américaines se déversent à l'intérieur de l'Allemagne. Si l'objectif est encore plus important qu'à Nimègue, la garde y est d'autant plus vigilante. Les rives sont contrôlées sur 16 kilomètres de part et d'autre. Pour des hommes-grenouilles ce sont 16 kilomètres à parcourir dans des eaux à 7 ou 8 degrés. Pire, le Rhin, coulant en cet endroit dans une vallée encaissée, mesure à peine 200 mètres de large. Son cours se surveille aisément.

Skorzeny trouve des volontaires qu'il fait venir de Vienne. Le 17 mars, le commando du sous-lieutenant Schreiber, traînant des torpilles comme à Nimègue, entame la descente du fleuve. Il met une heure trente pour atteindre Remagen, constatant au passage que son travail risque d'être inutile. Le génie, à côté, a construit deux autres ponts de bateaux.

Le commando accomplit sa tâche et voit le pont Ludendorff s'abîmer dans les flots. Sur sa lancée Schreiber voudrait aussi détruire l'un des ouvrages en amont. Est-il trop ambitieux ou trop téméraire ? Son groupe est localisé. Trois nageurs sont tués, les autres sont capturés.

L'écoulement du trafic n'en sera pas affecté. Les Américains, vexés, se garderont bien de révéler l'origine de l'effondrement du pont Ludendorff. Ils l'imputeront à son délabrement après les attaques aériennes dont il avait été l'objet.

Les hommes-grenouilles de Skorzeny signeront encore divers exploits à l'Est. Ils feront notamment sauter des ponts sur l'Oder dans l'espoir de freiner l'avance de l'Armée rouge. Mais à l'Est comme à l'Ouest la poussée des envahisseurs est trop puissante pour la retenir longtemps [1].

---

1. Les K. Verbänd en liaison avec Borghèse formeront également des nageurs de combat. Ceux-ci, deux semaines après le Jour J, réussiront au terme de 14 heures d'approche à détruire un pont sur l'Orne. Autre succès sans grand lendemain.

Chapitre XIV

LES FAUX AMÉRICAINS DE SKORZENY

Hitler est toujours à Rastenburg qu'il devra bientôt abandonner devant la poussée des Soviétiques. Le 22 octobre, il y convoque Otto Skorzeny qui s'entend dire :

«... *Nous allons lancer une attaque qui sera décisive pour l'avenir de la patrie. Et vous, Skorzeny, vous allez y jouer un rôle essentiel. Je m'apprête à vous confier la plus grande mission de votre vie.*»

Après la libération de Mussolini au Gran Sasso[1], après l'enlèvement de l'amiral Horthy à Budapest[2], quelle autre mission encore plus importante le Führer peut-il confier à son homme lige par excellence ? Il a, à cet égard, une confiance absolue dans son compatriote autrichien le SS balafré. En récompense de ses services et de sa fidélité inconditionnelle lors de l'attentat du 20 juillet, il vient de le nommer Obersturmbannführer[3]. Le personnage lui paraît de taille pour

---

1. Cf. tome 1, chap. XX.

2. Opération «Panzerfaust». Le 16 octobre 1944, Skorzeny, à la tête d'une colonne de SS et de Forces spéciales, neutralise et enlève l'amiral Horthy, régent de Hongrie.

3. Equivalent de lieutenant-colonel dans la hiérarchie SS.

mener à bien une nouvelle entreprise sortant des classiques de l'art militaire.

Ce 22 octobre 1944 la situation de l'Allemagne nazie s'annonce quasi désespérée. A l'Est, l'Armée rouge s'enfonce en Pologne, dans les Etats baltes et les Balkans. A l'Ouest, les Anglo-Américains abordent la Ligne Siegfried. Chaque jour l'étau se resserre. La Wehrmacht va finir par être broyée et l'Allemagne envahie. Pourtant, envers et contre tout, Hitler ne renonce pas. Depuis plusieurs semaines il vit dans l'ambition d'une riposte décisive. La manœuvre qu'il a conçue ressemble fort à un «*remake*» du 10 mai 1940. Trois armées surgiront des Ardennes. Seule différence avec mai 1940: au lieu de piquer ouest vers Dunkerque, elles s'infléchiront nord-ouest vers Anvers. Elles couperont les forces occidentales en deux et isoleront quatre de leurs armées [1]. Hitler est persuadé créer ainsi les conditions d'un nouveau Dunkerque. Il estime aussi que le coup porté contraindra la Grande-Bretagne, voire les Etats-Unis, à repenser leur effort de guerre. La Wehrmacht, l'esprit libre, pourra se retourner vers l'Est.

Un tel plan implique des moyens puissants. Et une météo favorable, en l'occurrence les brumes hivernales qui permettraient de se masquer aux vues de l'aviation alliée qui domine le ciel. La date du déclenchement de l'opération «Herbstnebel» (Brouillard d'automne) [2], indicatif significatif, est fixée au 1er décembre.

Hitler est homme de détails. Il ne se contente pas de l'échelon qui devrait être le sien. Il s'immisce à tous les niveaux. Pour cette offensive il a déterminé certaines modalités. Modalités, essentielles dans son esprit, qui seront à charge de Skorzeny. Sous le commandement de l'Obersturmbannführer SS, une force spéciale sera organisée en vue de deux missions très précises:

– Filer en avant-garde des «gros» et s'emparer des ponts de Huy, Amay et Engin sur la Meuse entre Liège et Namur. Cette saisie est indispensable pour que les blindés puissent poursuivre sur Anvers.

– Infiltrer des commandos de reconnaissance et sabotage sur les arrières de l'ennemi pour y semer la confusion.

---

1. Soit 1re Armée canadienne, 2e Armée anglaise, 1re et 9e Armées américaines.

2. Appelée initialement «Wacht am Rhein» (Garde au Rhin).

A priori ces actions ne sortiraient pas d'une manœuvre conventionnelle si elles ne présentaient pas une caractéristique qui en altère totalement l'image. Les exécutants de ces deux opérations revêtiront l'uniforme américain et utiliseront des matériels américains pour mieux tromper l'adversaire. Cette disposition change tout et transgresse les lois de la guerre en la matière. La Convention internationale de La Haye du 10 octobre 1907 énonce en son article 23 (- f.): «*Sont interdits les usages impropres du drapeau blanc, du drapeau national ou des insignes ou uniformes de l'ennemi.*»

De ces prescriptions Hitler n'a cure. Au début de la guerre, ses Brandebourgeois se faisaient passer pour des gendarmes belges ou des soldats soviétiques. Révélant ses intentions, il s'est heurté à des «esprits chagrins» ou à ceux qui redoutent les risques excessifs encourus par les participants: *Le port d'un uniforme prohibé relève du peloton d'exécution!*

Pour les apaiser, le Führer a avancé quelques arguties. A leur arrivée sur la Meuse, les éléments d'avant-garde engageront le combat sous leur vrai jour. Les commandos infiltrés n'utiliseront pas leurs armes. S'ils étaient contraints de le faire, ils rendosseraient l'uniforme allemand. Ce qui signifie un changement vestimentaire dans le feu de l'action!...

En bon SS, Skorzeny a pour règle d'obéir à son Führer. Il ignore les états d'âme soulevés par quelques culottes de peau vieux jeu. Son problème personnel est ailleurs: regrouper en cinq semaines les hommes et les équipements voulus.

Les équipements, en grattant bien, il est peut-être possible de les récupérer à partir des prises de guerre; mais les hommes, où les dénicher? Ils devront répondre à des normes précises, c'est-à-dire donner l'impression d'être de parfaits GI's. Ceci aussi bien dans leur vocabulaire que dans leur manière de mâcher du chewing-gum à l'instar de tout bon citoyen de Brooklyn.

Au sommet de la Wehrmacht règne un souci constant. Avant tout ne pas s'aventurer à contrarier les volontés du maître. Quatre jours après son entrevue avec Hitler, Skorzeny a la surprise de voir tomber sur son télescripteur un ordre de l'OKW: «OKW/WFST/Op (H) West I a n° 00127 59/44. – Secret – Opération – 25 10 44.

Toutes les unités du front Ouest signaleront les officiers, sous-officiers et soldats volontaires pour une mission spéciale sur le théâtre des opérations de l'Ouest. Ces volontaires devront être en bonne santé, entraînés au combat corps à corps et surtout parler couramment l'anglais. Ils devront être dirigés sur Friedenthal afin d'être mis à la disposition de l'Obersturmbannführer Skorzeny[1]. »

Parler couramment l'anglais ! Le texte envoyé est destiné à faire le tour des corps de troupe de la Wehrmacht. Skorzeny s'en étouffe de rage. Autant dévoiler directement le « pot aux roses » à l'adversaire. Effectivement la note 0012759/44 finira, une semaine plus tard, par tomber aux mains des services de renseignements alliés où, paradoxalement, personne n'en fera cas.

Parmi les volontaires qui se présentent à Friedenthal, les véritables anglophones sont rares. Leur décompte est décevant. Seule une dizaine s'exprime couramment et sans accent. 30 à 40 parlent correctement l'anglais. 150 environ se débrouillent. Les autres n'ont que des souvenirs scolaires ne dépassant pas souvent le stade de Yes ou de No.

Devant cette constatation incontournable, Skorzeny est dans l'obligation de scinder ses recrues de manière à s'adapter au mieux aux deux missions reçues.

La petite minorité capable de faire illusion sur sa nationalité formera le véritable commando infiltré des faux Américains. Le gros des participants s'intégrera à la force blindée en essayant aussi de se faire passer pour des Américains.

Les 150 Anglophones sont regroupés en une compagnie confiée au SS-Hauptsturmführer[2] Stielau. Habillés en GI's, armés et équipés comme des GI's, montés sur jeeps, ils fourniront des groupes de sabotage et de reconnaissance.

---

1. Le texte intégral précise : « Le Führer ordonne la création d'une unité spéciale forte de deux bataillons pour mener des missions de reconnaissance et des missions spéciales sur le Front Ouest. Le personnel sera réuni en faisant appel aux volontaires de toutes les armes du Heer (Armée de terre) ou de la Waffen SS, volontaires qui devront satisfaire aux conditions suivantes :

a) catégorie physique A – 1 – apte aux tâches particulières, intelligent et de forte personnalité ;

b) entraîné au combat individuel ;

c) connaissance de la langue anglaise et de l'argot américain. La connaissance des termes techniques militaires est particulièrement importante. Le présent ordre sera communiqué immédiatement à toutes les unités et tous quartiers généraux. Les volontaires ne doivent en aucun cas être retenus et devront être immédiatement envoyés à Friedenthal près d'Oranienburg pour y subir un test d'aptitude.

Les volontaires qui ne passeront pas ces tests de façon satisfaisante seront renvoyés à leur unité. Les volontaires doivent se présenter à Friedenthal le 10 novembre au plus tard… »

2. Capitaine dans la hiérarchie SS.

Le tout-venant a fait acte de volontariat, preuve de sa disponibilité, mais ne saurait en quelques jours afficher une cohésion. Pour l'étoffer, Skorzeny fait appel à des unités constituées de diverses origines : parachutistes de la SS-Fallschirm Jäger-Abteilung 600, équipages de panzers, artilleurs, sapeurs, etc. Il est ainsi en mesure d'aligner une troupe à peu près structurée. Au total, sur ses 2 500 hommes, 500 proviennent des Waffen SS, 800 de la Luftwaffe, et le reste de l'Armée de terre.

Skorzeny se sentait le droit d'espérer voir ses demandes en matériel et équipement satisfaites. Pour présenter une colonne authentique de l'US Army, il avait réclamé 20 chars Sherman, des camions GMC, des jeeps et l'armement correspondant à son effectif. A sa grande déconvenue il ne reçoit que deux Sherman dont l'un tombe en panne, six automitrailleuses M 8 américaines, quelques GMC et une quinzaine de jeeps. Très loin du compte il est forcé de bricoler pour donner à des véhicules allemands une vague ressemblance avec des fabrications d'outre-Atlantique[1]. Il n'est pas mieux servi en armement. Seule la compagnie Stielau sera pourvue de fusils Garant, de carabines M 1, ou de Colt 45. L'habillement soulève moins de difficultés, encore que… Les tenues prélevées dans les camps de prisonniers américains arborent presque toutes un large KG[2] dans le dos qu'il est difficile d'éliminer.

Les exécutants rassemblés à Friedenthal et Grafenwoehr s'entraînent dans le plus grand secret. Interdiction, sous peine de mort, de communiquer quoi que ce soit à l'extérieur. Cet entraînement accéléré n'autorise pas à pousser très loin l'étude des langues. L'initiation à formuler quelques jurons caractéristiques suffira[3].

Grief (Griffon), sera la dénomination de l'ensemble de l'opération confiée à Skorzeny ; 150e brigade blindée désignera l'unité. Le chef a reçu des directives impératives : « interdiction pour lui de se promener derrière les lignes ». Le Führer l'estime trop précieux pour qu'il prenne des risques.

---

1. En particulier les mécaniciens s'efforcent de faire ressembler cinq chars Panther à des Tank Destroyers M 10 américains. Des plaques sont soudées sur les tourelles pour leur donner la silhouette des TD. Des étoiles blanches sont évidemment peintes sur tous les véhicules.

2. Krieg Gefang : prisonnier de guerre.

3. Quelques individualités sont envoyées dans des camps de prisonniers pour essayer de se perfectionner. L'expérience tourne vite court.

*

Dans l'isolement de Friedenthal ou de Grafenwoehr les rumeurs les plus folles se colportent. Mille suppositions sont imaginées pour expliquer le mystère de cette mutation soudaine en contingent américain. Il s'agirait de traverser toute la France pour aller libérer les garnisons assiégées de Dunkerque et de Lorient, ou encore de marcher sur Paris afin de s'emparer du quartier général du général Eisenhower. Skorzeny ne dément pas. Si les bobards dépassent les limites des cantonnements, ils serviront à l'intoxication générale sans pour autant révéler ce qui se trame.

Les généraux allemands sur le terrain, à commencer par le commandant en chef à l'Ouest, le maréchal von Rundstedt, doutaient et ne cachaient pas leur scepticisme devant les ambitions hitlériennes. Pourtant le Führer a réussi. Il a réuni une force de frappe considérable pour la Wehrmacht de l'automne 1944.

200 000 hommes, 800 blindés, en trois armées principales [1], se massent dans les Ardennes. Les avions sont peu nombreux mais l'attaque interviendra par temps couvert, compensant la faiblesse de la Luftwaffe.

Dans le camp adverse il n'est pas d'inquiétude formelle. Les états-majors vivent sur la lancée des semaines écoulées et sur des certitudes bien ancrées. L'Allemagne est blessée. Les offensives à venir l'achèveront. Si après les avancées victorieuses depuis la Normandie les troupes marquent le pas, ce répit est regardé comme une nécessité provisoire. Après avoir soufflé, la marche en avant reprendra.

Ce besoin de marquer une pause a stabilisé le front sensiblement le long de la frontière allemande [2]. Dans le secteur où se produira la poussée allemande, sur 135 kilomètres entre Monschau et Echternach, sept divisions américaines assez affaiblies, soit 75 000 hommes avec environ 300 chars, n'assurent qu'une couverture [3] Aucune continuité dans leur dispositif. Aucune analogie avec les tranchées de 14-18. Les avant-postes se sont souvent installés dans des fermes avec premier souci de se protéger contre un hiver particulièrement rigoureux. A l'arrière,

---

1. 6e Panzer Armee SS. – 5e Panzer Armee – 7e Armee.

2. A l'exception d'une poche créée, en territoire allemand, par les Américains qui ont occupé Aix-la-Chapelle.

3. Quatre d'entre elles s'alignent sur 100 kilomètres dans la partie méridionale où attaqueront les 5e et 7e armées allemandes. Cette faiblesse explique les premiers succès de l'offensive allemande en direction de Bastogne et Dinant.

dans les villes et les villages, la recherche d'un minimum de confort prime. Des lignes aussi perméables sont idéales pour permettre à des commandos de s'infiltrer en profondeur afin d'y semer la confusion. Ce sera d'autant plus vrai que ces commandos donneront l'impression d'appartenir à la même armée.

*

Hitler voulait attaquer le 1er décembre. Finalement « Herbstnebel » n'est en mesure de démarrer que le 16, quelques jours avant le solstice d'hiver. Les nuits seront très longues et le brouillard recouvre une grande partie des Ardennes, interdisant l'intervention de l'aviation alliée au profit des troupes au sol.

En principe, sitôt la rupture de la « croûte » réalisée, l'avant-garde des faux Américains filera devant la 6e Panzer Armee du général Sepp Dietrich afin de s'emparer des ponts sur la Meuse. Elle est censée s'assimiler à une colonne battant en retraite. Le plan achoppe d'entrée. Dietrich se heurte à forte résistance devant Saint-Vith et sur les hauteurs d'Elsenborn. Derrière lui Skorzeny butte sur des itinéraires fermés. Sa force blindée immobilisée est incapable de foncer vers les ponts. Elle sera réduite à être engagée en unité conventionnelle autour de Malmedy dans le cadre du 1er SS-Panzerkorps. Engagée jusqu'au 29 décembre, elle mène une action sans rapport avec celle d'un commando même si elle offre l'apparence, avec ses véhicules maquillés, d'une unité américaine. Dans ces combats elle perd environ 15 % de son effectif, pertes dues essentiellement à l'artillerie et aux bombardements aériens (Skorzeny est légèrement blessé au visage par un éclat d'obus). Maigre résultat d'ensemble après de laborieuses semaines de préparation.

Cet échec a une compensation inattendue venant de la compagnie Stielau, seconde composante de la 150e Brigade blindée. 80 de ses hommes ont été ventilés de manière à constituer 8 équipes de sabotage et 6 de reconnaissance. Chaque équipe montée sur jeep part à effectif de quatre : un conducteur, un chef de voiture, un saboteur ou un radio suivant la mission, et un interprète maîtrisant parfaitement l'anglais. Ces équipages sont les grands bénéficiaires de la moisson de Skorzeny. Il est vrai qu'ils ont reçu le travail le plus exposé. Franchissant les lignes au niveau de Monschau, ils auront à se faire passer pour des éléments de la 5e Division blindée du Ve CA/US.

Des zones d'ombres continuent d'entourer le déroulement exact des commandos Stielau. Les survivants sont rares et après la Seconde Guerre mondiale ils ont préféré se taire. Skorzeny a vécu l'événement d'assez loin et a, par la suite, brouillé les cartes. Inculpé devant les tribunaux alliés, il mesurait ses propos. Libre, il a embelli les faits. Les rapports américains sont difficiles à interpréter. Ils discernent mal les responsabilités des succès adverses et se perdent dans la multitude des suspects interpellés [1].

Il semble acquis que le 16 à l'aube 8 jeeps de sabotage s'infiltrent sans grandes difficultés, utilisant, grâce à leur mobilité, des axes secondaires. Leurs passagers ont convenu entre eux de signaux de reconnaissance : inscription des lettres C, D, X, Y ou Z sur les capots des véhicules, port d'écharpes de couleur, etc. Pendant 48 heures le stratagème de cette poignée d'audacieux n'est pas décelé et assure quelques résultats.

Une équipe s'enfonçant hardiment arrive aux abords de la Meuse, près de Huy dont le pont était l'un des objectifs de la Brigade blindée. S'installant à un carrefour, elle déroute un convoi de la 1re armée américaine. (Il aurait été recherché durant plusieurs heures.) Elle profite de son intrusion lointaine pour couper des lignes téléphoniques et intervertir des poteaux indicateurs.

Une seconde équipe passe la Meuse à Amay. Par des rubans rouges signifiant routes minées elle induit en erreur des convois motorisés montant en renforts et les contraint à de longs détours.

Une troisième amène un détachement d'infanterie à se replier en lui signalant une présence allemande proche sur ses arrières. L'officier commandant aurait remercié du renseignement donné.

Un quatrième fait sauter un dépôt de munitions. Mais contrairement à certaines légendes aucun stock de carburant n'est incendié.

Les comptes rendus de deux autres équipes sont flous. Skorzeny l'avoue. Il se montre incrédule devant les exploits rapportés. Il est effectivement tentant de forcer l'addition. Qui a les moyens de contrôler ?

L'odyssée des deux dernières jeeps de sabotage se termine mal. Dans la journée du 18, les Américains découvrent par des incidents fortuits l'existence de faux compatriotes. Aux origines

1. De nombreux prisonniers allemands sont suspectés pour avoir simplement revêtu des équipements américains de meilleure qualité que le leur : bottes, pantalon, blouson.

de l'un de ces incidents, une simple méconnaissance de subtilités linguistiques.

Une jeep, à court de carburant, se présente à un poste de ravitaillement. Son chauffeur, d'un air dégagé, demande :

« *Petrol please !* »

Dans le jargon courant on ne parle pas de « Petrol » mais de « Gas » (abréviation de gasoline). Quant à la formule de politesse, elle est surannée entre camarades de combat. Le préposé à l'essence s'étonne et questionne :

« *D'où êtes-vous, vous autres ?* »

Le conducteur en quête de « Petrol » se croit démasqué et démarre en trombe. Dans sa précipitation il dérape sur la route verglacée et percute un GMC arrivant en face. La jeep se retourne. On retire les passagers blessés qui, surprise, portent des uniformes allemands sous leurs tenues américaines. L'un d'eux, sur la foi de ce qu'il a entendu avant le départ, indique qu'un commando spécial sous les ordres de Skorzeny doit enlever Eisenhower et son état-major.

Une autre interpellation se produit à un barrage au sud de Liège. Un factionnaire pointilleux veut identifier une jeep et ses trois occupants. Il réclame le mot de passe et l'ordre de mission justifiant le déplacement. Les trois hommes hésitent. Pris au piège au milieu de chicanes gardées ils n'osent pas forcer le barrage et lèvent les bras. Fouillés, ils sont découverts porteurs de livrets militaires allemands, de 900 dollars et de 1 000 livres sterling. Comme armement, ils possédaient trois Sten, deux Colt 45, un pistolet allemand et six grenades. Déclarés s'appeler Lawrence, Sensenbach et van der Wert, ils sont de fait l'aspirant Billing, le caporal Schmidt et le sergent Pernass. Ils appartenaient à l'un des six équipages de reconnaissance introduits au-delà des lignes.

Ces arrestations, ces découvertes éclatent comme un coup de tonnerre chez les Américains. De faux GI's se mêlent aux vrais. Ils circulent librement ayant tout à fait l'apparence de parfaits soldats de l'Oncle Sam. La nouvelle se répand très vite. L'alerte est diffusée sur les ondes. Attention aux faux Américains se glissant pour se livrer à des subversions de toutes natures !

Au strict plan militaire les résultats obtenus par les commandos de sabotage pèsent peu. Les renseignements fournis par ceux de reconnaissance encore moins. Un convoi dévié, quelques itinéraires interdits, des milliers d'obus explosés, n'influencent guère le déroulement d'une bataille mettant en cause plusieurs centaines de milliers de combattants. Les informations transmises pour être valables nécessitent une exploitation immédiate. L'offensive allemande en est incapable. Le doute dans les esprits provoque également quelques malentendus graves entre amis. Ainsi, le 2 janvier 1945, près de Wardin, au sud de Bastogne, une Task Force de la 6e DB tombe sur des éléments de la 35e DI. Les tankistes prennent les fantassins pour des Allemands déguisés. Deux morts, plusieurs blessés avant de s'identifier.

Cela étant, l'effet psychologique d'un événement aussi imprévu est considérable. Brutalement 500 000 Américains voient partout des Allemands revêtus de leur uniforme. La psychose créée conduit à se méfier de tout et à prendre des mesures sans aucunes proportions avec le danger réel. Tous les visages inconnus donnent lieu à méfiance. Nul n'échappe à la chasse aux faux frères. Le général Bradley, commandant du 12e GA américain, bras droit d'Eisenhower, tombe lui aussi sous le coup des contrôles et des investigations sur son identité. Ses propres aventures sont caractéristiques de l'ambiance du moment :

« ... Un demi-million de GI's jouaient au chat et à la souris chaque fois qu'ils se rencontraient sur la route. Ni le grade, ni les pièces d'identité, ni les protestations ne mettaient le voyageur à l'abri d'un interrogatoire à chaque carrefour rencontré. A trois reprises des GI's méfiants m'intimèrent l'ordre de prouver mon identité. La première fois en identifiant Springfield comme la capitale de l'Illinois – (mon interrogateur prétendait que c'était Chicago) ; la deuxième fois en localisant avec précision les différents joueurs d'une ligne de mêlée au football américain ; la troisième fois en donnant le nom de l'époux du moment d'une blonde appelée Betty Grable. Le nom de Grable m'arrêta, mais la sentinelle n'en fit pas autant. Satisfaite de m'avoir collé, elle me laissa néanmoins passer[1]. »

Le plus sûr pour repérer les intrus consiste, paraît-il, à leur faire prononcer un mot difficile. L'accent germanique ressort sans contestation.

Cette psychose, si la guerre n'était pas une tragédie, pourrait s'assimiler à un canular réussi. Elle prend d'autres proportions avec la menace supposée planer sur le commandant en chef allié, le général Eisenhower. Tout semble être parti des membres du commando capturé près de Liège le 18. Se sachant en mauvaise posture et peut-être pour sauver leurs têtes ils se montrent prolixes :

1. Bradley, *A soldier story*, p. 467-469.

« Skorzeny est en route pour aller assassiner Eisenhower à Versailles. Il circule dans une ambulance américaine chargée de faux blessés. Il a rendez-vous au Café de la Paix avec des agents allemands qui lui donneront les derniers détails sur le dispositif de garde qui entoure le commandement allié. D'autres généraux américains seront enlevés [1]. »

Les détails sonnent vrai. Ambulance, Café de la Paix joints à la réputation et à la légende de Skorzeny transforment quelques lignes d'interrogatoires en certitude formelle. Skorzeny veut assassiner Eisenhower. L'intéressé, aux mains de ses anciens adversaires, s'en défendra vigoureusement et avec raison. Cet objectif assez utopique n'entrait pas dans le cadre de la mission. Un kamikaze, seul, aurait peut-être pu l'envisager.

Sur-le-champ les services de sécurité prennent peur, paniquent, diront certains. Le commandant en chef allié est un personnage trop précieux, trop représentatif pour lui faire prendre le moindre risque. Il se transforme en prisonnier étroitement protégé. Son PC ressemble à une citadelle assiégée. Son sosie, le lieutenant-colonel Smith, se manifeste un peu partout pour dérouter les assassins. Ce serpent de mer de la menace Skorzeny sur Eisenhower se prolongera plusieurs semaines.

*

La psychose du faux GI, si elle conduit à se défier de tout, donne des résultats. Les vrais Américains sont sur leurs gardes. Les simulés sont interceptés, tout au moins certains. Les équipes de reconnaissance aventurées derrière les saboteurs sont les grosses victimes de cette chasse à l'homme. Les rapports des unités américaines permettent de mieux cerner certaines arrestations, comme celle survenue le 23 décembre non loin de Malmédy. A cette date la surprise ne joue plus, la vigilance est générale. L'historique du 120 th Infantry Regiment relate :

« Tôt, le matin, sept Allemands revêtus d'uniformes américains volés et munis d'équipements britanniques et américains essaient de traverser nos lignes pour repérer nos installations militaires et s'en retourner chez eux. Vers 2 heures, ils approchent d'un carrefour situé à un kilomètre au nord de Géromont, avec des cartes et des grenades. Là, ils sont arrêtés par un membre de la Company B, le sergent Daniel Barbuzzi, qui se

1. J. Nobécourt, *Le dernier coup de dés de Hitler*, OC, p. 297.

rend du QG de sa compagnie aux positions de sa section. Le chef de groupe affirme avec calme que ses hommes et lui sont des observateurs d'artillerie. Il parle avec un léger accent, et aucun des suspects ne possède de radio alors qu'ils auraient dû en être munis. Le sergent est soupçonneux à leur égard et armé seulement d'un pistolet et de grenades, il se met à crier assez fort pour être entendu de ses camarades : "*Bougez seulement, et je vous descends !*" Quand certains d'entre eux jettent un regard vers le fossé bordant la route, le sergent tire deux coups de son Colt 45 pour les dissuader. »

Dans ce récit quelques détails étonnent et enjolivent même très certainement. Qu'importe ! Le fait rend compte de la méfiance de tout un chacun. Les sept Allemands appartenaient à la 150e Brigade blindée, la troupe de Skorzeny, et s'avançaient en reconnaissance.

Les Américains se retrouvent avec des prisonniers d'un type inédit. Ils ne sont pas enclins à leur faire de cadeaux devant cette violation des lois de la guerre. De plus, 71 des leurs capturés près de Malmédy ont été massacrés par des SS. Les civils belges ou luxembourgeois ont subi les exactions allemandes [1]. Des otages ont été exécutés.

Conformément aux conventions internationales, les Allemands capturés sous uniforme américain sont passés par les armes. Combien sont-ils à connaître le poteau et la salve fatale ? Le chiffre de 18 est le plus vraisemblable [2]. Des photographies montrent les derniers instants de trois d'entre eux. L'un reçoit l'absolution des mains d'un aumônier américain. Des noms de suppliciés sont connus : aspirant Billing, caporal Schmidt, sergent Pernass, lieutenant de vaisseau Schilz, premier maître mécanicien Goerlich, caporal-chef Pollack, caporal-chef Meyer, caporal Struller…

Les faux Américains de Skorzeny feront longtemps parler d'eux. Ils seront évoqués à Nuremberg en août 1947 au cours du procès de leur chef. L'Obersturmbannführer accusé d'avoir enfreint aux lois de la guerre peut connaître le sort de ses hommes pris sur le fait.

A la surprise générale, un aviateur anglais, le lieutenant-colonel Yeo Thomas, agent britannique près de la Résistance

1. 93 civils ont été massacrés à Stavelot.
2. Quelques-uns sont des parachutistes largués dans la nuit du 16 au 17 (opération Autour) et victimes du climat du moment.

française, connu sous l'indicatif de « Lapin Blanc », authentique héros de la Seconde Guerre mondiale et ancien déporté, vient témoigner en faveur de l'accusé. Skorzeny n'a fait qu'appliquer des méthodes que lui-même utilisait. Sur ce témoignage l'Autrichien est acquitté.

La suite devait effectivement l'apprendre. A maintes reprises des belligérants de tous bords avaient revêtu des uniformes ennemis dans des actions de commandos afin de mieux tromper l'adversaire. Que de bouleversements apportés avec la Seconde Guerre mondiale !

Chapitre XV

LE COMMANDO DE LA LIBERTÉ
CABANATUAN
30 janvier 1945

L'opinion française a été marquée par les horreurs de l'univers concentrationnaire du IIIe Reich. Dachau, Buchenwald, Auschwitz et tant d'autres sont des noms connus qui parlent.

L'impérialisme nippon n'a cédé en rien à son homologue nazi. Sa trace dans les territoires qu'il a submergés s'accompagne d'une longue série d'exactions et de crimes. Les tueries se succèdent. Nankin, en décembre 1937, livrée à la soldatesque, en fut le triste symbole [1]. Qui, en France, à l'heure des échanges commerciaux avec Tokyo, ose évoquer ce passé monstrueux? L'Extrême-Orient est si loin! Les intérêts en jeu si grands! Il n'est pas à s'étonner que le nom de Cabanatuan, quelque part dans les Philippines, ne rappelle rien. Là se dressait pourtant l'un des plus terribles camps de la mort nippons.

*

1. On dénombre 250 000 civils, hommes, femmes, enfants, massacrés, presque généralement à l'arme blanche.

Le 2 janvier 1942, Manille, la capitale des Philippines, déclarée ville ouverte, tombe aux mains de la XIVe Armée japonaise du général Homma. Américains et Philippins, sous le commandement du général MacArthur, se replient à l'ouest de la ville, dans la presqu'île de Bataan. Ils finiront par y capituler le 9 avril. Un dernier carré, avec le général Wainwright, l'adjoint de MacArthur, se réfugie sur l'îlot de Corregidor en rade de Manille. Le 9 mai, afin d'éviter un massacre général, Wainwright hissera le drapeau blanc. C'en est fini de la présence américaine dans les Philippines[1]. Le 12 mars, sur ordre formel du Président Roosevelt, MacArthur embarque sur une vedette rapide pour gagner l'Australie. Avant de partir il s'est exclamé:

« Je reviendrai ! »

Promesse qu'il tiendra trois ans plus tard.

78 000 Américains et Philippins ont été capturés à Bataan, 16 000 sur Corregidor. Pour ces malheureux, déjà éprouvés par des semaines de combats, la tragédie commence.

20 000 disparaissent les jours suivants, morts d'épuisement ou abattus par leurs gardiens, à coups de baïonnette ou décapités. Cette remontée vers le nord, de Balanga au camp O'Donnell, ancien casernement de l'armée des Philippines, restera dans les esprits sous le nom de « *marche à la mort de Bataan* ». Dix ans après, suite aux épreuves supportées durant la captivité japonaise, seul un combattant de Bataan sur sept sera encore en vie.

Les mois suivants, les prisonniers sont dispatchés vers des centres de travail. Une partie est envoyée au Japon ou sur le continent chinois. Une autre demeure dans l'île de Luzon. Plusieurs milliers de ces captifs se retrouvent au camp Numéro « 3 » de Pangatian, mieux connu sous le nom de Camp de Cabanatuan. Ce camp se situe effectivement à 7 kilomètres de la ville de Cabanatuan, dans la large dépression menant du golfe de Lingayen à Manille (soit à 100 kilomètres au nord de la capitale). Installé dans un ancien centre agricole américain, transformé en base d'entraînement de l'armée philippine, il s'étend sur une cinquantaine d'hectares immédiatement au sud de la route Cabanatuan-Cabu.

En septembre 1942, 6 500 prisonniers américains y étaient internés. Au début de 1945, ils ne sont plus que 500. 3 000 reposent à jamais dans le cimetière proche. Les autres sont partis à

1. Sous réserve de maquis animés par des Américains à Mindanao.

Mindanao ou Palawan[1]. Cabanatuan n'est plus qu'un mouroir. Les rescapés survivent avec 800 calories par jour, menacés par les infections de toutes natures. Ne pas oublier que Cabanatuan, par environ 15 degrés de latitude nord, se situe en zone tropicale.

*

MacArthur l'avait clamé haut et fort: «Je reviendrai!»

Le 22 octobre 1944, il remet personnellement les pieds dans l'île de Leyte où la reconquête des Philippines a commencé. Le 9 janvier 1945, la VIe Armée américaine du général Krueger débarque sur Luzon dans le golfe de Lingayen. Trois ans plus tôt, à quelques jours près, le 22 décembre 1941 très exactement, le général Homma y avait entamé sa marche sur Manille. Les temps ont bien changé. La machine de guerre américaine frappe de toute sa puissance. Fantassins, blindés déferlent sur les plages appuyés par une imposante armada. Au-dessus d'eux l'aviation américaine domine le ciel.

Pressée par MacArthur qui a hâte de libérer Manille, la VIe Armée s'enfonce dans l'intérieur et avance vite. Le 21 janvier, elle est à mi-route de la capitale. Mais la résistance se durcit. Il y a 250000 Japonais sur Luzon et les transports maritimes américains doivent compter avec les kamikazes. Cependant, le 27 janvier, les avant-gardes du 1er Corps d'Armée arrivent à 40 kilomètres de Cabanatuan, à hauteur de la petite ville de Guimba.

Par la Résistance philippine et grâce aux photographies aériennes Krueger connaît l'existence du camp de Cabanatuan. Il n'ignore pas les sévices dont ses compatriotes aux mains des Japonais sont victimes. Tout donne à penser qu'ils seront exterminés dès que leurs libérateurs se manifesteront à proximité.

Le colonel White, responsable du 2e Bureau de la VIe Armée, propose à Krueger de lancer résolument un commando pour essayer de sauver les prisonniers estimés à cinq cents. Une unité spécialisée est disponible: le 6e Bataillon de Rangers. Il fera mouvement en véhicules sur Guimba. Ils y récupéreront des Scouts d'Alamo et des guérilleros philippins. Ces derniers leur serviront de guides pour se porter, à marche forcée, sur Cabanatuan. L'investissement du camp interviendra au soir du 29 janvier.

1. Au sud et sud-ouest de Luzon.

Krueger ne sait que trop ce que risquent les prisonniers. Il donne aussitôt son accord à la proposition de White et désigne le lieutenant-colonel Henry Mucci, commandant le 6e Bataillon de Rangers, pour conduire l'opération.

*

Le 6e Bataillon de Rangers est une unité relativement récente. Il a pour origine le 98e Bataillon d'Artillerie de campagne envoyé en Nouvelle-Guinée en 1943. En avril 1944, il a été affecté à la VIe Armée de Krueger. Ayant eu écho des succès, type La Pointe du Hoc, remportés par les Rangers en Europe, Krueger, persuadé de l'intérêt de ce type de troupe, décide, courant 1944, de transformer le 98e Bataillon d'Artillerie en bataillon de Rangers. Cette mutation est confiée au colonel Mucci.

Sorti de West Point, le Saint-Cyr américain, en 1936, Mucci est un officier expérimenté. D'emblée il prend ses hommes en main. Il écarte les tièdes et ne retient que les volontaires. Aux 600 sélectionnés, formés en six compagnies et éléments de PC, il fait subir un entraînement du plus pur style commando. Marches, exercices de débarquement enchaînent avec les séances de tir et les combats de nuit. Cette rigoureuse mise en condition, le rayonnement du chef, donnent à ce qui est devenu le 6e Bataillon de Rangers une solide cohésion et un fort esprit de corps. Caractéristique bien propre à une unité d'élite, les Rangers du 6e Bataillon sont fiers de leur appartenance.

Dans son commando sur Cabanatuan, Mucci peut également compter sur l'assistance des Scouts d'Alamo. Ces Scouts sont une autre création de Krueger qui ne doute pas des possibilités de formations très spécialisées dans le cadre d'un terrain comme celui des Philippines. Ils sont constitués en équipes très légères de sept hommes. Destinés à mener des reconnaissances en profondeur et des actions de sabotage, ils peuvent être amenés à pied d'œuvre par parachutage, débarquement ou tout autre moyen. Ces équipes au personnel très soudé comprennent toujours un Philippin. Cet enfant du pays est précieux. Il connaît les lieux et facilite les contacts avec les populations. Krueger a baptisé ces Scouts du nom d'Alamo en souvenir de la célèbre bataille et de la défense héroïque des soldats américains contre les Mexicains en 1836. Il entend les voir répondre à la même abnégation.

Les résultats obtenus prouvent que le général ne se trompait pas. En octobre 1944, les Scouts d'Alamo ont effectué un raid nocturne par mer en Nouvelle-Guinée encore occupée par les Japonais. Ils ont libéré 33 civils hollandais et javanais. Les deux lieutenants ayant conduit ce raid seront de celui contre Cabanatuan.

S'infiltrer en territoire plus ou moins contrôlé par les Japonais ne serait pas possible sans la participation active de la Résistance et de la population philippine. Massivement, les Philippins se sont dressés contre l'envahisseur[1]. Les maquisards mènent une guérilla active contre l'occupant, lui interdisant l'accès à la majeure partie du pays. L'armée japonaise tient les villes, circule sur les axes mais ne s'aventure plus guère en campagne. Cette situation autorise les déplacements discrets. Mucci saura en profiter. Toutefois la Résistance est divisée. Une large frange s'appuie ouvertement sur les Américains qui se sont engagés à accorder entière indépendance aux Philippines après la guerre[2]. Par contre les éléments d'obédience communiste (les Hucks) se montrent réservés voire hostiles envers les Etats-Unis. Leur attitude générera quelques difficultés au commando de Cabanatuan.

*

Mettant sur pied son opération, Mucci, répondant à l'esprit commando, opte pour la légèreté et la rapidité. L'action doit être brève et déboucher sur un repli accéléré en évitant l'affrontement. Pour l'accompagner, le colonel désigne la Compagnie « C » du capitaine Prince et le 2e Peloton du lieutenant Murphy de la Compagnie « F ». Avec une équipe radio, une antenne médicale et deux photographes, le détachement retenu totalise 8 officiers et 120 hommes de troupe. Son chef lui explique très clairement la nature et la portée de la mission :

« Nous allons partir pour un camp de prisonniers, afin de libérer quelques centaines de nos boys prisonniers des Japonais depuis bientôt trois ans. Ce sont des rescapés de Bataan et de Corregidor[3]. Si nous ne les libérons pas maintenant, ils seront

---

1. A l'exception de quelques personnalités ayant permis aux Japonais de constituer un gouvernement philippin fantoche.

2. On sait que les Philippines, ancienne colonie espagnole, passée sous domination américaine en 1898, évoluaient, avant la guerre, vers une certaine autonomie. A ce titre le général MacArthur était commandant en chef de l'armée des Philippines. Armée comprenant le 7 décembre 1941 Américains et Philippins.

3. Du même auteur, chez le même éditeur, *La Grande Histoire de la Seconde Guerre mondiale*, tome 4.

tués par les Japonais avant que notre ligne de front ne les atteigne...

Pour ce nous serons transportés en camions sur 120 kilomètres jusqu'à une petite ville appelée Guimba, position la plus avancée que nous tenons. Là nous prendrons contact avec la guérilla philippine qui nous épaulera. Après quoi longue marche en territoire japonais, sans dormir, attaque et retour.»

De Guimba au camp de Cabanatuan il y a 36 kilomètres à vol d'oiseau. L'itinéraire à suivre double pratiquement cette distance. Un périple à pied de l'ordre de 150 kilomètres aller-retour attend les Rangers. Pour une troupe bien entraînée il représente facilement 30 heures de marche sans marquer de temps d'arrêt. L'exploit à réaliser par le bataillon Mucci est d'abord sportif.

*

28 janvier 1945. 5 heures. Les GMC emportant les 120 Rangers de Mucci commencent à filer vers le sud. Les hommes ont été allégés au maximum. Comme armement: FM BAR, PM Thompson, Carabines M1 [1], Colt 45 [2]. Des bazookas ont toutefois été pris pour l'éventualité d'une mauvaise rencontre avec un véhicule blindé.

Le trajet n'offre pas de difficultés et les moteurs tournent rond. A 7 heures 15 les Rangers sautent à terre à Guimba, véritable point de départ de l'opération. Mucci prend rapidement contact avec les guides philippins. Ces braves gens ne se posent pas de questions. Ils savent seulement qu'ils doivent conduire le colonel américain auprès du capitaine Joson à Lobang puis auprès du capitaine Pajota à Balancarin. En ce dernier village les Rangers ne seront plus qu'à 10 kilomètres du camp.

A 14 heures, les derniers préparatifs d'organisation et d'approvisionnement terminés, la petite colonne prend la piste. Le déplacement se fera en relative sécurité. La guérilla contrôle la région. Les Japonais ne se manifestent plus contre elle. Ils ont trop à faire pour repousser l'offensive de la VIe Armée et se préoccupent surtout de barrer les axes aux Américains.

A Lobang le capitaine philippin Joson attendait Mucci. Il apporte le concours de ses 80 guérilleros et sa parfaite connaissance de la

1. Carabine légère, poids 2,5 kilos, calibre 6,5 mm.
2. Pistolet automatique, calibre 11,43 mm.

région. Il a tout prévu. Traversée de la route Baloc-Cabanatuan après le coucher du soleil. Passage à gué de la rivière Talavera vers minuit. Traversée de la grande route Rizal-Cabanatuan vers 4 heures du matin.

L'horaire de Joson est respecté. A 6 heures du matin, le 6e Bataillon, ou plus exactement ce qu'il en est, fait halte aux lisières de Balancarin. Les hommes apprécient de se laisser glisser à terre pour souffler un peu. Une marche de nuit est toujours une rude épreuve. Le pied cherche le sol. Trébucher est le risque de tous les instants. Souvent, après un arrêt incompréhensible, il faut accélérer le pas pour recoller aux camarades qui précèdent et qui ont poursuivi. Avec les heures qui passent le besoin de sommeil se fait pressant.

Les lieutenants Rounsaville et Nellist, des Scouts d'Alamo, étaient déjà sur place. Ils n'ont pas encore eu le temps de pousser au-delà ; malgré tout les habitants leur ont fourni des informations précieuses. Le camp se situe au milieu d'un espace plat et dégagé. Un ravinement permet de s'en approcher par l'est. Le PC d'une division japonaise serait implanté à Cabanatuan distante de 7 kilomètres. 300 Japonais bivouaqueraient près de la rivière Cabu à un kilomètre à l'est.

Manifestement, eu égard au terrain découvert, l'approche du camp sera difficile. Le capitaine Pajota qui survient avec un autre groupe de guérilleros se montre, pour sa part, franchement pessimiste. Il voit un bataillon japonais faisant mouvement vers le pont sur la Cabu. Il voit des centaines de Japonais avec des chars à l'intérieur du camp. Il s'inquiète de la condition physique des prisonniers. Seuls quelques-uns seraient capables de se déplacer seuls. Les autres devront être portés.

Les propos du capitaine philippin n'entament pas la résolution de Mucci. L'Américain ira secourir ses compatriotes. Malgré ses dires, Pajota s'affirme coopératif. Il organise un convoi de charrettes à buffles pour transporter les invalides. Il fournit des hommes : 250 dont 90 armés. Ces derniers occuperont et tiendront le pont sur la Cabu afin de contrer une réaction japonaise. Les autres participeront au voiturage. Enfin, il faut tout prévoir. D'un commun accord, Mucci et Pajota interdisent à la population de se déplacer au nord de la route Cabanatuan-Cabu. Cette mesure évitera les fuites volontaires ou non. La volaille sera enfermée. Les chiens attachés et muselés. Aucun cocorico, aucun aboiement intempestifs ne donneront l'éveil.

Le camp
de
Cabanatuan

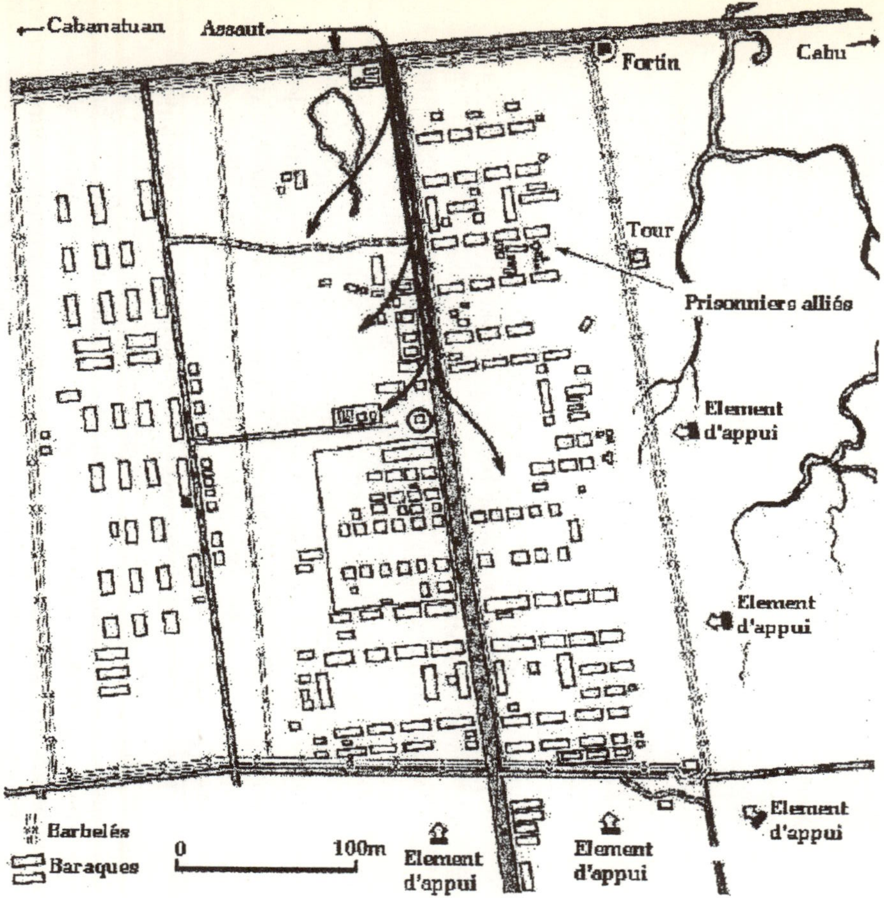

*

29 janvier. 18 heures. Les Rangers quittent Balancarin direction Platero, prochain et dernier village avant l'objectif. Le trajet est court. Quatre kilomètres seulement. A Platero, autres mauvaises informations. Une nouvelle unité vient d'arriver au camp... Ils seraient maintenant 500 Japonais dans la place. La valeur d'une division, avec chars et armement lourd, circulerait sur la route conduisant à Cabanatuan. La ville elle-même serait occupée par 7 000 Japonais. Pire, les Scouts d'Alamo n'ont pu se livrer à une pleine reconnaissance des lieux.

Au reçu de ces renseignements, Mucci décide de reporter l'opération de 24 heures. Il pourra ainsi en savoir plus sur l'état réel des défenses. Ses Rangers en profiteront pour prendre un peu de repos et auront latitude de mieux se préparer car tout jusqu'alors a été précipité.

Mucci a eu raison de patienter. Le lendemain, vers 15 heures, lui parvient un rapport très précis du lieutenant Nellist. Le jeune officier, déguisé en paysan philippin, s'est approché au plus près du camp. Durant plusieurs heures il a observé. Sur une photographie aérienne, il a reporté des points numérotés. A tous ces numéros il joint une fiche de renseignements très complète.

Le camp est un rectangle de 800 mètres sur 600 ceinturé par des barbelés, en bordure de la route Cabanatuan-Cabu. Une allée Nord-Sud le scinde en deux dans sa grande longueur depuis l'entrée principale donnant sur la route. Cette entrée est surveillée par un mirador et un poste de garde. D'autres miradors complètent et renforcent les barbelés. A chaque angle du camp a été bâti un petit fortin paraissant occupé. Au sud du camp se trouve un détachement de garde. Les baraques des prisonniers se situent dans la partie est, à environ 200 mètres à main gauche en entrant. Les Japonais résident côté ouest, officiers et troupes dans des quartiers séparés. Combien sont-ils ? Nellist a du mal à se prononcer. Il a vu des mouvements mais il ne semble pas que la garnison soit très étoffée. Enfin, élément important, le ravinement distingué sur les photographies aériennes et signalé par la population locale existe bien. Il permet de passer, par un ponceau, sous la route et d'aborder les lieux par l'est.

Le colonel est désormais renseigné. En pleine connaissance de cause il peut finir de monter son coup de main.

L'opération se déroulera, sitôt la nuit tombée. Auparavant, à partir de 18 heures 30, un P 61 [1] viendra tournoyer au-dessus du site dans le but d'attirer l'attention des Japonais. Profitant de cette diversion, les Rangers se mettront en place. Le peloton de la Compagnie «F» (lieutenant Murphy) s'infiltrera par l'est et déclenchera l'ouverture du feu. Aussitôt, la Compagnie «C» (capitaine Prince) attaquera la porte principale. Un de ses pelotons s'en prendra aux cantonnements japonais. L'autre évacuera les prisonniers. Durant ce temps les guérilleros, renforcés d'une pièce de bazooka américaine, installeront des bouchons routiers pour interdire les accès et arrivées de renforts depuis Cabanatuan et Cabu. Une fois les prisonniers évacués, une fusée rouge sera lancée donnant le signal de repli de tous les Rangers. Lorsque la colonne des prisonniers sera à 1 500 mètres du camp, une seconde fusée sera tirée. Les guérilleros décrocheront et couvriront les arrières.

*

30 janvier. 17 heures. Il fait encore grand jour. Les 120 Rangers guidés par les Philippins quittent Platero, village accueillant. Silencieux, en file indienne, ils progressent dans les herbes à éléphants qui dépassent hauteur d'homme ou au milieu des bosquets de bambous. Cette végétation tropicale les dissimule. Après la rivière Pampanga qui serpente à 5 kilomètres au nord de la route Cabanatuan-Cabu, la colonne se scinde en trois. Les Philippins partent installer les bouchons routiers. Mucci pique vers le camp avec les siens.

18 heures. La Pampanga est dépassée depuis deux kilomètres. Le soleil décroît, le crépuscule tombe, heure entre chien et loup. Heureusement ! L'herbe à éléphants cède la place a,ux rizières avec le carré de leurs «diguettes». Le camouflage devient difficile. Devant, à un peu plus de 1 000 mètres, se devinent les pylônes des miradors.

Le peloton Murphy se détache comme prévu. Le lit du ruisseau confirmé par Nellist lui procure une tranchée profonde de quatre à cinq pieds. Ce défilement est suffisant pour rester inaperçu tout en poursuivant vers la route et l'est du camp.

---

1. Northrop P 61 B Black Widow (Veuve noire). Bimoteur fortement armé. 4 canons de 20 ; 4 mitrailleuses de 12,7 mm ; 2 900 kilos de bombes ; équipage : 3 hommes ; vitesse : 590 km/h.

Les autres Rangers n'ont qu'une seule ressource pour éviter d'être repérés : ramper dans le souvenir des stages commandos. Le P 61, baptisé « Hard to get[1] », surgit à bon escient, à 18 heures 40. Il survole le camp, tournant à maintes reprises, moteurs grondant à plein régime. Le lieutenant Nellist, tapi depuis des heures à proximité, le voit évoluer « au ras des cailloux ». Cette diversion paie. A 19 heures 25, Mucci et la Compagnie « C », au terme d'une ingrate reptation, touchent au but. Sans avoir été remarqués, ils se tiennent plaqués dans un étroit fossé à 20 mètres de l'entrée principale. La nuit est complètement tombée. Par intermittence de gros nuages estompent le clair de lune.

19 heures 45. Le lieutenant Murphy fait signe d'ouvrir le feu. Il a volontairement attendu quelques minutes supplémentaires de façon à être sûr que ses camarades soient en place aux abords de la porte. En trente secondes, les miradors, les trois fortins, les postes de garde de la face sud-est sont neutralisés. Sentinelles et guetteurs en faction sont abattus sans avoir eu le temps de réagir. Le personnel au repos dans les baraquements connaît le même sort. Les constructions en bambous ne mettent pas à l'abri des longues rafales qui les transpercent de part en part. Le danger japonais au sud-est du camp est écarté. Travail accompli, Murphy ordonne le repli par l'itinéraire aller.

La Compagnie « C » n'attendait que Murphy pour passer à l'action contre la porte principale. Sitôt le premier coup de feu, le sergent Richardson se précipite sur le portail fermé pour en faire sauter le loquet avec la crosse de son PM. Deux Japonais surgissent. Le Ranger Provencher tire dans un réflexe. Un Nippon s'écroule. Le sergent règle le sort de son compagnon et force la serrure avec son Colt.

La porte s'ouvre. Le 1er peloton du lieutenant O'Connell s'engouffre en courant suivi par la section « d'armes lourdes[2] ». Alertés, les officiers et soldats japonais commencent à sortir de leurs cantonnements et à tirailler au hasard.

Les BAR, les Thomson, les grenades des Américains ne leur laissent pas loisir de s'organiser. Les Rangers n'ont ni l'âme ni le temps de faire du sentiment. Ils ne connaissent que trop le tempérament suicidaire de leurs adversaires. Un combattant

1. « Dur à aller » ou encore « Dur à cuir ».
2. C'est-à-dire servant des armes collectives : FM, bazooka.

japonais, aussi longtemps qu'il n'est pas mort, est toujours dangereux.

La «section lourde» a déboulé dans l'artère centrale sur environ 300 mètres en direction d'un hangar supposé abriter des chars. Le sergent Stewart, le tireur au Bazooka, aperçoit deux camions manœuvrant pour essayer de sortir. Sa première fusée de 88 millimètres frappe le léger bâtiment propulsant de toutes parts des éclats meurtriers. Sa seconde touche de plein fouet un véhicule qui s'embrase. Stewart parvient à tirer une troisième fois et touche le deuxième camion. Les passagers sautent à terre pour s'extraire des flammes. Ils sont fauchés par les Thomson des camarades de Stewart.

Insensible aux fusillades déclenchées dans les portions ouest et sud-est du camp, le 2e peloton fonce vers ce qui motive l'opération : les prisonniers. Ceux-ci, avec l'obscurité, commençaient à s'assoupir. Brutalement tirés de leur torpeur, ils réalisent mal ce qui advient. Apeurés, persuadés que les Japonais viennent les exterminer, ils se terrent de leur mieux dans la nuit. Qui sous les couchettes, qui dans les latrines. Les arrivants pour se faire reconnaître hurlent avec un pur accent yankee : «*Nous sommes des Américains ! Nous sommes des Américains !*» Progressivement les prisonniers comprennent et entreprennent d'exécuter des ordres impératifs : «*Rassemblement à la sortie principale.*» Quelques-uns voudraient cependant emporter leurs affaires personnelles. Ils se font bousculer. Un brave colonel, faisant fonction de chef de camp, parle de faire l'appel. Le capitaine Prince, qui court d'une baraque à une autre pour activer les départs, l'interpelle sans ménagement :

«*Mon colonel, allez faire l'âne ailleurs ! Je m'excuserai demain !*»

Prince a raison. Il n'est pas à moisir sur les lieux. Les Japonais sont en force non loin et 500 anciens internés, plus ou moins valides, sont à évacuer d'urgence. 512 très exactement, on le découvrira par la suite. Presque tous sont américains, mais il y a 21 Britanniques, 3 Hollandais et 2 Norvégiens.

L'un d'eux ne profitera pas de la liberté. Sortant de sa baraque, il tombe sur un Ranger et lui demande de l'abandonner car il se sent mourir. Le Ranger n'en croit rien. Il agrippe le malheureux et le plaque sur ses épaules. A l'entrée du camp son protégé n'est plus de ce monde. Crise cardiaque, semble-t-il. Ce prisonnier est la première victime, indirecte, du raid mais certainement était-il déjà condamné.

Ses compagnons d'infortune continuent souvent d'avoir du mal à réaliser que leur libération est là. Il faut les inciter à se hâter, à ne rien emmener. Une longue marche les attend. Un vieux Marine manifeste sa joie avec une exubérance enfantine. Il passe ses bras autour du cou d'un Ranger, l'embrasse et ne cesse de lui répéter :

« *Oh boy ! Oh boy !* »

Progressivement le regroupement à la sortie se forme. Les prisonniers franchissent la route. Puis, par petits groupes, encadrés par les Rangers, ils se dirigent vers la rivière où des charrettes à buffle attendent sur la rive nord.

Il était temps de s'esquiver. A l'autre extrémité du camp un Japonais a échappé au feu du peloton Murphy et mis un mortier en batterie. Les obus commencent à tomber près de la route et de la porte. Une salve de trois frappe une équipe de Rangers. Plusieurs sont touchés dont le médecin capitaine Fisher. Un autre obus atteint le peloton Murphy au cours de son repli dans le lit de la rivière. Le caporal Sweery, le tireur du FM BAR, est touché par deux éclats dans le dos et meurt presque instantanément.

20 heures 15. Le coup de mains a débuté trente minutes plus tôt. Le capitaine Prince achève de faire le tour des huit baraques côte à côte qui abritaient les prisonniers. Plus personne lui semble-t-il ? Sa fusée rouge, signal convenu de retraite générale des Rangers, monte vers le ciel.

A cet instant, et Prince ne peut le savoir, il manque un prisonnier. Un civil britannique, affaibli par la dysenterie, s'est réfugié dans les latrines. Seul, oublié, l'homme ne perd pas ses esprits. Profitant de l'obscurité et de l'absence de gardiens, il sort du camp. Vers minuit des Philippins le récupéreront. Il sera finalement sauvé.

La lutte, aux abords et à l'intérieur du camp, a été aussi brutale que brève. Elle se prolonge à hauteur des bouchons routiers. Le capitaine Pajota s'est emparé par surprise du pont de Cabu qu'il a fait sauter en partie. Après quoi il a monté une judicieuse embuscade. Les renforts japonais arrivant en camions se sont heurtés à ses tirs de bazooka et de BAR bien ajustés. A 22 heures, estimant son job terminé, Pajota décide de disparaître. Il compte neuf blessés. Les Japonais en face, surpris à bout portant dans leurs véhicules, auraient 300 hommes hors de combat.

Au moment où Pajota s'éloigne, la colonne Rangers-prisonniers, qui s'étire sur 1 500 mètres de long, a fait du chemin. Arrivés à Platero, 25 charrettes supplémentaires ont été préparées. Mucci y marque une courte halte pour réorganiser sa troupe, l'alimenter et donner des soins aux malades et blessés.

A Balancarin, 15 autres charrettes s'ajoutent au convoi qui repart à minuit. La Résistance montre là son efficacité. Ce soutien n'empêche pas une fausse note. Aux approches d'un autre village, Mucci apprend que les Huks (communistes) entendent lui interdire le passage. Sa réplique est sans appel :

« *Si les Huks offrent la moindre résistance et même si un chien mord un de mes hommes, j'appelle l'artillerie et fais raser le village.* »

Les batteries sont hors de portée et Mucci n'a pas de contact direct. Le bluff réussit tout de même. Les Huks ne lèvent pas le petit doigt.

A Balancarin, le docteur Fisher a été laissé sur place avec une petite équipe de protection. Mucci espère pouvoir le faire enlever par avion au jour. Aucun avion ne viendra. Le médecin capitaine Fisher mourra à Balancarin.

Depuis cette dernière halte, les Rangers ne sont plus tout à fait isolés. Une patrouille de P 61 du 547 Squadron de chasse de nuit leur apporte une couverture aérienne. Ces avions sont équipés de lunettes infrarouges. Ils voient. Avec leurs canons de 20 et leurs mitrailleuses de 12,7 ils prennent à partie les unités japonaises en déplacement sur les axes routiers. Durant la nuit, ils porteront à leur actif la destruction de 12 camions et d'un char. (Plusieurs centaines de soldats japonais seront aussi surpris par ces tirs nocturnes inattendus.)

Un obstacle de taille se dresse au tiers du parcours. La lourde colonne avec ses charrettes – 51 maintenant – est dans l'obligation de franchir la route Rizal-Cabanatuan que les Japonais empruntent régulièrement. Elle devra même la longer sur un bon kilomètre faute d'un itinéraire plus rapide.

Pour se couvrir Mucci envoie le lieutenant O'Connell établir des bouchons avec des équipes bazooka en aval et en amont du point de traversée. Des Rangers s'offrent même des galopades à ânes afin d'aller poster des « sonnettes [1] » au plus loin. Le passage s'accomplit de 3 heures 31 à 4 heures 30 sans incidents.

---

1. Dans le vocabulaire militaire, une « sonnette », comme le nom l'indique, désigne un petit poste avancé destiné à donner l'alerte.

Mucci avouera avoir vécu l'heure de sueur la plus chaude de son existence.

A 8 heures, au grand jour, le convoi arrive au village de Sibul situé à 16 kilomètres au nord-ouest du camp de Cabanatuan. Imposé par les itinéraires utilisés, il a pratiquement effectué le double de son trajet initial.

Une bonne nouvelle se répand vite. La VIe Armée a poussé jusqu'à la rivière Talavera. Ses avant-gardes ne sont qu'à quelques kilomètres à l'ouest. Mucci peut établir un contact radio pour demander des camions, des ambulances, des vivres.

Les villageois ont fourni 20 nouvelles charrettes. De quoi finir de transporter tous les anciens prisonniers. A 9 heures les Rangers reprennent la piste. Deux heures plus tard ils tombent sur des patrouilles de reconnaissance de la VIe Armée. Les véhicules ne sont plus très loin. Prisonniers, blessés, malades peuvent être rapidement évacués vers des hôpitaux de campagne.

*

L'opération Cabanatuan s'achève. 511 prisonniers sont sauvés. Deux Rangers, un capitaine et un caporal, ont été tués. Un simple soldat a été blessé. Les pertes ennemies sont évaluées à 250 hommes au titre des Rangers, et à 300 pour la guérilla.

Pour les Américains compte surtout le sauvetage de leurs compatriotes. Sans le commando du 6e Bataillon ils auraient été massacrés. L'exemple de Palawan le rappelle. 200 prisonniers y étaient internés. A l'arrivée des navires de débarquement américains sur l'île, les Japonais ont rassemblé leurs prisonniers dans une grotte, les ont arrosés d'essence et ont mis le feu avec des grenades incendiaires. Un seul rescapé, qui réussit à sauter d'une falaise et à échapper par cinq fois au tir de ses poursuivants, a pu raconter la tragédie.

*

Les Américains se montreront très fiers du plein succès du commando de Cabanatuan. Ce succès, comme celui de toutes les opérations de même type, a reposé sur le secret, la surprise, la vitesse et naturellement l'ardeur des exécutants.

Les Japonais n'avaient rien soupçonné. Ils ont été surpris ne s'attendant pas à une telle attaque. Ils estimaient les Américains encore loin, lesquels Américains ont imposé une discrétion générale autour de leur entreprise. Sur les lieux Mucci a frappé vite et fort, sans s'attarder. Malgré la pesanteur de l'acheminement de 500 personnes affaiblies par trois années de détention, il s'est empressé de prendre du champ sitôt la libération acquise. Quant aux exécutants, ils ont pleinement manifesté leurs qualités. Ils ont fait preuve de résistance physique, d'agressivité, de science du combat. Plus encore ils ont témoigné d'une belle générosité. Leur dévouement, tout au long du raid à l'endroit de leurs infortunés compatriotes, reste un bel exemple de solidarité militaire.

Chapitre XVI

CORREGIDOR
16 février 1945

Il ne s'agit pas de relater la reprise de Corregidor par les Américains en février 1945. L'opération est trop lourde pour s'assimiler à un coup de commando. Elle met en œuvre des troupes aéroportées et amphibies. Elle implique un appui généreux de l'aviation et de la marine. Cependant, en grattant un peu, l'analogie avec un commando devient frappante. Surprise, audace sont au rendez-vous lorsque, le 16 février 1945, sautent, dans des conditions opérationnelles extrêmes, les premiers éléments du 503e Régiment d'infanterie parachutiste.

*

Evoquant Corregidor, les géographes ont l'habitude d'utiliser une analogie. Ils le regardent comme un gros têtard émergeant en baie de Manille. Cette image n'est pas fausse. L'îlot [1] offre bien la

1. Il possède une surface modeste : 7 kilomètres carrés. Il est toutefois le plus important des quatre îlots de l'entrée de baie. Caballo (Fort Hughes) : 30 hectares ; El Fraile (Fort Drum) : un demi-hectare ; Carabao (Fort Frank) : 18 hectares ; La Monja : un demi-hectare.

configuration d'un têtard avec ses deux parties distinctes. La tête, gigantesque pouf de verdure, domine la mer de ses 310 mètres. Sur ses sept kilomètres de périphérie, la côte tombe en falaises ou en pentes brutales noyées dans la végétation. Pour accéder vers les hauts il n'est que trois ravins nettement marqués (Cheney, James et Ramsey Ravines). Quant à la queue de la larve, beaucoup moins élevée, elle s'allonge vers l'est et s'effile en croissant sur cinq kilomètres.

Après leur occupation des lieux en 1898, les Américains avaient fortifié le site commandant l'entrée de la baie. (Au nord, la pointe de la presqu'île de Bataan est à quatre kilomètres; au sud, la province de Cavite à onze.) Des batteries d'artillerie y avaient été installées pour battre les goulets d'accès à Manille. Puis, dans la perspective de l'indépendance des Philippines annoncée pour 1946, investissement et travaux avaient été suspendus.

Au début de 1942, à l'heure de l'aviation et des gros projectiles de marine à longue portée, la forteresse Corregidor datait tout en faisant illusion. Ses batteries étaient pratiquement à ciel ouvert. Les casernements militaires se dressaient bien aux vues. Le petit terrain d'aviation de Kindley Field, à l'extrémité orientale de l'île, était sans protection. Seul le tunnel de liaison de Malinta, creusé dans le roc sous la colline de même nom, pouvait éventuellement assurer un solide abri [1]. Dans de telles conditions, les soldats américains du général Wainwright, au printemps 1942, se trouvaient en mauvaise posture. Du ciel, comme de la mer, ils tombaient sous les coups des assaillants. Finalement, après une héroïque défense, afin d'éviter le massacre de 4500 blessés, malades, médecins, infirmiers, personnel de service, Wainwright, le 6 mai 1942, avait hissé le drapeau blanc.

Après leur victoire, les Japonais ne se sont pas souciés d'une position sévèrement démantelée par les bombardements et les combats. Le premier semestre 1942 est pour eux époque d'euphorie. Ils se voient vainqueurs à jamais. A partir de juin 1942 ils se contentent de faire nettoyer le site et reconstruire quelques bâtiments par 500 prisonniers américains. Deux batteries d'artillerie, une compagnie d'infanterie, soit en gros 300 hommes, gardent les lieux. Ces résidents vivent en totale quiétude. A la grande stupéfaction des prisonniers américains, ils installent même

1. Ce tunnel, long de 450 mètres, large de 10, avec des alvéoles latérales, court d'est en ouest. Il relie sensiblement la queue du têtard à la tête.

un lupanar dans une ancienne caserne. Six prostituées de Manille n'y chôment pas.

Les pièces d'artillerie avaient été sabotées avant la capitulation. Dans l'ambiance du temps, les Japonais ne se soucient pas de les remettre en état. Seuls trois canons de 12 pouces et un de 10, découverts pas trop détériorés, sont restaurés. Puis, faute de véritables occupations, le nombre des prisonniers américains se réduit. En mai 1944, ils ne sont plus qu'une vingtaine occupés à de menus travaux.

Avec l'été 1944, les combats jusqu'alors éloignés des Philippines se rapprochent. Même si le haut commandement nippon continue de pavoiser, la perspective de devoir se battre dans l'archipel[1] se précise. En août la garnison de Corregidor est portée à 500 hommes, le mois suivant à 900. Après le débarquement américain sur l'île de Leyte en octobre, le réarmement de l'îlot se précipite. 10 pièces de marine de 150 mm et 318 artilleurs sont envoyés sur place. Trois unités dites de «construction», de 1 500 hommes chacune, les rejoignent.

Elles ont mission de remettre en service les pièces américaines et d'édifier des blockhaus et abris. A la fin de janvier 1945, Corregidor dénombre ainsi un peu plus de 5 000 défenseurs (5 062 très exactement, sera-t-il découvert par la suite). Il reste également 15 prisonniers dont le sort sera une énigme. Que sont-ils devenus au moment de l'attaque américaine? Exécutés très certainement. Avec les îlots proches et bien fortifiés de Fort Frank, Fort Hughes et Fort Drum[2], Corregidor constitue la «*Force de défense à l'entrée de la baie de Manille*».

*

Les Japonais de Corregidor s'élèvent donc à 5 000 répartis sur l'intégralité de l'île. Pourtant, le G2 américain[3] est persuadé qu'ils se montent à seulement un millier. Des renseignements erronés émanant de prisonniers évadés ou des rares Japonais capturés l'ont égaré. Les photographies aériennes n'ont rien décelé. Au survol des avions les Japonais se terrent dans les

1. Les Philippines comprennent de très nombreuses îles (7 107 exactement). Luzon, la plus importante (105 000 km^2), Mindanao (95 000), Negros (13 000), Palawan (12 000), Leyte (7 000), etc.

2. 373 hommes à Fort Hughes, 400 à Fort Frank, 65 à Fort Drum.

3. Deuxième bureau.

abris. La guérilla philippine, en observation sur les rives de la baie de Manille, a noté des mouvements de bateaux. Ce trafic n'a pas paru anormal. Il a été regardé comme un transfert de vivres et de munitions vers Manille, Corregidor ayant toujours servi pour d'importants stockages.

L'état-major américain est ainsi appelé à dresser des plans de reconquête de Corregidor à partir de données complètement faussées. S'il avait connu la situation réelle, et la présence de ces 5 000 Japonais défenseurs, sans doute aurait-il raisonné autrement.

*

Les combats pour la libération de Manille, attaquée par le nord et par le sud, s'engagent début février 1945. Ils se prolongeront durant un mois marqué par un bain de sang. A leur terme, le 3 mars, 100 000 civils philippins ont été massacrés par les Japonais[1]. A cette date, Corregidor est aussi intégralement retombée aux mains des Américains depuis la veille. Cette reconquête était un impératif. Sans elle, l'accès aux installations portuaires de Manille était interdit.

Krueger, le patron de la VIe Armée américaine, a l'esprit offensif et imaginatif. Il sort résolument des sentiers battus et innove. Sa mise sur pied du 6e Bataillon de Rangers, des Scouts d'Alamo, en témoigne. Pour enlever Corregidor, il opte résolument pour une solution hardie, la plus percutante sur le plan tactique. Un parachutage au cœur du dispositif ennemi, ce qui signifie sur les hauts du «Têtard». Le général estime, non sans raison, qu'un débarquement est trop risqué. Même s'ils sont peu nombreux, les défenseurs bien retranchés sur les pentes feront éprouver des pertes sévères aux assaillants déferlant par mer. Des officiers de l'état-major de Krueger proposent le parachutage sur le terrain d'aviation de Kindley Field. Le site convient parfaitement. Il autorise un largage dans de bonnes conditions. Krueger ne conteste pas mais réplique: qu'apporteraient des paras sur Kindley Field? Ils se trouveraient excentrés par rapport au gros des défenses. Leur DZ servirait uniquement de base de départ pour une attaque contre la tête de l'île. Par contre, un parachutage sur les hauts surprendra l'adversaire là où il ne l'attend pas. Il permettra de le frapper de l'intérieur alors qu'il regarde vers l'extérieur.

1. Pertes américaines: 950 tués. Pertes japonaises: 16 000 tués et disparus.

La difficulté repose sur la détermination d'une ou plusieurs DZ sur Topside. Ce Topside, comme l'appellent les Américains, correspond à la partie supérieure de l'île. Sa cote avoisine 310 mètres. Cette portion centrale, d'environ 1 600 mètres de diamètre, représente un plateau dont les rebords, on l'a vu, tombent assez brutalement sur la mer. Les Américains y avaient installé des batteries d'artillerie lourde, une vaste caserne, un hôpital, des habitations et un terrain de golf. Naturellement, l'ensemble a été considérablement bouleversé par les bombardements lors de la conquête japonaise.

En l'état actuel, les reconnaissances et photographies aériennes laissent apercevoir deux DZ éventuelles. La première, qui sera dénommée A, est l'esplanade devant la grande caserne. Elle servait aux rassemblements et aux prises d'armes. La seconde, dénommée B, peut s'identifier au terrain de golf et s'annonce moins dure. La DZ A se situe exactement au centre de Topside ; B est à son sud-est. 500 mètres environ les séparent. Chacune donne l'impression d'un espace libre d'environ 300 mètres sur 150. En aucun cas toutefois elles ne sauraient être regardées comme des DZ traditionnelles, planes et dépourvues d'obstacles. Des débris de toutes natures, blocs de maçonnerie, poutrelles métalliques, etc., les encombrent. Les bombes, les obus ont creusé des cratères d'inégales profondeurs. La végétation tropicale a repris en partie ses droits et pousse drue. Des arbustes piquettent le terrain de golf. A l'étude de telles zones de saut les spécialistes américains sont sans illusions. Il y aura de la « casse » à l'arrivée au sol. Beaucoup de casse. Certains l'estiment à 20 %, voire même davantage.

Krueger accepte ce pourcentage particulièrement élevé. Une irruption par le ciel évitera les lourdes pertes d'un débarquement d'assaut. Le prix à payer en final sera moins fort. Le largage impose cependant une extrême précision. La marge de sécurité sera nulle.

*

Ce saut à hauts risques est confié à une unité ayant fait ses preuves. Le 503e Régiment d'infanterie parachutiste, en septembre 1943, a sauté sur Nadzab, dans la vallée du Markham à la corne nord-est de la Nouvelle-Guinée.

Il avait mission d'investir par l'intérieur des terres la base japonaise de Lae attaquée simultanément par la 41e DI américaine et la 9e australienne débarquées sur des rivages proches. De son B 17 de commandement, MacArthur avait assisté au lâcher des 2000 paras amenés avec leur matériel par 96 C 47. Il avait été convaincu de la valeur du procédé et des hommes.

Le colonel Jones, 33 ans, sorti de West Point en 1936, commande ce 503. Plus même, Krueger lui a confié entière responsabilité de l'opération Corregidor. Il ne l'a pas désigné à la légère. Jones est un parachutiste expérimenté doublé d'un chef aguerri.

La reconquête de Corregidor passe donc par un assaut donné à partir du ciel. Le débarquement interviendra une fois les paras solidement installés dans la place et en mesure d'apporter un appui feu. Côté troupes aéroportées, Jones dispose de son régiment, du 462e Bataillon d'artillerie parachutiste et d'une compagnie de génie également parachutiste. Les éléments destinés à débarquer appartiennent au 3e Bataillon (renforcé) du 34e RI. Ils sont soutenus par un peloton de chars et de canons automoteurs. L'effectif américain global s'élève à 4500 hommes. Soit pratiquement du un contre un. Mais cela Jones l'ignore. Le G/2 de la VIIe Armée annonce toujours un millier de défenseurs.

Le 3e Bataillon du 503e sautera en premier échelon. Honneur redoutable ! Que trouvera-t-il en sus des obstacles matériels ? Quelle sera la réaction japonaise ? Des parachutistes durant leur descente et au moment de leur arrivée au sol sont vulnérables. Parfaitement localisés, ils doivent reprendre leurs esprits après le choc de l'atterrissage, se débarrasser de leurs parachutes, récupérer leurs armes, se regrouper en formation de combat. Même pour des garçons chevronnés, l'ensemble exige un minimum de temps. D'une à plusieurs minutes. Après quoi le 3e Bataillon aura à occuper et tenir le périmètre appelé à servir de base d'accueil aux deux autres Bataillons. Son action détermine le succès général. C'est bien un travail de commando qui lui est imparti.

*

Les Américains songeaient de longue date à cette reprise de Corregidor. Depuis novembre 1944 les P47[1] de la 5e Escadre

1. P47. D Thunderbolt. Monomoteur de chasse et d'appui. 8 mitrailleuses. 900 kg de bombes.

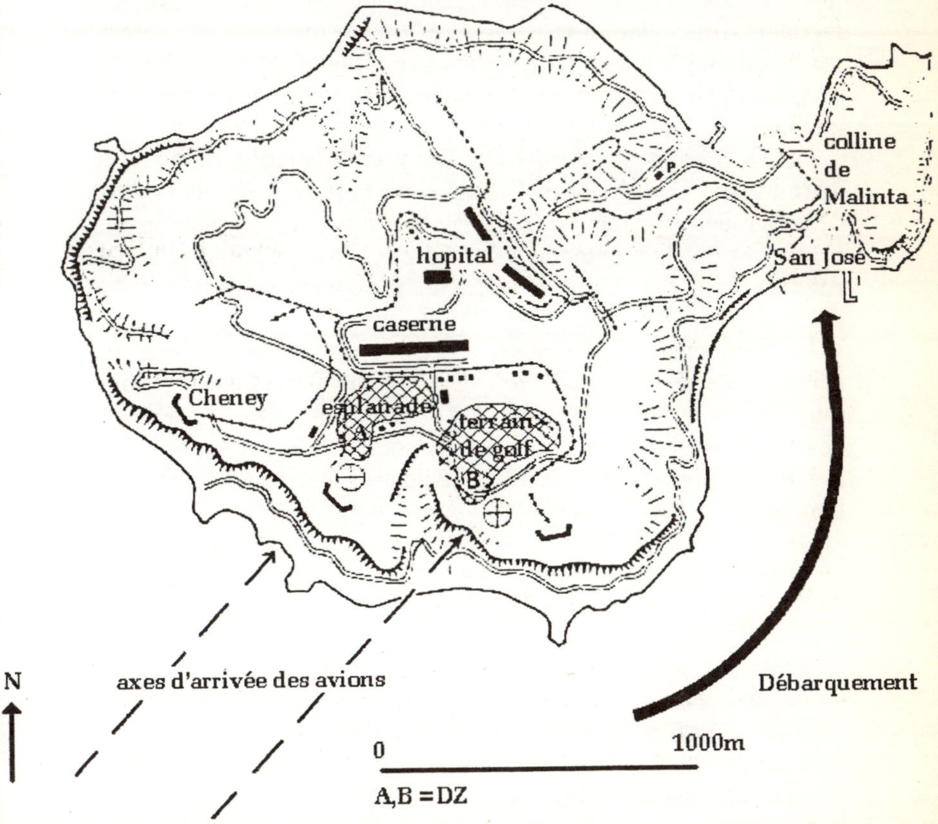

L'assaut aéroporté sur Corregidor

aérienne s'en occupaient régulièrement. Fin janvier 1945, les B 24[1] ont pris le relais. Du 28 janvier au 7 février, à raison de 100 tonnes de bombes par jour, ils ont pilonné Topside et la colline de Malinta. Puis la cadence a été doublée. Simultanément des A 20[2], spécialistes du bombardement en piqué, ont attaqué Fort Hughes, l'îlot fortifié le plus proche de Corregidor.

Ce matraquage intensif a plusieurs buts : détruire les batteries remises en état et anéantir celles qui sont amenées par les Japonais. Tout autant il vise à rendre Topside invivable et à forcer ses défenseurs à l'évacuer pour aller se réfugier sur les pentes en périphérie. Si le terrain est abandonné, le poser des paras sera facilité.

Le 13 février au matin l'US Navy commence à draguer le détroit entre Corregidor et Bataan d'où proviendront les engins de débarquement. Les Japonais laissent faire sans se manifester. Il est clair qu'ils n'entendent pas faire repérer les emplacements enterrés de leur artillerie. Les dragueurs peuvent poursuivre sans dommage leur besogne.

Le lendemain, la tentation est trop forte. Les Japonais se démasquent et ouvrent le feu. Deux destroyers d'escorte sont touchés, un dragueur incendié. La riposte était prête. Les départs des coups ont été localisés. Les obus de l'US Navy, les bombes des P 47, toute la journée et le 15, interdisent aux Japonais de bouger.

16 FÉVRIER

7 heures 15. La marine reprend ses tirs à outrance. L'armée américaine n'est jamais avare de ses munitions. Elle sait les dépenser afin d'épargner le sang de ses boys.

7 heures 50. Les B 24 surgissent dans un formidable grondement de moteurs. Chacun d'eux largue sur Topside, afin de finir d'y éliminer toute présence humaine, 40 bombes explosives à retardement de 120 kilos. B 25 et A 20 suivent. Les A 20 sont armés de bombes Parademo. Ces projectiles à forte puissance de déflagration sont équipés d'un parachute. Ce dispositif donne

1. B 24. Consolidated B 24 J Liberator. Quadrimoteur de bombardement. 10 mitrailleuses. 4 000 kg de bombes.

2. A 20. Douglas A 20 G. Havoc. Bimoteur d'attaque et d'appui au sol. 8 mitrailleuses. 1 200 kg de bombes.

aux avions lanceurs un laps de temps suffisant pour s'éloigner (analogie, à échelle plus réduite, du retrait d'Enola Gay après son lâcher de la bombe atomique sur Hiroshima le 6 août 1945). Après quoi les A 20 reviennent à la charge. Cette fois pour mitrailler les flancs de Topside et interdire aux Japonais de « mettre le nez à la fenêtre ».

8 heures 30. Des points noirs venant du sud grandissent sur l'horizon. 51 C47 ont décollé de Mindoro, l'île au sud de Luzon, occupée par les Américains depuis plusieurs semaines. A leur bord le 3e Bataillon du 503 et des artilleurs parachutistes. Le leader, légèrement décalé, est piloté par le colonel Lackey. Derrière, la formation suit en colonne double.

Lackey ne saurait manquer Corregidor. Le temps est clair, la visibilité parfaite. Le Têtard si caractéristique émerge parfaitement au-dessus des eaux bleues de la baie de Manille. Par contre, des nuages de fumée et de poussière s'élèvent de Topside, conséquences des bombardements. Le colonel cherche la DZ noyée dans les fumées. Il a du mal à la distinguer et à assurer son cap. En contrepartie tous ces matraquages préliminaires semblent avoir eu un impact bénéfique. Aucun tir de DCA n'est dirigé contre les C 47 en approche.

Le colonel John Erickson, commandant le 3e Bataillon, est le premier à la porte. Pied gauche en avant, agrippé des deux mains aux montants latéraux, il scrute le panorama au-dessous de lui. Le grésillement de la sonnette ne le surprend pas. Il a vu défiler les flots de la baie, se découper la bordure du rivage… Image fugitive, la terre s'est précisée d'un coup donnant l'impression d'être toute proche. Lorsque Erickson s'éjecte, les appareils ne sont qu'à 170 mètres au-dessus du sol. Avec force il se projette en avant, se ramassant aussitôt sur lui-même par réflexe bien conditionné pour encaisser le choc à l'ouverture [1]. Le vent est fort. Plus de 10 mètres seconde. A cette vitesse, les paras en principe ne sautent pas. Aujourd'hui, 16 février 1945 à 8 heures 32, cette règle ne joue pas. La guerre autorise toutes les audaces.

Derrière le leader, ils ne sont que sept à sauter. L'avion pour larguer a abattu sa vitesse à 180 km/h. Survoler les 300 mètres de la minuscule DZ ne prend que six secondes, juste le temps

---

1. Les Américains sautent alors avec des parachutes type T5 dits « voilure d'abord ». Le choc à l'ouverture est assez violent. Si le harnais est mal serré, les sangles laissent de beaux hématomes.

pour une poignée de paras de se retrouver dehors. Une seule condition : il faut « bourrer » vers la sortie sans marquer l'ombre d'une hésitation avant le plongeon dans le vide.

Le colonel Lackey avait longuement étudié les photographies aériennes dans les heures précédant son décollage. Il avait gravé la DZ et ses repères dans sa mémoire. Le brouillard des fumées sur Topside fausse son observation. Le vent s'en mêle. Mal largué et déporté, le premier stick tombe en dehors de l'esplanade. Erickson atterrit sur une pente escarpée juste au-dessous d'une ancienne batterie américaine, la batterie Wheeler. Il est trop au sud-ouest. Evoquant son aventure, il écrira :

« *Etant donné la pente, la nature du terrain et les innombrables souches d'arbres abattus par les bombes, j'ai eu de la chance de m'en tirer avec quelques bleus et égratignures, ce qui m'a permis de poursuivre ma mission.* »

Il a effectivement de la chance. Escaladant les rochers pour gagner Topside, il n'est pas décelé par les occupants japonais tapis dans les abris de la batterie.

Ses sept compagnons, également éparpillés en dehors de l'esplanade, finissent par s'y regrouper. Au-dessus d'eux leurs camarades du 3e Bataillon ne cessent de descendre du ciel. A chaque instant il faut lever les yeux pour éviter de se trouver sous la trajectoire d'un para ou d'un container à matériel. Le parachutage se prolongera durant une heure. Les 51 C47, à l'exception du leader, se présentent sur deux files, une pour l'esplanade, une pour le terrain de golf. Transportant 23 ou 24 passagers, ils sont obligés d'effectuer trois passages (à huit paras à chaque fois le décompte des rotations est vite fait...). Cette armada aérienne œuvrant comme à la parade offre un spectacle impressionnant.

Le colonel Jones ne doit sauter qu'à 12 heures 40 avec la seconde vague (2e Bataillon du major Caskey). De l'avion PC il observe les sauts et constate que ses hommes partent de trop haut avec un vent qui a forci. Leur descente dure en moyenne 25 secondes. Leurs parachutes ont le temps d'être entraînés au loin. Par radio le colonel prescrit aux pilotes de descendre plus bas et de larguer à 130 mètres. La procédure suivie pour le déclenchement du saut est simple. Jones et son staff ont défini un « GO Point ». Ce « GO Point » est parfaitement identifiable. Il correspond au passage de l'avion à la verticale de la côte. La DZ se situe à quatre secondes de vol. A cette verticale, chaque chef de stick, le « Jumpmaster », debout à la porte, doit compter :

« 1000, 2000, 3000, 4000 », puis sauter. C'est ce laps de temps que Jones fait porter à huit secondes pour tenir compte de la dérive engendrée par la force accrue du vent[1].

Toutes ces mesures ont des résultats bénéfiques. L'éparpillement s'atténue. Au second et troisième passage bon nombre de paras atterrissent aux coordonnées souhaitées.

On peut s'étonner que les C47 continuent d'évoluer à basse altitude durant une heure au-dessus et autour de Corregidor. Les avions se présentent face à l'île toujours dans le même axe. Un peu avant, ils réduisent la puissance de leurs moteurs pour atténuer leur vitesse. Ayant dépassé Topside, ils virent par deux fois sur leur gauche pour reprendre leur cap de présentation toujours à basse altitude. Pourquoi les Japonais les laissent-ils ainsi manœuvrer ?

Les bombardements préliminaires les ont en grande partie éliminés de Topside. Ils y étaient du reste peu nombreux. Le capitaine Itagaki, commandant d'armes de Corregidor, s'était persuadé que les Américains n'oseraient jamais parachuter du monde sur son île eu égard à l'état du terrain. Il avait massé ses défenses sur les pentes pour s'opposer à un débarquement par mer.

Sur ces flancs à pic, les Américains, durant les opérations de parachutage, se livrent à un intense pilonnage. Les chasseurs « straffent » à la mitrailleuse et aux rockets. Les destroyers de l'US Navy tirent à vue sur tous les objectifs discernés. Ces feux contraignent les Japonais à demeurer dans leurs abris sans possibilité d'utiliser leur DCA ou leurs armes collectives. Le danger principal pour les paras provient des défenseurs encore postés sur Topside ou son pourtour immédiat. Manifestant leur courage et leur fanatisme traditionnels, les combattants nippons ajustent aux armes individuelles les Américains qui surgissent du ciel et se posent parfois à quelques mètres d'eux.

Ces paras de la première vague – un bon millier – vivent presque toujours des moments exceptionnels. Ils éprouvent les aléas d'un atterrissage brutal. Ils tombent sur des dalles bétonnées, sur des arbres, sur des bâtiments en ruine, dans des cratères de bombes, dans des fosses de batteries. Des hommes se tuent. D'autres sont grièvement blessés. Un malheureux, parachute en torche, s'écrase dans une piscine abandonnée.

Des chanceux connaissent des péripéties plutôt burlesques et qui se terminent bien. Le capitaine Gibson, commandant la

1. Un parachutage s'effectue toujours face au vent.

batterie B du 462e Bataillon d'artillerie parachutiste, tombe sur la bordure d'un entonnoir de bombe et roule jusqu'au fond. Dans sa glissade il s'entortille dans les suspentes de son parachute. Ses hommes doivent venir le libérer à grand renfort de coups de poignard. Un autre officier se retrouve complètement hébété pendant de longues minutes. Quand il reprend ses esprits, il constate que ce sont ses voisins qui l'ont débarrassé de son parachute.

L'aumônier du régiment, le père Powers, vit une expérience sensiblement identique quoique plus longue. Il a été blessé à la jambe durant la descente. Il avouera par la suite :

« *J'étais stupidement en train de regarder la blessure au lieu d'observer le terrain sur lequel j'allais tomber, ce qui fait que je n'ai pas dirigé mon parachute comme je l'aurais dû.* »

Résultat, il chute lourdement et se reçoit mal. Complètement amnésique durant trois heures, il ne cesse de répéter : « *Où sommes-nous ?* » A ceux qui lui répondent qu'il est sur Corregidor, il réclame un poignard pour aller batailler contre les Japs. Ce qu'il fera mais sans poignard, sa commotion disparue.

Neuf paras, emportés par le vent du nord-est, dérivent vers le sud. Poussés au-delà des pentes, ils atterrissent en bordure du rivage. Des vedettes rapides patrouillaient pour le cas de chutes en mer. Elles les récupéreront.

Ce sont là des incidents de saut. Les actes de guerre les accompagnent et les relaient sans transition. Le para Rich, de la Compagnie A, à peine descendu de l'arbre sur lequel sa coupole s'était abattue, se trouve face à deux soldats nippons. Il tire dans un réflexe privant définitivement le Mikado de deux de ses guerriers. Eral William se débarrassant de son harnais a heureusement son Colt 45 à portée de main. Il élimine deux Japonais qui s'approchaient sans méfiance le croyant mort. Le médecin capitaine Spicer n'a pas cette bonne fortune. Se portant au secours de blessés, il est atteint par un tireur isolé. Conscient de la gravité de son état, avant de mourir, il se fait une piqûre de morphine et rédige un bref diagnostic de sa blessure.

*

Première vague de 8 heures 32, deuxième vague de 12 heures 40.

2 065 parachutistes américains sont largués le 16 février 1945 sur les hauts de Corregidor. 280 sont tués ou grièvement blessés, soit un ratio de pertes de 13,5 %, inférieur aux 20 % minima

avancés. Sur ces 280, 220 se tuent ou se blessent en touchant le sol. 60 sont touchés par les tirs japonais en l'air ou sitôt après leur arrivée. Trois paras sont victimes de leur parachute non ouvert ou mis en torche.

Il n'y a eu qu'un refus de saut. L'homme expliquera: «*Je voulais me battre non pas me casser la figure sur les rochers.*» Il viendra effectivement se battre, débarquant avec les renforts envoyés par mer.

*

Dans la première vague, forte d'un millier d'hommes, 750 paras se retrouvent quasiment indemnes et prêts à combattre. (Nombre de leurs camarades sommairement pansés les rejoindront dans les heures suivantes.) Ils entreprennent aussitôt de dégager Topside et de sécuriser les deux DZ pour la seconde vague. Les points hauts, les premières pentes sont systématiquement reconnus et contrôlés.

Itagaki est la grande victime de ce nettoyage du terrain. Persuadé que les assaillants surviendraient par mer, il a gagné un observatoire élevé afin de surveiller la baie. Une trentaine de paras atterrissent dans son secteur. Pris sous le feu des occupants de l'observatoire, les paras réagissent avec vigueur et passent à l'assaut réduisant la position à la grenade. Itagaki est tué. D'entrée la défense japonaise de Corregidor a perdu son chef.

A 9 heures 40, au moment où les derniers sticks du 3e Bataillon finissent de sauter, deux audacieux donnent sa pleine signification à l'opération engagée. L'esplanade et ses abords ont été occupés. En bordure du terre-plein se dresse toujours un pylône de téléphone. Par quel miracle est-il toujours debout? Comment a-t-il résisté? Les paras Bates et Arrigo l'ont vu. Des balles continuent de miauler. Toutes les résistances n'ont pas été neutralisées. Quelques irréductibles épuisent leurs ultimes cartouches. Qu'importe! Les deux Américains risquent le tout pour le tout. Agiles comme des singes, ils se hissent au sommet du pylône et y déploient la bannière étoilée. L'heure de la grande revanche du 6 mai 1942 a bien sonné.

*

Il est 10 heures 28. Les éléments de tête du 34e RI américain sautent à l'eau et foncent vers la plage «Black Beach», devant l'ancien village de San José. Ils débouchent face à Bottomside, à la jointure entre la tête et la queue du «têtard». Débarquant, en venant du sud, ils ont à leur main droite, la colline de Malinta avec son tunnel. La seconde phase de la reconquête de Corregidor, l'invasion par mer, débute.

Le saut du 3e Bataillon du 503 l'a rendue possible. Topside est maintenant en grande partie tenu. L'adversaire est attaqué sur ses arrières.

Dans le courant de l'après-midi, avec l'arrivée du 2e Bataillon, les paras finiront de contrôler intégralement Topside et apporteront un appui précieux aux troupes se déversant à «Black Beach». Devant l'évolution de la situation, le colonel Jones prendra la décision d'annuler le largage de son dernier bataillon. Inutile de risquer, et d'avoir très certainement des pertes sévères sur des DZ plus que dangereuses. L'enjeu ne le justifie plus. Le 1er Bataillon rejoindra par mer et viendra s'intégrer à la poursuite de l'opération.

*

Les Américains auront besoin de près de 15 jours pour liquider la résistance des 5 000 Japonais de Corregidor. Sur ces 5 000 il n'y aura pas beaucoup de survivants. A Corregidor, comme à Tarawa, comme à Iwo Jima, comme partout, les Japonais se battent avec rage jusqu'à la mort. Les combats terminés, les Américains dénombreront 4 506 morts nippons et environ 500 autres Japonais ensevelis à jamais dans des abris souterrains. Les prisonniers ne seront que 31 (deux mourront peu après de leurs blessures).

Côté des troupes du colonel Jones, paras et unités débarquées, on dénombrera 197 tués et 1 022 blessés, soit le quart de l'effectif engagé.

*

L'aspect opération combinée de la reconquête de Corregidor a été souligné d'entrée. Il ne saurait en cacher un autre.

A 8 heures 32, ils ne sont que huit à sauter du premier C 47. Huit autres suivront trente secondes plus tard. Durant plusieurs minutes, durant un petit quart d'heure, ils ne seront que quelques dizaines, en état de combattre, précipités dans un univers hostile. Lancés par surprise et avec audace, en avant-garde d'une force d'invasion, ils répondent bien aux caractéristiques d'un authentique commando. Ces parachutistes largués en précurseurs n'ont aucune garantie que les renforts amis rejoindront. La DCA japonaise risque fort de se manifester imposant à la formation en l'air de se dérouter pour éviter un carnage.

Le saut du 3e Bataillon du 503e Régiment parachutiste américain sur Corregidor, le 16 février 1945, s'affirme comme l'un des plus audacieux de l'histoire. Il prend rang d'héroïque commando.

Chapitre XVII

LE SALUT VIENT DU CIEL
LOS BANOS
23 février 1945

Le général MacArthur écrit dans ses mémoires :

« *J'étais profondément inquiet du sort de milliers de prisonniers qui avaient été internés dans différents camps de Luzon depuis le début de la guerre. Peu après leur occupation de l'archipel philippin, les Japonais avaient rassemblé des Américains, des Britanniques et d'autres ressortissants de pays alliés comprenant des femmes et des enfants, dans des camps de concentration sans considération s'ils étaient de véritables combattants ou de simples civils. J'avais reçu des rapports de mes services de renseignements bien longtemps avant les débarquements sur Luzon mais le dernier renseignement était alarmant. A chaque pas que nos soldats faisaient vers l'université Santo Tomas, Bilibid, Cabanatuan et Los Banos où les prisonniers étaient détenus, les gardiens japonais devenaient de plus en plus sadiques. Je savais que nombre de ces gens affamés et maltraités mourraient si nous ne les secourions pas rapidement. La pensée de leur disparition alors que leur délivrance était si proche me choquait profondément.* »

Ces lignes expliquent le commando sur Cabanatuan, l'impulsion vigoureuse donnée à la VIe Armée pour atteindre au plus vite Santo Tomas et Bilibid dans les faubourgs nord de Manille. Elles motivent encore le commando du 23 février 1945 sur le camp de Los Banos.

Ce camp se situe à 65 kilomètres au sud sud-est de Manille. Il tire son nom du village proche de Los Banos, modeste bourgade de la rive méridionale de la Laguna de Bay, et lui-même ainsi appelé à cause d'une source chaude proche.

A cet égard, pour bien appréhender le déroulement futur des opérations, il est nécessaire de jeter un regard sur une carte. Luzon, la plus grande île des Philippines, longue langue de terre allant en s'amincissant, s'étire sur environ 800 kilomètres du nord au sud. Manille, au fond de sa baie, se dresse sensiblement au centre. A 20 kilomètres au sud de la capitale, alors que Luzon s'élargit quelque peu, s'étale la Laguna de Bay. Cette espèce de mer intérieure[1] en forme de trident, dominée à l'est par un massif montagneux, forme obstacle à la pénétration vers la partie méridionale de Luzon. C'est à Los Banos, plus exactement à l'Ecole d'Agriculture de l'université de Manille, à quatre kilomètres dans l'intérieur des terres, que les Japonais ont organisé un centre de détention. Ils ont regroupé là, selon les renseignements obtenus, environ 2200 personnes de diverses nationalités. Les Américains sont très largement majoritaires[2]. Il s'agit de civils saisis sur leurs lieux de travail ou de résidence au moment de l'occupation des Philippines. Des familles entières avec parfois de jeunes enfants ont fini par aboutir à Los Banos où l'on compte également une importante communauté religieuse catholique[3]. Des prêtres, des religieuses venus exercer leur ministère dans le pays n'ont pas été épargnés par la xénophobie nippone. Tous ces internés sont logés dans des baraques en bambou de 50 mètres sur 12 hébergeant de 75 à 100 personnes.

*

1. 167 kilomètres carrés, soit sensiblement la superficie de l'étang de Berre (156 m²).

2. A la libération du camp on dénombrera 2122 internés ainsi répartis: 1575 Américains; 320 Britanniques; 89 Hollandais; 56 Canadiens; 33 Australiens; 22 Polonais; 10 Norvégiens; 15 Italiens; 1 Nicaraguayen; 1 Français.

3. Les Philippines, colonisées par les Espagnols, sont catholiques à 90%.

Le débarquement intervenu dans le golfe de Lingayen le 9 janvier 1945 a conduit la VIe Armée américaine à Manille. Au passage, cette progression a permis le commando de Cabanatuan puis la libération de 3 500 civils à Santo Tomas et de 800 prisonniers alliés à la prison de Bilibid. Mais la VIe Armée ne peut plus pousser au-delà et gagner Los Banos. Elle est bloquée par la bataille qui fait rage dans la capitale.

Afin de prendre la ville en tenailles, MacArthur fait débarquer la VIIIe Armée et en particulier la XIe Division aéroportée à Nasughu le 31 janvier. Il crée ainsi une nouvelle menace pour les Japonais par cette intervention à 75 kilomètres au sud-ouest de Manille. Trois jours plus tard, pour épauler le dispositif mis en place, le 511e Régiment parachutiste et un bataillon d'artillerie aéroportée sautent sur Tagaytay Bridge à 50 kilomètres dans l'intérieur des terres. Jonction faite entre troupes débarquées et aéroportées, l'ensemble de la XIe Airborne entame son mouvement vers le nord.

Cette progression débouche sur une situation géographique et militaire curieuse. Les parachutistes atteignent les rives septentrionales de la Laguna de Bay à hauteur du petit village de Mamatid. Les Japonais se cramponnent légèrement plus au sud sur le cours de la rivière San Juan. Ils occupent donc encore les rivages méridionaux du lac. L'accès ainsi obtenu facilite les liaisons « maritimes » avec la guérilla. Des bancas [1] circulent la nuit de la région de Mamatid vers les criques discrètes du secteur toujours aux mains des Japonais. Elles transportent des agents, de l'armement, du ravitaillement.

Dans ce contexte de l'offensive généralisée sur Manille, le 3 février, le général Eichelberger, patron de la VIIIe Armée, donne mission au général Swing, commandant de la XIe Airborne, de libérer le camp de Los Banos. Une telle responsabilité ne peut qu'entraîner l'adhésion totale de Swing, mais les événements vont en décider autrement. La lutte pour Manille se prolonge, très dure. La XIe Airborne, si valeureuse soit-elle, n'est pas très étoffée en effectifs. Guère plus de 8 000 hommes ! Elle est incapable, sur-le-champ, de prélever du monde de la bataille pour Manille qui demeure prioritaire. Ceci n'interdit pas à Swing de prescrire à son état-major et en premier chef au G/3 [2] du colonel Quandt de préparer les plans de l'opération Los Banos.

---

1. Embarcation à voile philippine, s'assimilant à une jonque chinoise.
2. Troisième bureau, chargé des opérations.

A l'instar de ce qui se déroule au nord, la guérilla est active dans le sud de Luzon. Fin 1944, le major américain Vanderpool s'infiltre sur le terrain avec une petite équipe, et en assure la direction en liaison avec le commandant de la VIIIe Armée. Bien introduit, il est le mieux placé pour étudier les modalités pratiques d'un raid sur Los Banos. Une première reconnaissance d'un officier philippin qu'il dépêche sur les lieux, fait apparaître la grosse difficulté de l'entreprise : l'évacuation des prisonniers ! Plus de 2000 personnes, en majorité très affaiblies. (La ration journalière de riz est tombée à 150 grammes.) Si les guérilleros philippins sont peut-être en mesure d'enlever le camp, ils ne sont pas capables d'en assurer l'évacuation jusqu'aux lignes américaines.

La libération des prisonniers de Los Banos implique un scénario en deux temps. Premièrement, une occupation rapide et par surprise du camp afin d'éviter des représailles meurtrières contre les internés. En second lieu, une évacuation avec des moyens de transport importants. L'action à mener passe par un coup de commando suivi d'une opération combinée avec des transporteurs adaptés.

*

Dans la nuit du 18 au 19 février, trois prisonniers s'échappent. Ces courageux sont récupérés et pris en charge par la guérilla. L'un d'eux, Peter Miles, est aussitôt dirigé, en banca, vers Vanderpool et le PC de la XIe Airborne. Miles possède une excellente mémoire et a tout enregistré avant son évasion. Il précise les emplacements des sentinelles et leur armement. Autour du camp se trouvent 10 postes de garde à effectifs variables (de un à quatre hommes). Miles localise aussi les nids de mitrailleuses invisibles sur les photographies aériennes et les champs de tir de ces armes automatiques. A son avis – et l'avenir montrera qu'il ne se trompe pas – la garnison s'élève à 250 Japonais. Il s'agit, dans l'ensemble, de vétérans blessés et devenus inaptes pour une activité opérationnelle. Combattants expérimentés, ils se battront bien. Le camp est ceinturé par une double rangée de barbelés. Son accès par les faces ouest et sud est difficile. Une rivière fait obstacle. Enfin, et là l'information provient de la guérilla, 10000 Japonais de la 8e Division seraient susceptibles d'intervenir sur Los Banos dans un délai de l'ordre de deux heures.

Miles a encore apporté une précision. Le personnel non de service vaque librement laissant ses armes cadenassées dans les râteliers. Ce renseignement est capital. Eliminer les factionnaires de garde permet de tomber sur des Japonais désarmés. Le major Burgess, patron de l'opération Los Banos, rendra un juste tribut à Peter Miles :

«Il contribua probablement plus au succès du raid que toute autre personne du service de renseignements.»

La XIe Airborne possède une unité très spécialisée : le peloton de reconnaissance, 31 paras commandés par le lieutenant Skau. Ces hommes sont capables d'effectuer des investigations profondes au-delà des lignes. Habitués à la vie de la jungle, ils savent s'infiltrer sans se faire repérer et rentrent pour rendre compte de ce qu'ils ont noté. Le 20 février, Skau et quelques compagnons rejoignent le PC de la guérilla locale. Ils y retrouvent deux évadés. Par banca et de nuit, le petit groupe ainsi constitué se rend sur les lieux. Son travail sera décisif pour l'organisation définitive de l'opération. Une DZ est déterminée à proximité immédiate du camp. Des rizières, sèches en cette saison, conviennent parfaitement. Les repères sont facilement identifiables : une ligne à haute tension au nord, une voie ferrée à l'est, le camp en bordure ouest. Skau constate également l'existence d'une bonne piste ralliant aux rivages de la Laguna de Bay. Les prisonniers libérés pourront l'emprunter.

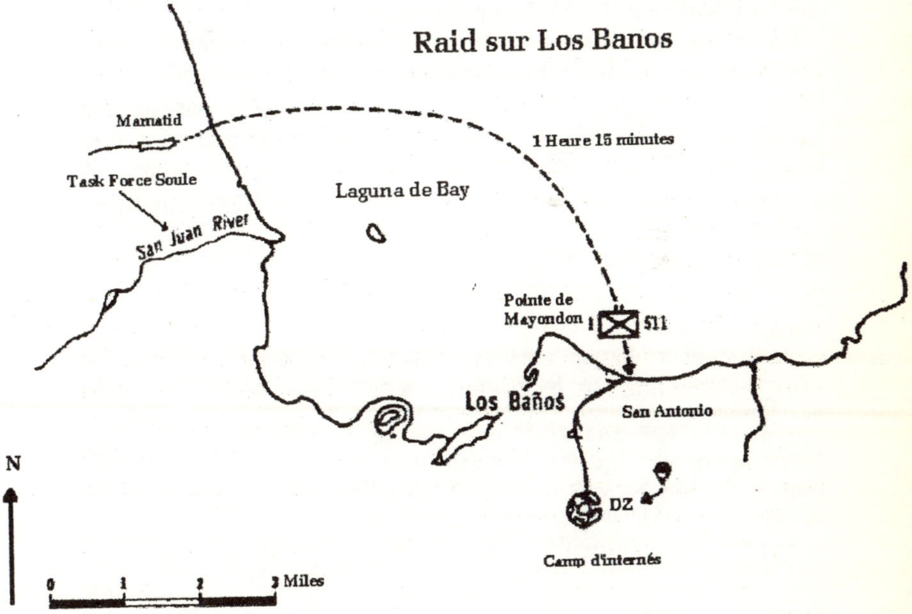

Au retour de Skau, l'état-major de la XIe Airborne a tous les éléments en main pour finir de planifier l'attaque d'autant que les moyens nécessaires ont, entre-temps, été mis en place.

Le 1er Bataillon du 511e Régiment parachutiste (major Burgess) a été retiré de la ligne de front et placé en réserve opérationnelle. Des Amtracks[1] du 672e Amphibian Tractor Battalion ont été regroupés sur Mamatid. La liaison radio avec la guérilla est régulière. Un opérateur américain a été détaché auprès du PC des guérilleros.

Le raid sur Los Banos s'organisera comme suit :

– Une compagnie de parachutistes sautera à l'aube sur la DZ définie par Skau.

– Dès le début du saut, le peloton Skau et la guérilla, infiltrés aux abords du camp, neutraliseront les défenses et seront rejoints par les paras.

– Simultanément le 14e Bataillon du 511e, sauf la compagnie larguée, utilisera des Alligators pour traverser la Laguna de Bay avec lesquels il se portera sur le camp.

A ce schéma général s'ajoute une diversion. Une Task Force[2] dénommée Task Force Soule, du nom de son chef le colonel Soule, attaquera sur la rivière San Juan. Elle occupera les Japonais au nord et, si possible, percera jusqu'à Los Banos afin d'organiser une évacuation par véhicules. Mais pourra-t-elle passer ? A défaut les Alligators seront là.

Le commando est audacieux. Ses premières minutes seront décisives. La garnison japonaise ne doit pas avoir le temps de réagir contre les prisonniers. Après quoi l'évacuation, par camions ou par Alligators, sera à mener rondement. Swing malgré tout se veut confiant. Le Bataillon Burgess, aguerri, enthousiaste, fera du bon travail même si son effectif ne s'élève qu'à 412 parachutistes.

*

1. Il s'agit de l'engin amphibie LVT-4 A. appelé par les Américains Amtrack, mieux connu par les Français sous le nom d'Alligator. (Il sera utilisé en Indochine.)

Cet engin légèrement blindé, équipage trois hommes, armé de 2 mitrailleuses (une de 50, une de 30), peut transporter une trentaine d'hommes ou des jeeps et obusiers. Sur terre il atteint 25 km/h. Par contre, sur l'eau, il ne progresse qu'à 7 ou 8 km/h. Particularité, il se montre assez bruyant.

2. Task Force, littéralement Force de travail. Expression couramment utilisée par les Américains pour désigner un regroupement de troupes et de moyens en vue d'une action déterminée. (Ceci aussi bien sur terre que sur mer. Exemple : une Task Force aéronavale.)

Le 21 février, le capitaine Anderson pose son C 47 sur l'aérodrome de Nichols Field dans la banlieue méridionale de Manille. Les Américains viennent de se rendre maîtres des lieux. Les pistes et taxiways sont jalonnés d'entonnoirs. Après un contact rapide avec un envoyé de la XIe Airborne, Anderson reprend l'air. A 5 000 pieds il part effectuer une reconnaissance discrète de la future DZ de la Compagnie B du lieutenant Ringler qu'il sera chargé de larguer sur Los Banos avec ses 9 C 47.

Cette compagnie Ringler vit sous pression. Mise au secret, elle a été informée longuement des détails de la mission qui lui était impartie. A la fierté d'avoir été désignée se mêle une angoisse compréhensible. Des rumeurs parlent d'un « saut suicide ». Personne, cependant, même à prix d'or, ne voudrait céder sa place.

Au soir du 22, la compagnie bivouaque sous les ailes des C 47 d'Anderson à Nichols Field. Sa petite centaine de paras – même pas – a été renforcée par une section de mitrailleuses et une escouade de sapeurs. Elle a même intégré trois hommes de plus. Trois jeunes Philippins volontaires se sont joints depuis des semaines et ont été adoptés. Ils sauteront après un entraînement plus que sommaire. Trois heures pour s'initier à « tractionner » sur les suspentes et à réaliser un roulé-boulé !...

Dans cette nuit du 22 au 23 les 32 hommes du peloton Skau finissent de se mettre en place. Ils sont arrivés par bancas la nuit précédente. La traversée a été longue. Plus de 8 heures à cause du manque de vent. Skau a divisé son peloton en six équipes renforcées chacune par 8 à 12 guérilleros. Deux équipes baliseront la DZ de la compagnie Ringler et la plage d'arrivée des Alligators. Les autres neutraliseront les défenses du camp. Skau s'est chargé de la principale, celle de l'entrée. Un prisonnier évadé servira de guide vers le poste nord-ouest difficile à situer.

Cette marche d'approche du peloton Skau et des guérilleros est pénible. La nuit est d'encre. La jungle fourmille d'obstacles de toutes natures, végétation, lianes, trous d'eau... Chaque homme s'accroche au ceinturon de celui qui le précède pour ne pas rompre la colonne et s'égarer.

A 5 heures 15 les Alligators emmenant le Bataillon Burgess quittent la grève de Mamatid et piquent vers le large. Navigation délicate dans l'obscurité la plus totale. La flottille doit parcourir une large boucle avant de se rabattre sur San Antonio. Moyondon Point, un petit cap un peu à l'ouest, initialement envisagé pour le débarquement, a été écarté. Il y aurait des Japonais !

Lorsque les Alligators s'éloignent, la Compagnie B, à Nichols Field, commence à s'équiper et à embarquer. Il est 6 heures lorsque les pilotes mettent les moteurs en route. Une demi-heure plus tard les 9 C 47 ont pris l'air et virent pour prendre leur formation. L'objectif n'est pas très éloigné de la verticale de la piste de décollage. Le temps pour y parvenir n'excédera pas trente minutes.

Volant en V inversé par trois, les C 47 rasent les flots de la Laguna de Bay. Ce n'est qu'aux abords de la terre ferme qu'ils regagnent un peu d'altitude.

La reconnaissance d'Anderson n'a pas été inutile. Dans le jour naissant le commandant de la formation se situe bien. Le rivage défile. Soudain une fumée verte s'élève au point fixé. L'équipe de balisage a pleinement rempli son travail. La sonnette grésille: «Go!» Les C47 sont à 130 mètres d'altitude. Ringler et ses sticks resteront suspendus entre ciel et terre entre 15 et 20 secondes. Juste le temps de jeter, par réflexe, un coup d'œil sur sa coupole et autour de soi avant de serrer et plier les jambes pour l'atterrissage.

Il est 6 heures 58. A la même minute une autre fumée s'élève sur la plage de San Antonio droit devant les Alligators. Ici encore l'équipe de balisage a procédé parfaitement.

A la vue des coupoles qui s'ouvrent, le peloton Skau avec ses guérilleros passe à l'attaque. Deux équipes, retardées par les difficultés du terrain, n'étaient pas tout à fait en place. Skau lui-même se trouvait à 200 mètres de la porte principale. L'alerte donnée par l'irruption des paras, il n'est plus à biaiser. Les hommes foncent. En quelques foulées ils sont aux barbelés et aux blockhaus. Les grenades fusent et explosent. Des rafales de pistolets mitrailleurs crépitent.

A l'intérieur du camp l'heure de l'appel du matin venait de sonner. Les prisonniers se regroupaient et s'alignaient pour aller répondre à l'écho guttural de leur nom. Sur le terre-plein proche, les Japonais non de service se livraient à la gymnastique quotidienne imposée par le commandement.

Le passage des avions en limite des cantonnements, l'écho de la fusillade stoppent brutalement toutes ces routines traditionnelles. Les prisonniers sont saisis d'une frayeur légitime. Les Japonais ne vont-ils pas les massacrer? Chacun cherche un abri, dans un fossé, sous une couchette, dans un recoin. Les sportifs n'auront qu'une hâte, courir aux armes. Ils n'auront guère le temps de rejoindre les râteliers et d'en faire sauter les cadenas.

Coups de feu, explosions diverses se prolongent durant un bon quart d'heure. Les paras ont tôt fait de se dégrafer et de rejoindre leurs camarades déjà engagés. Les gardiens japonais sont quasiment surpris. Bien peu étaient sur le qui-vive prêts à riposter à coup sûr. Leurs tirs sont assez mal ajustés. Les grenades, les pistolets mitrailleurs, les machettes avec les guérilleros, les réduisent au silence. Ceux qui sont désarmés, faute de mieux, et sans trop de réussite, cherchent leur salut en fuyant vers la jungle.

L'affaire dans sa brièveté coûte deux tués et quatre blessés aux guérilleros, quatre blessés aux paras. Dans l'ambiance du moment, il n'était pas question de faire des prisonniers. Tout Japonais découvert devient un Japonais mort. Le fanatisme du combattant nippon le rend capable de se précipiter sur ses adversaires une grenade dégoupillée à la main. Les Américains, par expérience, se méfient. Les guérilleros ont trois années de sauvage occupation à faire expier. Leurs machettes ignorent la pitié.

L'occupation des lieux s'achève lorsque les Alligators de tête débouchent devant l'entrée principale. Les quatre kilomètres depuis la grève ont été rapidement franchis. La piste était carrossable. Peu d'opposition devant les lourds blindés et leurs mitrailleuses de bord. Burgess a laissé deux canons de 75 et un peloton d'infanterie en appui près du rivage pour tenir une tête de pont. Les Japonais ont certainement relevé le point de débarquement ; ils peuvent s'y manifester.

Un Alligator enfonce aisément le grand portail de bois ouvrant sur le camp. Le blockhaus voisin a été visité. Il ne renferme plus que des cadavres.

A l'intérieur de l'enceinte Burgess se trouve face à un spectacle hallucinant. Il y a du monde partout. Une foule débridée hurle sa joie, acclame ses libérateurs. Hommes, femmes, enfants crient, pleurent, ouvrent les boîtes de rations généreusement distribuées par les paras. De-ci de-là des baraques dégagent une épaisse fumée. Il s'agit de celles des gardiens qui se sont embrasées lors de l'attaque des grenades incendiaires.

Devant cette cohue difficile à maîtriser Burgess fait stopper sa colonne. Six Alligators seulement on franchi le seuil. Inutile de faire avancer les autres. La place est exiguë.

Le commandant de l'opération est surtout confronté à une terrible responsabilité. Que faire ? Attendre la Task Force Soule avec ses camions ? Précipiter l'évacuation avec les Alligators ? Mais où est la Task Force ? Aucun écho de sa progression. Aucun contact radio. Résolument le major opte pour la sécurité des internés. Los Banos est dominé par des hauteurs au sud-ouest et la jungle l'environne presque de tous côtés. Des Japonais peuvent se glisser dans ces couverts et ouvrir le feu sur cette masse offrant des cibles bien visibles.

Burgess ordonne d'accélérer les départs. Les Alligators réaliseront immédiatement une première rotation sur Mamatid avec les plus faibles. Les valides se dirigeront à pied vers le lac pour y attendre le retour des engins amphibies.

Décider est une chose. Passer à l'exécution en est une autre. Le major est confronté à un cauchemar pour un chef militaire épris d'ordre et de discipline. Tous ces civils, dans l'euphorie de leur libération, n'ont pas conscience du danger. La présence de leurs compatriotes armés les égare. Ils palabrent, gesticulent. Avant de s'éloigner, ils veulent rassembler leurs affaires personnelles, pauvres biens miraculeusement préservés. Les familles entendent demeurer groupées.

Le feu se révèle un auxiliaire inattendu. Burgess commande à Ringler d'allumer les toitures des baraquements au sud du camp. Le vent souffle vers le nord. L'incendie poussera tout le monde vers la sortie.

Le subterfuge paie. Feu, flammes et fumées aident les paras à presser le mouvement. 130 personnes, par trop affaiblies, sont brancardées. Les premiers Alligators démarrent pour la Laguna de Bay avec malades, femmes et enfants. Il est 8 heures 30.

La suite prendra du temps, beaucoup de temps. L'évacuation totale ne s'achève qu'à 11 heures 30, la Compagnie Ringler et le Peloton Skau fermant la marche. Avant de partir, les deux lieutenants ont contrôlé que nul n'avait été oublié. Derrière eux les baraques finissent de se consumer. Des cadavres de Japonais, gratifiés d'un coup de machette, gisent un peu partout.

Burgess a eu raison de faire l'impasse sur la Task Force Soule. S'étant heurtée à une forte résistance, elle n'a pu percer et s'est trouvée dans l'incapacité de rallier rapidement Los Banos. Son action toutefois n'a pas été inutile. Elle a engagé la 8e Division japonaise et détourné son attention sur ce qui se déroulait dans son dos.

La traversée pour gagner Mamatid ne s'assimile en rien à une croisière de plaisance. Par prudence les équipages imposent à leurs passagers de demeurer plaqués au fond des véhicules amphibies. Des tirs japonais sont toujours à craindre depuis le rivage. Il s'en produit effectivement quelques-uns déclenchant une riposte immédiate des mitrailleuses de bord.

1 500 anciens internés sont partis avec la première rotation. Ceux qui restent se serrent près du rivage protégés par le gros du Bataillon Burgess. Les paras ont organisé un réduit défensif. Les Alligators ne seront pas de retour avant 13 heures au plus tôt. Il est à tenir d'ici là.

Vers midi, un petit L 4 survole la position. Swing a pris la place de l'observateur derrière le pilote. Il vient se rendre compte personnellement de la situation. Burgess peut lui faire un compte rendu optimiste sous réserve d'une réapparition rapide des Alligators.

Il est vrai qu'il faut se hâter de conclure. Les Japonais se ressaisissent. Ils ont perçu la nature exacte de l'opération. Des détachements convergent vers la tête de pont sur laquelle quelques obus s'abattent par intermittence sans créer, heureusement, de dommages.

Les Alligators sont fidèles au rendez-vous du retour. A 15 heures les derniers s'éloignent, emportant Burgess et l'arrière-garde. Ils doivent slalomer pour éviter les salves qui se précisent.

*

Les 2 122 libérés, ramenés dans les lignes américaines, font une double découverte. Ils peuvent manger à leur faim : finie l'éternelle écuelle de riz ! Place à de la bonne soupe aux haricots ! Ces civils redevenus des individus à part entière ont le sentiment d'être des miraculés. Ils ont échappé à la tuerie japonaise et à la mort par maladie qui les guettait. Cinq d'entre eux étaient encore décédés la semaine précédant le raid.

Tous vivaient sous le coup de l'humiliation des lendemains de Pearl Harbor. Ils contemplent brutalement la gigantesque machine militaire américaine. Ils découvrent des matériels, des armements, des équipements qu'ils ignoraient : des jeeps, des camions, des avions, sans parler des Alligators qui les ont transportés. L'effort de guerre des Etats-Unis leur apparaît dans toute sa dimension.

Ces hommes et ces femmes qui reprennent vie gardent une image inoubliable du terme de leur aventure. En quelques minutes les paras descendus du ciel ou infiltrés dans la jungle ont fait basculer leur destinée. Mieux encore, ces arrivants impromptus se sont montrés plus que des soldats d'exception. Ils ont témoigné à l'égard des internés d'une générosité et d'un dévouement merveilleux. Ils ont distribué leurs propres rations, porté les malades et les enfants, soutenu les faibles. Constamment ils se sont révélés attentionnés et pleins d'égards.

Etre un commando est aussi savoir se comporter en homme de cœur.

Hélas ! il y aura une contrepartie. Les Japonais exerceront sur les populations philippines avoisinantes des représailles féroces. Environ 1 500 malheureux seront victimes de la bestialité nippone, hommes, femmes, enfants massacrés aveuglément. Cette tragédie assombrira à jamais la joie des libérés et de leurs libérateurs.

*

Au lendemain de l'opération, le major Burgess estimera que le commando sur Los Banos avait pour fondements l'aptitude au combat, la confiance en soi et l'ardeur de ses hommes. Krueger parlera de plan bien étudié et d'une exécution brillante. Tels furent effectivement les clés du succès. Les Américains ne sous-estimeront pas non plus l'aide apportée par les guérilleros philippins. Ces combattants de fortune, dressés contre l'envahisseur, ont fait preuve de qualités dignes d'un parfait commando : résistance physique, aptitude à s'immiscer dans une nature hostile au service d'un courage sans faille.

Chapitre XVIII

LE COMMANDO DE LA DISETTE

A l'instar du Val d'Aran, mille kilomètres plus au sud, les îles anglo-normandes, à bien des égards, représentent une anomalie politique. Géographiquement cet archipel immédiatement à l'ouest du Cotentin relève du terroir français. C'est en 709 que se serait produite cette « fatale marée », cet effondrement de terrain séparant du continent Jersey, Guernesey, Aurigny, Sercq[1], les Minguiers, les Chausey et aussi Tombelaine et le Mont-Saint-Michel.

Malgré l'insularité, cet archipel devenu terre normande au Xe siècle aurait pu rester français. (De ce passé relativement récent subsistent bien des traces à commencer par la toponymie.) Mais, au début du XIIIe siècle, enlevant définitivement la Normandie à son vieil adversaire, le roi d'Angleterre Jean sans Terre, le terrien Philippe Auguste a omis d'inclure les îles dans sa conquête. Les siècles suivants n'ont rien changé. Quelques coups d'épingle français sur les lieux n'ont pas altéré la propriété de la couronne britannique[2]. Les baillis de Sa Majesté ont

1. Se trouve également l'orthographe britannique Sark.
2. Les îles Chausey, devant Granville, restent toutefois françaises.

régenté les îles. Ils ont toutefois préservé leur spécificité, la douceur du climat aidant. A l'écart des brumes d'outre-Manche, à l'abri d'un jacobinisme administratif, les habitants vivent un peu en marge. S'ils se savent sujets de l'hôte de Buckingham Palace, ils se sentent d'abord enfants de ces terres imprégnées d'un passé normand et de la présence du continent voisin. Cette situation, cet état d'esprit expliquent bien des comportements à venir.

La débâcle française du printemps 1940, aussi brutale qu'inattendue, sort brutalement l'archipel anglo-normand de sa quiétude traditionnelle. L'ennemi approche et approche très vite. Ayant franchi la Seine, la VIIe PD du futur maréchal Rommel traverse en trombe la Normandie et atteint la base du Cotentin. Cherbourg capitule le 19 juin. Granville a été occupée la veille. La résistance plus ou moins sporadique rencontrée a seulement permis aux dernières arrière-gardes britanniques d'embarquer vers l'Angleterre.

Les îles anglo-normandes se retrouvent face à des rivages aux mains de la Wehrmacht. Elles sont pratiquement à portée de canon. Il n'y a que 16 kilomètres de la Pointe de la Hague à Aurigny, 25 de celle de Carteret à Jersey. Un vent de panique s'abat. Le tiers de la population monte à bord des navires à destination de la Grande-Bretagne. A Aurigny la quasi-totalité s'enfuit à Guernesey. Par contre, à Jersey, ils ne sont que cinq à partir. Les lieutenants gouverneurs à attributs militaires s'éloignent mais les baillis, sur ordre exprès du Home Department [1], demeurent en fonctions avec des consignes précises: faire bon accueil aux envahisseurs. Autrement dit, mieux vaut faire à mauvaise fortune bon cœur. Effectivement, sur le plan militaire, les îles sont incapables de se défendre et la mère patrie, en juin 1940, ne peut rien pour elles. Elle doit d'abord veiller sur sa propre sécurité. De cet abandon si facilement accepté faut-il conclure que Londres ne regarde pas l'archipel comme partie intégrante de son patrimoine ? Une telle affirmation serait plus qu'excessive.

Après un bombardement pour rappeler leur force, messieurs les envahisseurs se présentent donc. Ils débarquent sans risques, Londres ayant fait connaître la démilitarisation des lieux. Le 29 juin, ils mettent pied à Guernesey, le 1er juillet à Jersey, le 2 à Aurigny [2]. Sans tirer un coup de fusil, le swastika remplace l'Union Jack sur les édifices publics.

---

1. Ministère de l'Intérieur.
2. Opération baptisée « Flèche verte ».

Une ère nouvelle commence. D'un commun accord elle est placée sous le signe de la courtoisie et de la correction de la part de l'occupant, sous celui de la «*dignité et de la politesse*» de la part de l'occupé. (Pour reprendre les termes d'un haut dignitaire de Guernesey.) Sous réserve de quelques cas d'espèce, il en sera ainsi durant près de cinq ans. Les îles anglo-normandes vivront en dehors de la tempête. Chacun est soucieux de préserver un statu quo non dépourvu d'avantages réciproques. Pour le Feldgrau, la vie sans dangers immédiats à Jersey ou à Guernesey vaut mille fois mieux que celle sur le front de l'Est. Pour les natifs, vaquer à leurs propres activités se poursuit librement. Cette cohabitation complaisante aura pour corollaire un pourcentage inhabituel de naissances illégitimes. Les «Jerrybags [1]», dit-on.

Les îles anglo-normandes, au cœur de la Manche, ne sont pas sans intérêt militaire. Hitler leur attribue même une haute valeur stratégique. Il les fait fortifier [2] et, le 4 mars 1944, il les décrétera forteresses. Le corps d'occupation monte jusqu'à 36 000 hommes, soit sensiblement la moitié de la population encore présente. La rupture avec la Grande-Bretagne oriente les relations vers la France. Le trafic maritime, abandonné depuis la fin du XIXe siècle, renaît à partir de Saint-Hélier, la capitale de Jersey, vers Saint-Malo et Granville. Granville s'octroie ainsi une activité portuaire aux origines des événements futurs. Ces liaisons maritimes, sous couvert allemand, sont marquées par un naufrage. Le 5 janvier 1943, un caboteur assurant une relève de personnel heurte un récif en sortant de Saint-Hélier. Les Allemands dénombrent 136 morts ou disparus. Cet incident rappelle que la navigation entre les îles et le continent est dangereuse.

Les Anglais semblent se désintéresser de leurs possessions en Manche. Ils savent parfaitement que dans cette guerre leurs compatriotes insulaires ne sont pas le plus à plaindre. Ceux-ci ignorent les bombardements, subissent une occupation «*Korrecte*» et mangent à leur faim, grâce à leurs potagers et leur bétail. Aussi Londres se contente de lancer quelques raids pour sonder les défenses et entraîner ses commandos. Au total 7 raids se dérouleront, du 13 juillet 1940 au 25 décembre 1943, avec des succès modérés [3].

---

1. De bag, sac et Jerry, équivalent anglais de Boche.

2. Avec des prisonniers originaires du continent œuvrant dans les pires conditions. A Aurigny, le camp «Sylt», gardé par des SS, rejoint l'univers concentrationnaire nazi habituel.

3. Cf. tome 1, chap. III ; tome 2, chap. VII.

Overlord remet tout l'équilibre en question. La guerre devient toute proche. Le canon tonne aux portes. Début août 1944 la cause est entendue. Les Alliés ont plus que réussi leur débarquement. Leurs blindés foncent sur Paris et la Seine, s'enfoncent en Bretagne, gagnent la Loire. Le Cotentin finit d'être libéré de Cherbourg à Avranches.

Dans les îles les Allemands se retrouvent isolés sans avoir participé au combat. Rommel avait demandé de rappeler en Normandie la 319e DI, la force principale. En vain ! Hitler, égal à lui-même, a interdit tout repli et ordonné de se battre jusqu'au dernier. Envers et contre tout il veut conserver ses bastions. Rien qu'à Jersey sont en place 400 pièces d'artillerie et stockées plus de 30 000 tonnes de munitions !

Les Alliés se gardent bien d'intervenir. A quoi bon ? Ils ont mieux à faire. L'archipel n'est guère gênant faute de moyens offensifs. Un blocus naval suffit pour l'étouffer. Il est clair qu'à la longue il tombera de lui-même comme un fruit mûr.

Les 30 000 hommes, toujours en place à Guernesey, Jersey, Aurigny ou en quelques postes d'observation sur des îlots perdus, sont du reste sans illusions. S'ils vivent sans périls présents, ils connaissent leur avenir plus ou moins lointain : un camp de prisonniers outre-Atlantique. Déjà ils se dénomment « Division Canada ».

Ces perspectives peu attrayantes pour les garnisons allemandes se doublent d'un quotidien que les succès alliés ont bouleversé. La pénurie générale s'est instaurée. Faute de liaisons autant avec la France qu'avec l'Allemagne, plus rien n'est à attendre de l'extérieur. Les seules relations encore existantes s'effectuent de nuit par avion vers les poches de l'Atlantique : Lorient, Saint-Nazaire, La Rochelle, voire exceptionnellement l'Allemagne. Elles ne peuvent qu'assurer des mouvements limités de personnel ou des apports de courrier. Cette vie en autarcie a stoppé les ravitaillements. Tout manque, farine, sucre, huile et surtout charbon et carburant.

Heureusement, sous l'égide de la Suisse, un accord en faveur de la population civile a été conclu entre les deux camps. Un navire suédois affrété par la Croix-Rouge internationale apporte produits médicaux et colis. Les îles ont déjà leurs tomates, leurs pommes de terre, leurs vaches. Elles peuvent subsister vaille que vaille écartant le spectre de la famine.

Les Allemands sont loin d'être aussi bien lotis. Ils disposaient de trois mois de vivres avec une ration journalière moyenne de trois mille calories. Pour tenir davantage, la ration tombe à 1 600 calories par jour à l'automne et à 1 250 en janvier 1945. Soldats et marins vivent un perpétuel carême. L'état sanitaire et psychologique s'en ressent. Les organismes se traînent. Le moral est au plus bas. Que cette guerre finisse au plus vite ! Un rapport médical établit :

«*Mortalité élevée, nombreux cas de folie, tuberculose par dizaines.*»

Pour faire face à une telle situation, la discipline stricte ne tolère aucune atteinte à la population. Chaparder des légumes dans un potager peut conduire au poteau.

Curieuse occupation ! Pas d'exactions habituelles tolérées ! Personnalité des chefs, rapports de bon voisinage établis dès les premiers jours en sont sans doute la cause. A moins que l'inéluctable avenir n'incite à la prudence...

*

Le 21 décembre 1944, le poste de guet allemand installé aux Minguiers (groupe d'îlots au sud de Jersey) voit se profiler un LCVP, engin de débarquement américain. Sa première réaction est d'ouvrir le feu forçant le petit bâtiment à zigzaguer avant que ses passagers ne parviennent à se faire reconnaître. Ils sont cinq à bord, prisonniers allemands évadés de Granville et dirigés par un aspirant. Une fois à terre, ces hommes racontent longuement. Fusiliers marins capturés à Brest, ils ont été transférés sur Granville. Ils y travaillent à décharger des cargos de charbon. Laissés libres de leurs mouvements, face à une surveillance quasi inexistante, ils en ont profité pour se faire la belle à bord de l'esquif. La suite du récit est encore plus instructive. Du charbon, beaucoup de charbon est déchargé à Granville. Les Alliés utilisent le port à cet effet, pensant s'y trouver en totale sécurité et pratiquement ne se gardent pas. La Wehrmacht pour eux est loin. Elle a été repoussée sur le Rhin. En ce qui concerne les occupants des îles anglo-normandes, personne n'imagine qu'ils puissent avoir idée et moyens de se manifester.

Tout à leur joie et à leur fierté de leur évasion réussie, les cinq fusiliers marins du LCVP ne prennent pas conscience d'un détail. A Granville ils mangeaient à leur faim, partageant les rations des GI's. A Jersey la soupe sera plus claire.

*

L'escapade du LCVP provoque un déclic dans le haut commandement des îles. Il y a du charbon à Granville. Du charbon, quel pactole en ces temps de disette ! Il permettrait d'alimenter la centrale électrique et de chauffer quelques navires. L'aspirant évadé a su observer. Le port n'est pas protégé. S'y introduire discrètement, de nuit, par mer, est possible. En repartir avec des prises, tout autant. Et si le coup réussissait, quel impact dans la garnison, allemande de l'archipel ! Il stimulerait une troupe accablée par son destin et lui démontrerait qu'elle n'est pas finie. Elle peut encore frapper.

Convaincus de l'intérêt d'un raid de piraterie dans les eaux granvillaises, le général von Schmettow, commandant en chef de la forteresse, et l'amiral Hüffmeier, ancien pacha du *Scharnhorst* et patron des forces navales, débattent de sa réalisation. Les moyens maritimes existent. Des unités de la Kriegsmarine, basées dans des ports français, se sont réfugiées à Jersey. Parmi elles se trouvent quatre avisos dragueurs de la 24e Flottille. Ces bâtiments de 700 tonnes possèdent un canon de 105, un de 37 et six Oerlikon de 20. Avec un équipage d'une centaine de marins, ils filent à 17 nœuds. Le plus délicat se situe au niveau du commando à débarquer pour l'opération elle-même. Il s'agit de trouver, au sein de la « Division Canada », 150 hommes valides et moralement aptes.

Le projet prend corps et s'étoffe. Il finit par comporter trois objectifs pratiques : rendre le port de Granville inutilisable pour les Alliés. Y détruire les navires présents. Ramener tous les cargos possibles.

Le port de Granville n'est accessible qu'à marée haute. A cet impératif s'ajoute la nécessité d'une nuit noire, sans lune, pour approcher sans se faire repérer. Les Allemands possèdent des cartes marines et des tableaux de marée. Ils peuvent étudier le raid en parfaite connaissance des diverses données. La nuit du 6 au 7 février répond aux conditions requises. La lune se lève à 3 heures 30. En se présentant à 23 heures, le commando bénéficiera de pleine mer et d'obscurité totale.

Le 6 février, l'expédition quitte Jersey. Au total huit bâtiments avec à leur bord 150 volontaires qui ont profité d'un régime spécial pour « *reprendre des couleurs* ». La météo, des incidents mécaniques, une rencontre avec un patrouilleur américain conduisent l'amiral Hüffmeier à ordonner le repli. L'opération a néanmoins apporté des enseignements en vue d'une tentative ultérieure. Elle a en particulier relevé la présence d'un navire américain croisant en permanence au large de Granville.

*

Granville s'étire sur une avancée de terre et un promontoire effilé. La côte nord est rocheuse, à l'exception d'une large crique sableuse à hauteur du casino. Le port et l'avant-port regardent au midi. Un radar est signalé à la Pointe du Roc à l'extrémité du promontoire.

Les évadés du LCVP étaient formels. Les Américains de Granville, comme la mince garnison française, vaquent sans inquiétude. Les GI's logent dans les vieilles casernes édifiées sur le promontoire. Les bidasses français cantonnent à côté. Les états-majors ont préféré les hôtels du bord de mer autour du casino. Preuve que Granville est regardée comme une cité tout à fait sûre, Eisenhower y avait installé son PC de fin août au 24 septembre 1944 avant de se rapprocher de Paris.

L'amiral, nazi fanatique, a été promu commandant en chef de la forteresse en remplacement de Von Schmettow, jugé trop accommodant par Hitler. Un certain général Wolf a pris la tête de la 319e DI. Ces deux hommes fixent la mouture définitive du raid. Trois groupes interviendront :

Le Groupe I, avec les quatre avisos dragueurs, aura la mission principale. Deux de ses avisos pénétreront dans le port. Ils débarqueront un commando chargé de détruire le maximum d'installations portuaires et de saboter les bâtiments qui ne pourront être récupérés. Ils transporteront aussi une équipe de prise. Celle-ci prendra le contrôle des navires susceptibles d'être conduits à Jersey. Durant ce temps, les deux derniers avisos dragueurs veilleront à l'entrée de la darse.

Le Groupe II, avec trois chalands porte-canons, sera chargé de la sécurité lointaine. A ce titre il protégera le Groupe I contre une action du patrouilleur américain croisant au large.

Enfin le Groupe III, deux ex-vedettes des douanes et un gros bateau de pêche, mettra à terre, à hauteur du casino, un détachement devant assurer une diversion.

Le danger majeur provient des radars installés de la Hague à Cancale. Ils peuvent donner l'alerte et précipiter l'intervention de bâtiments au départ de Cherbourg ou Saint-Malo. Cette possibilité implique d'agir vite et de ne pas s'attarder.

Les conditions requises s'annoncent à nouveau optimales pour la nuit du 8 au 9 mars. Quatre semaines exactement après la tentative avortée, Hüffmeier, le 8 en fin d'après-midi, ordonne d'appareiller. Les forces rassemblées sont importantes : 600 marins sur

11 bâtiments de tous types[1], les 150 «valides» constituant les commandos à débarquer.

8 mars. 21 heures. Nuit noire. Mer calme. Le Groupe I quitte Saint-Hélier. Ses trois chalands manquent de vitesse (8 nœuds) mais compensent par leur armement. Leurs canons de 88[2], 2 par chaland, sont des engins redoutables. Très vite la flottille est détectée par le radar de Coutainville[3]. L'alerte est donnée à Cherbourg et Granville. A Cherbourg, deux vedettes rapides britanniques reçoivent ordre de se porter vers Carteret. A Granville, le départ de six cargos prévu peu après minuit est annulé.

Conformément à leurs instructions, les trois chalands du Groupe I piquent plein sud entre les Minguiers et Chausey pour déboucher par le travers de Granville. Le radar de Coutainville les suit. Il informe régulièrement de l'évolution des contacts localisés le lieutenant de vaisseau Dandel, commandant du PC 564, patrouilleur américain de surveillance. Ce PC 564 est un bâtiment de 315 tonnes, muni d'un canon de 76 mm et d'un autre de 40.

A 23 heures 45, Dandel fait tirer des obus éclairants afin de situer et reconnaître ceux qui lui sont signalés, à 20 kilomètres plein ouest de Granville. Les Allemands procèdent de même. Les adversaires brusquement se voient dans une partie qui n'est pas égale. Un canon de 76 contre six de 88. Infortune pour l'Américain, la culasse du 76 se bloque. Les obus de 88 portent. La timonerie, le canon de 40 sont mis hors d'usage. Pris sous le feu, avec des tués et des blessés, privé de radio et de radar, Dandel juge son navire perdu et ordonne l'évacuation. Quelques marins embarquent dans un radeau. Le tir ennemi a cessé. Les machines sont en mesure de continuer à tourner. La côte se devine au loin. Revenant sur sa décision, Dandel fait remettre en route dans l'espoir d'aller s'échouer sur les plages de sable au sud de la Pointe du Grouin. Dans la nuit son bâtiment finit par heurter des récifs. L'équipage sera sauvé. Mais la bataille aura fait des victimes: les marins tués ou blessés lors de l'engagement, et ceux embarqués sur le radeau qui ne seront jamais retrouvés.

---

1. A cette armada il faut adjoindre deux chalutiers armés partis surveiller le passage nommé «la Déroute» entre Jersey et le continent.

2. Conçu initialement comme une pièce de DCA, le canon de 88 a très vite été utilisé comme arme antichar suite à sa forte vitesse initiale (941 m/s; 15 coups minute; portée 15 km). Il perce 99 mm de blindage à 200 mères.

3. 25 kilomètres au nord de Granville.

Le PC 564 hors de combat, les Allemands sont maîtres de la mer pour quelques heures. Cherbourg, Saint-Malo sont relativement loin. Surtout Cherbourg, le plus dangereux à priori. Encore faudrait-il qu'il y ait volonté de se porter sur les lieux. Personne, à cette heure, ne songe à une incursion terrestre. On estime, faute d'informations précises, que l'engagement naval, dont les lueurs ont été aperçues de Granville, n'est qu'une escarmouche suite à une rencontre inopinée. Sans doute avec un poseur de mines ?

Cette interprétation n'est pas la faute du radar de Coutainville. Il continue de rendre compte de ses échos. Au 156e RI américain, PC à Barneville, on se contente de prescrire l'envoi de patrouilles de reconnaissance sur les plages. A Granville personne ne semble avoir reçu d'avertissement ! Les Groupes I et III poursuivent leur approche sans la moindre opposition. Pourtant, à 0 heure 23, le radar les a décelés à 8 kilomètres au nord-ouest de Granville. De quoi provoquer des interrogations…

Le port de Granville se scinde en deux : l'avant-port assez vaste et le bassin à flot plus exigu, les deux séparés par une jetée et reliés par une écluse. Les Allemands ont fait sauter les portes de cette écluse avant de s'enfuir. L'accès est donc libre.

Dans ce bassin à flot, cette nuit du 8 au 9 mars, cinq cargos charbonniers britanniques sont à quais : *Eskwood*, *Nephrite*, *Heien*, *Kyle Castle* et *Parkwood*. Leur départ, on le sait, a été annulé. Du coup les pilotes granvillais ont été priés de rentrer chez eux. Dockers français et prisonniers allemands travaillant au port ont reçu ordre de se retirer. Quant aux factionnaires de service, presque tous des GI's de couleur, ils montent une garde débonnaire et n'ont pas été renforcés.

Des rafales de mitrailleuse, des impacts d'obus rompent brutalement cette belle torpeur. Il est un peu plus d'une heure. Deux des avisos dragueurs du Groupe I viennent d'ouvrir le feu pour couvrir l'entrée dans l'avant-port de leurs camarades. Ce tir, largement à l'aveuglette, fait les premières victimes dont un Anglais attiré par le bruit.

Profitant du vacarme créé, les deux avisos dragueurs (les M 412 et M 432), suivis du remorqueur, s'avancent vers l'avant-port. Un projecteur demande le signal de reconnaissance. Les Allemands, comme les Anglais à Saint-Nazaire, gagnent du temps en faisant répéter la demande. Est-ce vraiment utile ? Aucun blindé, aucun canon ne sont en position sur les quais pour repousser les assaillants. Pour eux, le danger vient d'ailleurs.

1 heure 20. La marée est moins forte que calculée. Le M412 s'échoue devant le môle est. Son bâtiment cloué à la vase, le lieutenant de vaisseau Mohr qui dirige l'attaque n'insiste pas. Il ordonne d'évacuer et de saborder.

Pour les deux autres, les choses se passent bien. Le M432 accoste sans racler les fonds. Le remorqueur pénètre dans le bassin à flot. Les commandos sautent à terre. 70 hommes pour mener le combat et les destructions, 8 pour les sabordages, 12 pour les prises.

Les GI's sont surpris et peu nombreux. Incapables d'organiser une résistance, ils s'empressent de prendre du recul. Les assaillants ont liberté d'action dans le port et le quartier proche. Ils ne tardent pas à voir affluer du renfort. Les prisonniers allemands se précipitent vers leurs compatriotes. S'ils ne sont pas armés, ils ont l'avantage de connaître parfaitement le port, les quais et les installations. En un tour de main ils se transforment en guides des lieux. Sur les cargos, il en est tout autrement. Les marins anglais ne sont pas décidés à lever les bras à la première sommation. Les commandos doivent se battre. Six Britanniques sont tués, deux de leurs commandants faits prisonniers.

Avant même la fin de ces combats les équipes de destruction se mettent à l'ouvrage. Plus d'une douzaines de grues sont gravement endommagées, deux engins à chenilles détruits. La marée qui a déjà joué un mauvais tour au M412 continue de se retourner contre les pirates. Seul l'*Eskwood*, le plus proche de la sortie du bassin à flot, peut, après sa capture, être remorqué vers le large. La prise, dans son cas, n'est pas si mauvaise. Il a encore un peu plus de 100 tonnes de charbon dans ses soutes. Faute de pouvoir être déhalés, les quatre autres cargos ainsi qu'un petit remorqueur et une vedette de pilotage sont systématiquement sabotés.

Durant ce temps une quinzaine d'hommes ont grimpé à la Pointe du Roc où se dressent un phare et un sémaphore. Le gardien français, Roger Brache, est extrait sans ménagement de son domaine. L'homme n'est qu'un civil désarmé et a répondu aux questions. Il ne représente en rien un danger. Pourquoi la rafale de mitraillette qui le laisse pour mort ? Par miracle Brache survivra. Les Américains de la caserne proche, les Français cantonnés à proximité n'ont pas bougé. Tous croyaient que l'attaque visait uniquement le port.

3 heures. Sur les quais tout est terminé. Les commandos ont embarqué. Le M432 et le remorqueur ayant derrière lui

l'*Eskwood* s'éloignent vers le large. Dans l'avant-port, les munitions du M 412 consciencieusement saboté continuent d'exploser rappelant aux riverains le passage de ces étranges visiteurs. Visiteurs du port mais également visiteurs du casino. Au moment où le Groupe I pénètre dans l'avant-port, le Groupe III termine son approche. A quelques centaines de mètres du rivage, les hommes du capitaine Schellenberg prennent place dans des dinghies. Silencieux et invisibles au ras des flots, ils pagaient vers la plage du casino, place Maréchal-Foch. Ils sont une petite cinquantaine pour investir les hôtels avoisinants : Normandy, Hôtel du Parc. Des Américains y logent. Dans l'ensemble, ce sont des fonctionnaires de l'UNRRA (United Nations Rehabilitation and Relief Association [1]). On dit que certains seront pris au lit en galante compagnie. En quelques minutes, neuf d'entre eux, dont quatre officiers, se retrouvent au bord de mer, en tenue parfois légère, et sommés d'embarquer dans les dinghies pour gagner les deux embarcations qui attendent un peu au large. Heureusement, les Allemands manquaient de temps pour tout fouiller. Bien des locataires des hôtels sont parvenus à se camoufler dans les étages supérieurs.

Tout autour, dans le quartier proche, la confusion règne. Les habitants réveillés par les coups de feu hurlent : « Les Allemands ! Les Allemands. » Deux civils sont tués. Un colonel américain rentrant se coucher est abattu dans sa jeep ainsi que son chauffeur.

Le raid du casino a été mené au pas de charge. Le contraire serait suicidaire. Les lieux se situent juste au débouché de la route de Coutances par laquelle peut surgir la réaction américaine. Lorsqu'un peu après 2 heures 30 les premiers GMC du 156e RI apparaissent, Schellenberg et les siens sont déjà loin avec leurs prisonniers.

Le retour sur Jersey s'effectue sans incidents. L'*Eskwood* a même largué son amarre. Ses propres machines étant en état de marche, il a navigué avec son équipage prisonnier sous contrôle des « pirates ». Le commando rentre avec un cargo renfermant exactement 112 tonnes de charbon dans ses soutes, 9 prisonniers américains et 60 prisonniers allemands libérés. Ceux-là sont peut-être les gros perdants. Au moins, à Granville, ils avaient droit aux rations des GI's. A Jersey, leur nouveau régime alimentaire

1. Organisme chargé de porter assistance aux populations des régions libérées.

va leur faire perdre des forces et des kilos. Mais ils ont devant eux deux mois de liberté… Côté allemand, les pertes sont relativement légères : 6 tués, 30 blessés.

Hüffmeier jubile et fait paraître un communiqué de victoire :

« *Les troupes de choc de la garnison des îles anglo-normandes débarquées par des patrouilleurs commandés par le Kapitanleutnant Mohr au cours de la nuit du 8 au 9 mars ont effectué un raid sur le port de ravitaillement ennemi de Granville dans la baie de Saint-Malo. Elles ont détruit les écluses, mis la ville et le port en feu et fait de nombreux prisonniers, parmi lesquels un lieutenant-colonel et quatre autres officiers. Cinquante-cinq prisonniers ont été délivrés de leur captivité, un patrouilleur américain a été coulé, cinq navires de charge représentant 4 800 tonnes ont été détruits et un autre capturé.* »

Le bilan est sensiblement exact sous quelques réserves. Le patrouilleur américain sera renfloué, les écluses étaient déjà hors d'usage. Pour la ville et le port, ils n'ont fort heureusement pas flambé. Pour Hüffmeier l'essentiel est ailleurs. Si le coup de main n'a rien rapporté qui puisse grossir la ration calorique de la « Division Canada », le résultat est psychologique. Il met du baume sur un moral fortement ébranlé.

*

Fort de ce succès, l'amiral envisage d'autres commandos même s'il se doute que sur le continent on est maintenant sur ses gardes. Ce marin refuse de voir la défaite à sa porte. De petites équipes seront débarquées dans le Cotentin en avril, afin d'y effectuer des sabotages. Presque toutes seront capturées. Hüffmeier envisageait une action d'envergure lorsque la capitulation de son grand patron, l'amiral Dönitz, successeur désigné du Führer, le contraint à déposer les armes le 9 mai. Deux mois très exactement jour pour jour après le commando de la disette sur Granville.

Ce commando n'a aucune incidence sur le cours du conflit. Et que pèsent les malheureuses victimes de l'expédition par rapport aux 60 millions [1] de morts de la Seconde Guerre mondiale ? Ce coup de main est surtout significatif de la détermination – pour

1. Estimation.

ne pas écrire du fanatisme – qui animait encore des responsables nazis à quelques semaines de la chute définitive du III^e^Reich. Certains, plus indulgents, parleront peut-être de leur conscience professionnelle. Il est vrai qu'un soldat doit lutter jusqu'au bout. Faut-il encore que son sacrifice ait un sens. Dans le cas présent, peut-on avancer qu'il servait à montrer que ces soldats affamés étaient malgré tout restés des hommes de courage ?

Dans cette aventure, le plus notable est certainement le sans-faute des marins allemands. Ils ont évité les récifs, les hauts-fonds, dominé les courants et abordé exactement aux points voulus. L'exploit n'est pas mince et rejoint l'audace de leurs camarades mis à terre bien qu'affaiblis par des mois de privations.

*

Enfin, pour la petite histoire, les trois avisos dragueurs rescapés, M 432, M 442, M 452, seront remis à la Marine française. Sous les noms de *Suippes*, *Marne* et *Aisne*, ils resteront en service jusqu'en 1950 pour le premier, 1953 pour les deux derniers.

Chapitre XIX

SINGAPOUR
AVEC LES MIDGETS DE SA MAJESTÉ

L'attaque menée en septembre 1943 dans un fjord norvégien contre le *Tirpitz* a confirmé, s'il en était besoin, l'intérêt de ces sous-marins de poche que les Britanniques dénomment des Midgets. Si le bilan est lourd en hommes et matériels perdus [1], l'imposant navire de guerre allemand n'est plus en état de reprendre la mer. Il ne menacera plus l'Atlantique Nord et les eaux norvégiennes. Les convois vers l'URSS peuvent voguer. En stratégie, le commando sous-marin a été payant.

Les espoirs placés en ce type de submersible continuent, les mois suivants, de démontrer qu'ils sont bien fondés. Pour preuve, certains préparatifs d'Overlord, le débarquement allié en Normandie le 6 juin 1944.

1. 6 Midgets détruits sur 6 ; 9 marins disparus, 6 faits prisonniers. Cf. tome 1, chap. XXI.

La baie de Seine a été retenue comme cadre de la mise à terre des forces d'invasion de la «Forteresse Europe». Cela posé, l'Etat-Major allié doit pousser plus avant: déterminer dans le détail les plages normandes les plus aptes à recevoir l'assaut amphibie. Cette exigence impose obligatoirement de se rendre sur place reconnaître les défenses côtières et rapporter des précisions sur la nature des sols. Quels terrains pourront supporter les engins à chenilles?

Pour obtenir ce genre de renseignements, le sous-marin de poche est le moyen le plus approprié. Il est capable de s'approcher au plus près, de demeurer de jour pendant de longues heures, en observation périscopique, de dépêcher de nuit des hommes aux rivages. La largeur de la Manche, pour un tel travail, ne permet que difficilement un aller et retour dans la nuit à un petit navire de débarquement.

Le 17 janvier 1944, l'X20 quitte Portsmouth pour rejoindre le remorqueur *Darthema* appelé à lui faire traverser la Manche. Ce Midget est de la série de ceux de l'opération Source contre le *Tirpitz*. Longueur 15 mètres. Tonnage 30,5 tonnes. Vitesse en surface 6 nœuds, immergé 5,5. Ils sont cinq à bord, dirigés par l'enseigne de vaisseau Hudspeth, un officier de réserve de la marine australienne. Hudspeth était de l'opération Source avec le *Scharnhorst* pour objectif. Une série d'incidents techniques lui a interdit d'aller jusqu'au bout[1]. Cette malchance n'a pas brisé l'ardeur du courageux Australien.

L'X20 va passer quatre jours au large des côtes françaises. Dans la journée, il étudie attentivement au périscope la ligne côtière et contrôle la profondeur exacte de la mer. Des tirs de petits calibres semblent parfois dirigés contre lui? Aurait-il été repéré? Non. Les Allemands essayent leurs armes et rompent la monotonie des heures.

La nuit, l'X20 se rapproche encore du rivage. Les deux hommes-grenouilles, le major Scott-Bourden[2] et le sergent Ogden-Smith, se mettent à l'eau. Ces deux nageurs appartiennent au COPP (Combined Operations Assault Pilotage Parties). Créé en septembre 1942, ce service comprend 10 équipes spécialisées dans les reconnaissances et abordages discrets des plages de

1. Cf. tome 1, chap. XXI.
2. Plus tard major général (général de division).

débarquement. Ses opérations, véritable travail de commando sur des rivages tenus par l'ennemi, exigent une résistance physique et des qualités de nageur de combat rares. Scott-Bourden et Ogden-Smith sont familiers de ce genre de mission. Quinze jours plus tôt, dans la nuit du Nouvel An, ils ont, au départ de deux LCN [1], par un temps épouvantable, procédé à une incursion sur la côte normande à l'est d'Arromanches.

Chaque nageur emporte, par-dessus sa combinaison caoutchoutée, un Colt 45, une torche, une boussole, et de quoi écrire sous l'eau, sans oublier une gourde de Brandy pour se réchauffer. Détail pittoresque, ils emmènent également un lot de préservatifs. Non pas dans la perspective d'une bonne fortune sur le continent ! Tout simplement pour apporter des échantillons de sable.

Deux nuits de suite, Scott-Bourden et Ogden-Smith se rendent devant Vierville, Saint-Laurent, Colleville qui deviendront la célèbre et sanglante plage américaine d'Omaha Beach. La troisième nuit, ils devaient pousser jusqu'à l'embouchure de l'Orne ; mais l'épuisement des cinq marins confinés dans un habitacle exigu [2] et la détérioration du temps imposent de renoncer.

Les résultats sont malgré tout élogieux. La hiérarchie saluera l'entreprise comme une «*reconnaissance impudente et prolongée sous le nez même de l'ennemi*».

D'autres opérations de style identique sont programmées pour l'X20 et son jumeau l'X23. Avec le printemps et les nuits plus courtes, le commandement estime que les risques deviennent trop importants. Il est alors décidé d'affecter les deux Midgets au balisage des deux plages anglo-canadiennes de Sword et de Juno [3]. La côte, en cet endroit, s'allonge sans repères caractéristiques. Avec les courants marins, une erreur de navigation est possible.

En vue de cette mission, les deux Midgets sont dotés d'un matériel complémentaire notamment un radar et un mât télescopique de 18 pieds. Ces équipements les surchargent. Pour y parer, des compartiments de flottaison sont disposés sur leurs côtés, à la place des charges explosives habituelles. Ils sont aussi parés d'ancres et de pieux de balisage. Ainsi nantis, ils doivent

1. Landing Craft Navigation. Vedette de 11 mètres équipée d'appareils de navigation de grande précision.

2. Ils tiennent avec des cachets de Benzedrine.

3. Sword de Lion-sur-Mer à Ouistreham ; Juno devant La Rivière.

servir de balises lumineuses à la flotte d'invasion et marquer l'endroit à partir duquel des chars Sherman DD (Dupleix Drive) peuvent être mis à flot. Evidemment les balises seront orientées uniquement côté mer. L'X23 se positionnera devant Sword et l'X20 devant Juno. Chacun se tiendra à la limite extérieure de son secteur. L'armada pour Juno défilera à gauche de la balise, celle pour Sword à droite.

Au soir du 2 juin, l'X20 – enseigne de vaisseau Hudspeth – et l'X23 – lieutenant de vaisseau Honour[1] –, derrière les remorqueurs *Darthema* et *Grenadier*, quittent Portsmouth. Le 3, en fin d'après-midi, ils sont sur la zone. Au lever du jour du 4, leurs commandants déterminent avec minutie leur position avant de gagner les fonds pour y attendre la nuit suivante. A 23 heures 15, les deux Midgets refont surface. Les antennes sont élevées dans l'attente d'un message codé. Le 5, à 1 h, est perçu :

« For Padfoot, unwell in Scarborough[2]. »

Le débarquement est reporté de 24 heures[3].

Les antennes sont repliées et les deux Midgets replongent à nouveau. Une autre journée, inconfortable et fastidieuse, attend les équipages. De son périscope, Honour sur l'X23 se souviendra avoir vu les soldats allemands paresser sur la plage sans se douter de ce qui les attendait le lendemain !...

Au soir du 5, l'X20 et l'X23 refont surface. Cette fois le message pour Padfoot est OK. L'invasion est en route. A 4 heures 30, le 6 juin, l'X23 déploie antenne et mât télescopique avec balise lumineuse vers le large. Cet appareillage est au profit des vedettes qui conduisent la force d'invasion. A 5 heures l'X20 fait de même. A cet instant, près de 5 000 bâtiments alliés convergent vers les plages normandes. Les deux Midgets britanniques les guideront.

La mer est vide. L'attente pour les équipages paraît sans fin avant de distinguer quelque chose sur l'horizon. Ce calme est trompeur. Les lourds grondements des avions qui filent par vagues révèlent clairement qu'Overlord est déclenchée.

Enfin se perçoivent les bourdonnements des machines. Les étraves des embarcations piquant vers la côte se révèlent. L'instant le plus dangereux pour les deux Midgets est proche. Ils sont

1. Honour est officier de réserve de la Royal Navy.

2. « Pour Padfoot, indisposé à Scarborough. »

3. On sait que le général Eisenhower a dû prendre cette décision devant la dégradation des conditions météorologiques.

bien petits et bien seuls sur la mer. Leur présence n'a pas été signalée au gros de la flotte qui globalement l'ignore. Une méprise est possible. Un commandant de bord nerveux peut faire ouvrir le feu sur cette apparition insolite. Honour s'est efforcé de se prémunir. Il a déployé un grand emblème de navire amiral.

L'opération Gambit, tel était son nom, s'achève sur un plein succès. Les navires d'assaut ont gagné Sword et Juno avec une extrême précision. Les unités ont débarqué exactement aux coordonnées prévues.

Il n'en a pas été toujours ainsi chez les Américains. Malgré une démonstration, ils avaient refusé la proposition de balisage par Midget. Ils s'affirmaient assurés de leur navigation. A Utah Beach, trompés par les courants, ils ont débarqué deux kilomètres trop à l'ouest[1].

Les équipages de l'X20 et de l'X23 ont passé 64 heures en plongée. Cinq personnes dans un espace où il est impossible de s'allonger simultanément et de se tenir debout ! (La hauteur sous plafond n'excède pas un mètre cinquante.) Avec la menace constante d'être repéré et grenadé dans des eaux peu profondes non loin des rivages. Ce commando sous-marin a fait preuve d'un solide courage et d'un parfait métier. Overlord lui doit une partie de sa réussite.

*

D'autres opérations tout aussi réussies sur les côtes européennes suivent « Gambit ». Mais le dernier feu d'artifice des Midgets est tiré à 10 000 kilomètres de là le 31 juillet 1945.

« *The last but not the least* », le dernier mais non le moindre, énoncent les Britanniques. Effectivement le commando du 31 juillet 1945 près de Singapour est retentissant et peut, en outre, être regardé comme l'ultime de la Seconde Guerre mondiale. Encore que ! Le vol du B 29 Enola Gay, une semaine plus tard, pour aller larguer la première bombe atomique sur Hiroshima est dans un sens un commando parfaitement mené. Celui du 9 août également bien qu'à un degré moindre. Nagasaki n'était pas l'objectif initialement choisi.

---

1. Erreur qui paradoxalement s'est avérée bénéfique. La 4e DI US a débarqué sur une plage pratiquement non défendue. Réf. : *La Grande Histoire de la Seconde Guerre mondiale* du même auteur, chez le même éditeur.

Les opérations kamikazes des Japonais, menées jusqu'à l'extrême limite du conflit, ne peuvent être assimilées à des actions de commandos. Reconnues comme des sacrifices consentis et respectables, elles ne répondent pas à l'esprit commando. Un commando doit savoir frapper et s'esquiver pour revenir asséner le lendemain.

*

Le 22 septembre 1943, le *Tirpitz* est immobilisé par l'X7 du lieutenant de vaisseau Place dans les eaux du Kaafjord. Il est définitivement détruit par la RAF le 12 novembre 1944. Peu après, le 25 décembre, la Royal Navy envoie le *Scharnhorst* par le fond.

Avec la disparition de ses deux derniers navires de bataille, la flotte de haute mer de la Kriegsmarine ne représente plus un danger.

Dans une guerre en Europe où la victoire finale se dessine, la Royal Navy a désormais des moyens disponibles. En particulier elle n'a plus de cibles véritables à présenter à ses Midgets. Par contre, ils seront certainement capables de rendre des services là où la guerre se poursuit, selon toute vraisemblance pour longtemps, en Extrême-Orient et dans le Pacifique. Nul, fin 1944, ne peut prévoir le bouleversement que l'arme atomique introduira en août 1945 dans les données du conflit.

L'amirauté britannique décide d'envoyer des Midgets en Extrême-Orient où la Royal Navy commence à regrouper une partie de sa flotte[1]. Le 21 février 1945, le navire ravitailleur *Bonaventure* quitte l'Ecosse, emmenant à son bord la 14e flottille de Midgets, sous les ordres du capitaine de vaisseau Fell. Fell fut l'un des premiers à expérimenter le « Chariot » britannique, sorte de torpille sous-marine montée et analogue au Maïale italien[2].

Ces appareils de la 14e flottille appartiennent à une nouvelle série XE aux performances légèrement améliorées[3] en comparaison au précédent type X5, dont les X7, X20 et X23 faisaient

---

1. Force occasionnelle 5, avec deux cuirassés, quatre porte-avions, cinq croiseurs et onze destroyers.

2. Cf. tome I, ch. V.

3. Caractéristiques techniques de la série XE (11 appareils construits): Longueur 16,2 mètres – Vitesse en surface 12 km/h avec charges – Vitesse immergé 10 km/h avec charges. – Rayon d'action en surface (avec charges) 2 440 kilomètres – Transport: 2 charges explosives de 1 996 kilos chacune.

partie. Ils sont plus volumineux (34 tonnes au lieu de 30,5) et possèdent un rayon d'action supérieur. Leur équipage s'élève normalement à cinq hommes grâce à une extension de l'habitacle. Surtout, élément appréciable, ils bénéficient d'une climatisation dans la perspective des mers chaudes.

Dans la plus grande discrétion, le *Bonaventure* gagne dans un premier temps Pearl Harbor, via le canal de Panama. Il serait excessif d'affirmer que les Américains saluent cette arrivée avec enthousiasme. Le Pacifique est leur pré carré... Ils ne croient pas aux Midgets devant les échecs de ceux des Japonais à Pearl Harbor[1] et ont tendance à les regarder comme des engins kamikazes. Ils ne s'y sont jamais intéressés, faisant avant tout confiance en leurs propres sous-marins et en leurs porte-avions avec l'aviation embarquée.

Fell a cependant de la chance. Il rencontre l'amiral James Fife, commandant des sous-marins de la VIIe Flotte américaine à laquelle les Midgets britanniques sont rattachés. Ses arguments sont convaincants. Il obtient un certain soutien, même si, dans l'immédiat, l'amiral ne voit pas l'utilisation de ce genre d'engin.

Après Hawaï, le *Bonaventure* se rend à Brisbane dans l'attente d'éventuelles missions. Les équipages languissent quand un élément fortuit les remet en selle.

Les Japonais exploitent des câbles sous-marins pour leurs liaisons Hong Kong-Saigon-Singapour et Hong Kong-Singapour direct. Ce type de communication leur apporte une sécurité absolue. Les messages transmis ne peuvent être interceptés. Avec la mainmise sur les Philippines, chez l'état-major américain l'idée surgit de couper ces câbles. Les Japonais seraient alors dans l'obligation d'utiliser des liaisons radio susceptibles d'être captées et décryptées.

Le projet est séduisant. Sa réalisation s'annonce difficile. Si les câbles sont grossièrement localisés sur les cartes marines, leur positionnement précis est vague. De plus, ils sont immergés dans des eaux contrôlées par les Japonais. A priori l'opération nécessiterait de gros moyens techniques et militaires signalant à l'ennemi ce qui se trame.

Le commandement a eu écho de la présence à Brisbane des Midgets britanniques. La question est posée à Fell. Ses engins, ses XE en l'occurrence, sont-ils capables de tenter l'entreprise

---

1. Cf. *La Grande Histoire de la Seconde Guerre mondiale*, tome 4. Du même auteur, chez le même éditeur.

contre les câbles exploités par les Nippons ? C'est demander à un canard s'il veut nager. Fell se montre formel et assure pouvoir mener le job à bien. Son patron direct, l'amiral Fraser, commandant en chef de la flotte britannique du Pacifique, l'appuie. Fife, l'Américain et son état-major réagissent de même et font préparer des plans en conséquence.

Deux problèmes techniques sont d'abord à résoudre : déceler les câbles et les couper. La solution trouvée passe par un grappin remorqué par un midget. En ratissant le fond de la mer dans le secteur incriminé, il finira par accrocher le fameux câble. Pour le sectionner, les midgets sont munis d'un puissant couteau destiné à trancher les mailles des filets anti-sous-marins. Les équipages sont rodés à son utilisation. Il suffit d'élargir quelque peu ses mâchoires pour répondre aux diamètres rencontrés.

Les aménagements nécessaires réalisés, le *Bonaventure* quitte Brisbane et se porte dans la région de la Grande Barrière de corail au nord-est de l'Australie afin de procéder aux essais. Cette phase, malheureusement, coûte la vie aux enseignes Enzer et Carey dont les cadavres ne seront jamais retrouvés. Ils ont certainement été victimes de défectuosités de leurs appareils de plongée.

Néanmoins le résultat est concluant. Satisfait, Fell avec tout son monde se rapproche de la future zone d'action et rejoint Susic Bay, sur la côte occidentale des Philippines, où l'amiral Fife a son PC. Il y découvre une évolution qui ne peut que le réjouir. Non seulement l'amiral a entériné ses préparatifs mais encore son état-major se montre gourmand. Ayant trouvé son chemin de Damas quant aux Midgets, cet état-major a préparé plusieurs autres plans d'opérations. L'un de ceux-ci envisage une attaque des croiseurs lourds japonais *Takao* et *Myoko*, ancrés dans le détroit de Johore au nord de l'île de Singapour. Le *Takao* a été sérieusement endommagé le 5 novembre 1943 à Rabaul (Nouvelle-Bretagne). Remis en état, il a de nouveau subi des avaries en février 1945. Les Japonais ont pris la décision de l'utiliser, avec le *Myoko*, comme plate-forme flottante de DCA dans le détroit de Johore. Les services de renseignements américains estiment que les deux navires, à quelques détails près, sont toujours en mesure de reprendre la mer. Ces deux croiseurs représentent l'ultime menace navale nippone d'importance après la disparition du cuirassé *Yamato* en avril 1945. La décision a été prise de les faire neutraliser par des Midgets. Décision ne pouvant qu'enflammer Fell et ses compagnons.

Le *Bonaventure* avec ses XE est arrivé à Susic Bay le 20 juillet. A cette date, les sous-marins remorqueurs habituels ne sont pas disponibles. A défaut, des sous-marins de la 8e flottille sont équipés de moyens de remorquage tandis que les ultimes détails sont mis au point.

Trois détachements sont constitués:

Les XE 1 (lieutenant de vaisseau Smart) et XE 3 (lieutenant de vaisseau Fraser), remorqués par les sous-marins *Spark* et *Stygian*, iront attaquer les deux croiseurs dans le détroit de Johore le 31 juillet.

L'XE 4 (lieutenant de vaisseau Shean [1]), remorqué par le sous-marin *Spearhead*, ira couper les câbles Saigon-Singapour et Saigon-Hong Kong.

L'XE 5 (lieutenant de vaisseau Newton), remorqué par le *Selene*, ira couper le câble direct Hong Kong-Singapour.

Quatre Midgets sont ainsi engagés dans une opération qui rappelle par son ampleur celle contre le *Tirpitz* en 1943 [2].

Les explosifs, les couteaux coupe-câbles vérifiés, les équipages embarquent. Que leur réserve l'avenir? Ils peuvent être contraints d'abandonner leurs bâtiments et être obligés de gagner un rivage et une jungle aux mains des Japonais. Un univers hostile les attend où ils sont malgré tout en droit d'escompter trouver des complicités et des appuis auprès des «indigènes».

Pour faire face, chacun est muni d'un «Escape Kit» (Kit de survie) avec 48 heures de vivres, du matériel médical, des allumettes et divers ingrédients contre les sangsues, moustiques et autres insectes. Le lot comporte deux écharpes en soie. Sur l'une est imprimé l'Union Jack et, en trois ou quatre langues, de courtes phrases:

«*Je suis un ami !*»

«*J'ai faim!*»

«*S.V.P. aidez-moi à gagner un territoire britannique.*»

Sur l'autre est reportée une carte de la Malaisie avec les principales routes.

On trouve encore un poignard, un imperméable, un coupe-coupe, du matériel de pêche et un Colt 45. Des boussoles ont été serties dans des boutons ou cousues dans la visière d'une

---

1. Le 11 avril 1944, Shean commandant l'X 24 avait pénétré dans le port norvégien de Bergen occupé par les Allemands et coulé le forceur de blocus *Barenfeld* de 7 690 tonnes.

2. Cf. tome 1, chap. XXI.

casquette. Rien n'a été oublié. Il y a même une capsule de cyanure en cas de capture par les Japonais.

*

L'escale de Susic Bay est brève. Le vrai départ intervient le 26 juillet depuis Brunei dans le nord de Bornéo reconquis par les Américains. A bord des XE 1 et XE 3 remorqués par les sous-marins *Stygian* et *Spark*, des équipages provisoires assurent le convoyage. Leur rôle obscur et ingrat est essentiel. Il permet aux opérationnels d'arriver à peu près dispos dans leurs zones d'action. Un déplacement en Midget est toujours physiquement épuisant.

Les changements de personnel se produisent le 29 à 23 heures. Le lendemain à 6 heures les amarres sont larguées. Les remorqueurs se retirent un peu au large pour attendre le rendez-vous du retour. Les deux Midgets se situent alors près de l'extrémité orientale de l'île de Singapour par le travers de la Pointe de Changi. Le *Takao* et le *Myoko* sont à quelque 70 kilomètres de là.

Le détroit de Johore qui sépare l'île de Singapour de la péninsule malaise est un long bras de mer de cinq kilomètres de largeur en moyenne. Les repères terrestres ne manquent pas. Le cap est relativement facile à suivre sous réserve de ne pas oublier que la navigation se passe dans des eaux japonaises. Des bâtiments nippons montent et descendent le détroit. A un moment l'XE 3 doit plonger précipitamment pour éviter un gros pétrolier.

L'entrée du port où est ancré le *Takao* est ouverte, à cause des allées et venues. L'XE 3 s'y glisse le 31 à 9 heures du matin et s'enfonce dans le mouillage japonais. Au périscope le lieutenant de vaisseau Fraser découvre assez vite son objectif. Le croiseur est amarré près du rivage, sa poupe tournée vers Singapour. C'est un bâtiment de belle taille, assez haut sur l'eau, paraissant bien armé et ayant derrière lui un passé. Il fut navire amiral durant la bataille de Guadalcanal, les 12 et 13 décembre 1942, entre Savo et Guadalcanal[1]. Ses tourelles de tir se dissimulent sous des filets de camouflage qui brisent les formes du bâtiment et en modifient la silhouette.

---

1. On sait que le détroit entre les deux îles où se déroula la bataille fut dénommé le *Fond de la ferraille* vu le nombre de navires engloutis : 2 croiseurs légers, 4 destroyers américains – 1 cuirassé et 2 destroyers japonais.

Fraser a longuement contemplé le navire. Avant de plonger, il tient à le faire découvrir à son équipage. Un à un ses trois compagnons défilent à la lunette pour étudier ce qu'ils ont mission de neutraliser.

A plusieurs reprises, durant son approche, le petit submersible racle les fonds. Il est 14 heures lorsqu'il touche la coque du *Takao* et se place en bonne position pour déposer son premier lot d'explosifs, six limpets [1] transportés sur bâbord. (Une charge de 2 tonnes étant sur tribord.) Tout se déroule correctement. Les choses se gâtent avec les opérations pour mettre en place les limpets. La marée descend. Le plongeur, le matelot James Magennis, ne parvient qu'à ouvrir le quart de l'écoutille du compartiment Wet and Dry et peine pour s'extraire du Midget. Nullement découragé, il dégonfle une partie de son appareil respiratoire, se tortille et réussit à sortir. Ses ennuis ne sont pas terminés. La coque du *Takao* est recouverte de sécrétions marines de toutes natures rendant la pose des limpets laborieuse et pénible. Après avoir plaqué ses six limpets, Magennis regagne le Wet and Dry complètement épuisé. Durant toute sa sortie il a pris de terribles risques. Son masque respiratoire dégageait un flot régulier de grosses bulles d'air. De quoi être repéré.

Magennis rentré à bord, Fraser manœuvre à nouveau son XE 3 et dépose sa charge principale de tribord le long de la coque. Cela fait, il doit se dégager de dessous le croiseur. Mais, avec la marée descendante, le *Takao* s'est enfoncé et Fraser se trouve coincé sous la quille. Non sans sueurs froides, il met plus de 20 minutes pour se dégager, allant de l'avant et de l'arrière, remplissant ou vidant ses réservoirs pour descendre ou monter.

Alors que l'équipage se voit piégé au moment où les explosions se produiront, l'XE 3 enfin se libère et fait surface brutalement, à moins de 50 mètres du *Takao*. Il replonge aussitôt vers les fonds pour se trouver face à un autre incident. Le panier porte-limpets reste verrouillé. Impossible de s'en débarrasser. Il déséquilibre le submersible et entrave sa manœuvre. En dépit de son épuisement, Magennis remet son équipement et après plusieurs minutes de travail à grands coups de masse et de burin, outils emmenés à tout hasard, se déleste de l'encombrant container.

Fraser peut reprendre sa navigation et redescendre le détroit. Le 1er août, à 3 heures 30, il est au rendez-vous avec le *Stygian*.

1. Mine magnétique.

Ses hommes et lui viennent de passer 42 heures sans dormir. Reed, le barreur, n'a pas quitté son poste durant plus de 30 heures et ce sans le moindre repos.

Simultanément l'XE 1 du lieutenant de vaisseau Smart s'efforce d'accomplir à son tour sa mission. Son propre objectif, le croiseur lourd *Myoko*[1], se situe trois kilomètres en amont du *Takao*. Smart doit, en principe, précéder l'XE 3. Il est retardé par des courants et une patrouille maritime alertée par le remue-ménage de Fraser pour se dégager. Il est ainsi confronté à un dilemme : pousser comme prévu jusqu'au *Myoko* ou s'en prendre au *Takao*. La première solution est très risquée vu les délais. Il faut compter avec les ondes de choc provoquées par les explosifs de Fraser qui pourraient détériorer le frêle Midget sur le chemin du retour. Tout bien pesé, Smart opte pour le *Takao*. Gêné à son tour par la marée descendante, il doit se contenter de déposer sur ses flancs une demi-tonne d'explosifs. Le 1er août, à 22 heures 15, il retrouve le *Spark*. Le 3 août, *Stygian* et *Spark* regagnent, sans incidents, leur base de départ.

Les charges ont explosé le 31 juillet à 21 heures 30 non sans déconvenues apparentes. Celles de tribord de l'XE 3 font long feu. Les limpets ouvrent une brèche de 7 mètres sur 3 dans la coque. Toute la partie du navire sous le pont inférieur est inondée et les dégâts sont importants. Les tourelles de tir, les instruments de réglage sont endommagés. Le croiseur étant en eaux peu profondes s'enfonce et repose sur sa quille laissant émerger le pont supérieur. L'observation aérienne est faussée mais ses jours comme pièce majeure de la flotte impériale nippone sont bel et bien terminés. (Après l'armistice, il sera sabordé le 27 octobre 1945 au milieu du détroit de Sumatra.)

Les reconnaissances aériennes ne révèlent donc pas la réalité des dommages causés à la grande déception des auteurs du raid. Le vaillant équipage de l'XE 3 se disposera à repartir sur les lieux les jours suivants. La bombe d'Hiroshima, le 6 août, en décidera autrement.

Retournant en Grande-Bretagne quelques semaines plus tard, Fraser reviendra sur les lieux. Les Japonais ne lui cacheront rien. Ils lui ouvriront largement tous les panneaux pour lui permettre de constater les résultats de son entreprise. Un moment, l'officier britannique éprouvera quelques craintes. Ses anciens adversaires

---

1. Le *Myoko* fut navire amiral durant la bataille de la baie de l'Impératrice Augusta, au sud de Bougainville, le 2 novembre 1943.

n'allaient-ils pas profiter des circonstances pour lui réserver un mauvais sort ? Non ! Appliquant les directives de leur Empereur, les vaincus se montrent empressés et courtois. La guerre était finie.

*

LES CÂBLES

Remorqué par le *Spearhead*, l'XE 4 quitte Brunei le 26 juillet direction l'embouchure de la rivière de Saigon. Après la traversée de la mer de Chine, les remorques sont larguées le 30 à 21 heures et le *Spearhead* regagne la haute mer.

La nuit est rude. Sur sa passerelle, son bâtiment naviguant en surface, le lieutenant de vaisseau Shean est fortement douché et secoué par les vagues. Pour ne pas être emporté, il doit s'arrimer solidement. Dans la journée du 31, les câbles Saigon-Hong Kong et Saigon-Singapour sont localisés avec le grappin. Les plongeurs les sectionnent et rapportent des longueurs d'environ un pied en souvenirs. Puis l'XE 4 se retire vers le *Spearhead*. Les deux bâtiments rejoindront leur base de départ sans incidents le 3 août.

L'XE 5 s'en va de la base de Susic derrière le *Selene* le 27 juillet pour aller couper le câble Hong Kong-Singapour, près de l'île Lamma, immédiatement au sud-ouest de Hong Kong. Durant le remorquage un crochet de l'élingue se rompt. Les deux bâtiments se retrouvent, à grand renfort de fusées éclairantes. Il est possible de réparer mais l'opération est à reporter de 24 heures.

Ce câble Hong Kong-Singapour n'est pas aisé à sectionner. Il court en eaux peu profondes sur une faible distance avant de plonger dans des bas-fonds. C'est là qu'il doit être localisé et coupé, avec les risques inhérents d'être repérés, vu la proximité de Hong Kong. A défaut, dans les fosses, les hommes-grenouilles ne pourraient opérer.

Le premier plongeur, l'enseigne Clarke, se blesse grièvement avec le couteau et le Midget doit faire demi-tour pour transférer son blessé sur le *Selene*. Le second plongeur, l'enseigne Jarvis, se bat durant deux jours dans une boue blanchâtre pour localiser le câble. En désespoir de cause, la tentative est abandonnée le 3 août. Le 6, l'XE 5 regagne Susic Bay avec le *Selene*. L'équipage et son commandant sont désappointés. Ils pensent avoir échoué. Cependant, lorsque les Britanniques réoccuperont Hong Kong, la victoire venue, un mois plus tard, ils découvriront que le Midget par ses allées et venues dans la vase avait gravement détérioré le câble sans espoir de prompte réparation.

*

Le bilan global, *Takao*, câbles, se solde par un résultat positif. La Grande-Bretagne saura le reconnaître et récompenser ses marins.

Fraser, Magennis recevront la Victoria Cross, la plus haute décoration britannique pour bravoure [1]. C'est en se rendant à Londres pour y recevoir sa décoration des mains du roi que Fraser ira se rendre compte des résultats exacts de son exploit.

Les valeureux de l'équipe se verront attribuer la DSO, la DSC [2], et diverses décorations britanniques.

La guerre se termine au moment où d'autres opérations se préparaient. Fraser se disposait à repartir dans le détroit de Johore. Ces marins possédaient un courage exceptionnel. Leurs actions s'affirment de parfaits exemples de commandos bien conduits et bravant toutes les difficultés.

---

1. 1 350 ont été accordées depuis sa création en 1856. (Trois hommes la reçurent deux fois.)
2. Distinguished Service Order, Distinguished Service Cross.

Conclusion

La Seconde Guerre mondiale voit se lever et se développer les unités dites de commandos. Elles n'entraient pas dans le corps de bataille des belligérants le 3 septembre 1939, à l'ouverture des hostilités. Le 15 août 1945, date de la capitulation japonaise, elles comptent parmi les troupes d'élite reconnues et célébrées.

La devise du SAS du colonel anglais Stirling est leur maître mot : « Qui ose gagne ! » Des combattants d'un style nouveau, entraînés, motivés, frappent par surprise et toujours avec audace.

Rapporter toutes les opérations de commandos de la Seconde Guerre mondiale nécessiterait plusieurs tomes d'une volumineuse encyclopédie. L'auteur a donc été contraint de sélectionner les faits d'armes les plus représentatifs et parfois les plus connus. Ce choix, qui peut prêter à discussions, ne saurait faire oublier tous les autres, très nombreux, quel que soit le camp.

Presque tous les pays ont mis sur pied des unités de commandos et les ont lancées dans la bataille pour des missions d'intérêt stratégique ou tactique suivant le fil de la guerre. Le Japon compris. Ainsi ce coup de main de 300 parachutistes nippons largués sur un PC divisionnaire américain dans l'île de Leyte aux Philippines en novembre 1944 (Opération « WA ».) Evoquant les Japonais, on peut s'étonner du silence autour des kamikazes. Il est à en rappeler la raison. Ces condamnés sans espoir de retour ne sauraient s'assimiler à des commandos. Des commandos portent leurs coups avec l'intention bien ancrée de revenir et d'en porter de nouveaux. Tel n'est pas l'esprit des kamikazes même si leur sacrifice est respectable.

Dans cette apparition des commandos, deux pays s'affirment nettement en pointe : la Grande-Bretagne et l'Allemagne. Des SAS de Stirling aux commandos de Lovat, la première développe des unités qui répondent certainement à des qualités nationales, résistance physique, goût de l'exploit individuel. La seconde avec les Brandebourgeois de l'Abwehr ou les Jagverbände de Skorzeny s'appuie largement sur le nationalisme et l'idéologie, armes à double tranchant.

Les deux grands, par contre, manifestent une certaine réserve. Les Américains ne constituent que quelques unités de Rangers. Ils n'apprécient pas les opérations trop risquées. Ils veillent sur leurs GI's et préfèrent avant tout la puissance du feu (puisqu'ils en disposent). Le régime soviétique ne prédispose pas à l'individualisme et aux actions personnalisées. L'Armée rouge avance en gros bataillons méprisant les pertes. Elle ignore les méandres des commandos. Les Français, assez tard venus, sauf pour les hommes de Bergé, s'affirment sans complexes, unissant l'intelligence au courage.

Les commandos et leurs méthodes soulèvent des problèmes juridiques. Ainsi le port d'un uniforme ennemi est-il conforme aux conventions internationales ? Celles-ci répondent non. En conséquence de quoi les faux Américains de Skorzeny sont passés par les armes.

L'après-guerre fait découvrir que ce port de l'uniforme ennemi n'avait pas été à sens unique. Les tribunaux militaires alliés apportent une modification à l'article 23 de la Convention de La Haye de 1907. Il en ressort :

« *Le rôle des commandos ne doit pas être de mener sous l'uniforme ennemi des opérations offensives, mais de saisir et d'occuper sans combat, derrière les lignes ennemies, des objectifs importants tels que ponts, cols, raffinerie de pétrole, etc... De les défendre contre toute attaque ennemie et d'empêcher leur destruction.*

Les commandos ne peuvent utiliser l'uniforme ennemi que pour des entreprises sans combat et pour s'approcher de leurs objectifs derrière les lignes ennemies. S'ils se trouvent obligés de combattre, ils doivent, avant d'ouvrir le feu, se faire reconnaître de l'ennemi comme soldats de leurs propres forces combattantes.

Les commandos agissant selon ces principes ne violent pas le droit international.

Tout membre de commando fait prisonnier en uniforme ennemi sera considéré comme espion s'il a, sous cet uniforme, recherché et obtenu des renseignements. S'il a, sous l'uniforme ennemi, pris part au combat, ou simplement ouvert le feu, il s'est rendu coupable d'un crime de guerre et peut être condamné en conséquence. »

Ce texte ne doit pas faire illusion. Son application pratique reste utopique. Peut-être à l'époque les Britanniques voulaient-ils couvrir certains de leurs actes comme ceux de Leigh-Farmor et Stanley-Moss. Ces deux agents du SOE avaient revêtu des tenues de la Feldgendarmerie pour enlever le général Kreite et avaient ensuite repris leurs battle-dress.

Dans leurs déguisements, dans leurs procédés, les commandos continueront encore longtemps à poser débats.

Il est un domaine où ne s'élève pas la contestation. Les commandos de la Seconde Guerre mondiale ont pour eux leur sélection sévère, leur entraînement rigoureux, leur savoir-faire professionnel. Dominant l'ensemble, ils possèdent une foi et un héroïsme qui font d'eux des soldats exceptionnels prêts à tout pour remplir leur mission.

Dans cette Seconde Guerre mondiale qui révèle l'utilisation d'armes et de matériels de destruction de plus en plus sophistiqués, l'apparition de bombardements aériens intensifs sans souci des populations, les massacres méthodiques de millions de civils innocents, le recours à l'arme atomique, paradoxalement, le commando reste peut-être le combattant qui donne le plus à la lutte sans merci un visage humain.

Cornaudric, 2000-2001.

1943

8 septembre. Capitulation italienne

1944

26 avril. Enlèvement du général Kreite près d'Héraklion
Premier commando héliporté en Birmanie

25 mai. Commando allemand contre Tito en Yougoslavie

5 juin. Prise de Rome par les Alliés

6 juin. Débarquement allié en Normandie
Commandos alliés contre :
- Le Pont de Benouville
- La Batterie de Merville
- La Pointe du Hoc
- Ouistreham

17 juin. Conquête de l'île d'Elbe

20 juillet. Attentat contre Hitler

30 juillet. Entrée des Américains dans Avranches

15 août. Débarquement allié en Provence

25 août. Libération de Paris

4 septembre. Commando français contre Sennecey-le-Grand

1er novembre. Débarquement allié sur l'île de Walcheren

16 décembre. Début de l'offensive allemande dans les Ardennes

1945

9 janvier. Débarquement américain à Luçon (Philippines)

30 janvier. Commando américain sur Cabanatuan

3 février. Les Américains dans les faubourgs de Manille

16 février. Saut des parachutistes américains sur Corregidor

23 février. Commando aéroporté sur Los Banos

7 mars. Prise du pont de Remagen par les Américains

9 mars. Commando naval allemand sur Granville

30 avril. Mort de Hitler

8 mai. Capitulation allemande

31 juillet. Commando sous-marin britannique sur Singapour

6 août. Bombe atomique sur Hiroshima

15 août. Capitulation japonaise

Annexes

SPECIAL SERVICE GROUP
(Maj. Gen. R.G. Sturges)

1. SPECIAL SERVICE BRIGADE	2. SPECIAL SERVICE BRIGADE	3. SPECIAL SERVICE BRIGADE
(Brig. Lord Lovat)	(Brig. T.D.L.C. Churchill)	(Brig. D.I. Nonweiler)
N° 3 Commando	N° 2 Commando	N° 1 Commando
N° 4 Commando	N° 9 Commando	N° 5 Commando
N° 6 Commando	N° 40 (Royal Marine) Commando	N° 42 (Royal Marine) Commando
N° 45 (Royal Marine) Commando	N° 43 (Royal Marine) Commando	N° 44 (Royal Marine) Commando
(Grande-Bretagne)	(Italie)	(Inde)

4. SPECIAL SERVICE BRIGADE
(Brig. B.W. Leicester)
N° 41 (Royal Marine) Commando
N° 46 (Royal Marine) Commando
N° 47 (Royal Marine) Commando
N° 10 (Inter-Allied) Commando (Remplacé par le N° 48 Royal marine)
(Grande-Bretagne)

Ordre de bataille d'un Commando – Effectif théorique 460.
Chef de corps – un lieutenant-colonel
Adjoint – un major

Cinq Troops à deux sections de 31.
Une Troop d'armes lourdes de 39 (une section mortier, une section mitrailleuse).
(Chaque Troop commandée par un capitaine.)

Avec les unités spécialisées (Special Boat Unit, Commando du génie), les Commandos britanniques du SPECIAL SERVICE GROUP représentent un effectif global d'environ 6000 hommes, de loin supérieur à celui des unités américaines ou allemandes similaires.

Il convient aussi d'y adjoindre les SAS.

Les Rangers américains de la Seconde Guerre mondiale

1er Bataillon

Formé en juin 1942 à Carrickfergus (Irlande du Nord).

Participe au débarquement du 8 novembre 1942 en AFN, à la campagne de Tunisie, aux opérations en Sicile. Débarque à Salerne en septembre 1943. Entièrement décimé à Anzio en janvier 1944.

2e Bataillon

Formé à Camp Forrest dans le Tennessee en avril 1943.

Sera le bataillon de la Pointe du Hoc avant Brest, les Ardennes et la Tchécoslovaquie.

3e Bataillon

Combat en Sicile et en Italie. Sera à Anzio.

4e Bataillon

Formé en AFN en mai 1943.

Participe aux débarquements en Sicile et Italie. Eprouve 50 % de pertes à Anzio.

5e Bataillon

Formé à Camp Forrest.

Sera en Normandie, dans les Ardennes, sur le Rhin et en Europe centrale.

6e Bataillon

Formé à Hollandia en Nouvelle-Guinée.

Effectuera des débarquements préliminaires pour acquérir des positions stratégiques avant la reconquête des Philippines en octobre 1944. Participera à la libération du camp de prisonniers de Cabanatuan le 30 janvier 1945.

Dans l'ensemble, ces unités de Rangers seront utilisées comme infanterie de choc et en quelques occasions pour des infiltrations de reconnaissance profonde (cas du 5e Bataillon).

1. SAS

2e RCP, précédemment 4e SAS SQUADRON, avec pour noyau originel les Anciens du French Squadron SAS de Libye.
Créé le 1er avril 1944, sous les ordres du commandant Bourgoin.
Saute en Bretagne en juin 1944, puis en Hollande après les combats de la Libération de la France.

3e RCP, précédemment 3e BIA, puis 3e SAS SQUADRON.
Créé le 1er avril 1944 sous les ordres du commandant Chateau-Jobert (*Conan*).
Saute, en plusieurs détachements, dans le centre de la France, en août 1944 puis en Hollande avec le 2e RCP.

Les deux régiments sont organisés en trois Squadrons, un Squadron Jeep, un Squadron de commandement. Effectif de chacun, environ 500 hommes.

2. BATAILLON DE CHOC (ultérieurement 1er Bataillon de Choc)

Créé en juin 1943 à Staoueli (Algérie), sous les ordres du commandant Gambiez, en vue de constituer une unité susceptible d'apporter une assistance spécifiquement militaire à la Résistance métropolitaine.
Composé de volontaires des trois Armes et d'évadés de France.
Joue un rôle essentiel dans la libération de la Corse en septembre 1943.
Participe à la conquête de l'île d'Elbe avant le débarquement de Provence et les durs combats de la Libération.
Quatre compagnies de combat, une compagnie de commandement.
Effectif théorique : environ 700.

3. GROUPE DE COMMANDOS D'AFRIQUE

Créé en juillet 1943 à Dupleix (Algérie), sous les ordres du commandant Bouvet, en vue d'actions sur les arrières de l'ennemi, de coups de main et d'opérations amphibies.

Composé d'anciens du Corps Franc d'Afrique, de volontaires des troupes d'AFN, d'évadés de France et de Tirailleurs indigènes d'Algérie et du Maroc.

Jouera, lui aussi, un rôle essentiel dans la conquête de l'île d'Elbe avant le débarquement de Provence et les combats de la Libération et d'Allemagne.

Un commando de commandement.

Un commando lourd.

Trois commandos.

Effectif théorique prévu le 1er août 1944 : 1061.

4. GROUPE DE COMMANDOS DE FRANCE

Créé en juin 1944 sous le commandement d'Henri d'Astier de La Vigerie, à Sidi-Ferruch (Algérie), dans le même esprit que le Bataillon de Choc avec des volontaires des trois Armes d'AFN et des évadés de France.

Débarquera en Provence le 17 août.

Toutes les unités de commandos ont reçu en Angleterre ou en AFN une formation spécialisée : combat rapproché, explosifs, parachutage, débarquement.

Par la suite, d'autres unités issues de la Résistance (Bataillon de Gayardon, Commandos de Cluny, de Courson) prendront le nom de Bataillon de choc mais, faute de l'entraînement voulu, ne pourront s'assimiler à un véritable commando. Cette réserve n'enlève rien à leur ardeur et à leur héroïsme.

LES MIDGETS

	BIBER	MOLCH	SEEHUND
Longueur	7,6 m	8,3 m	11,9 m
Tonnage	6,5 t	11 t	14,7 t
Vitesse maximum en surface	12 km/h	8 km/h	14,7 km/h
Vitesse maximum immergé	9,8 km/h	9, 25 km/h	11 km/h
Rayon d'action en surface	240 km	92,5 km	480 km
Rayon d'action immergé	14 km	64 km	100 km
Armement (Torpille 533 mm)	2	2	2
Equipage	Un	Un	Deux
Fabriqués	324	363	285

CANOTS TORPILLEURS LINSE

Longueur	5,75 m
Tonnage	1,3 t
Vitesse	55-56 km/h
Charge	300-400 kg
Equipage	Un

TORPILLES ÉQUIPÉES

	NEGER	MARDER
Longueur	7, 6 m	8,3 m
Tonnage	2,8 t	3 t
Vitesse (Surface)	6,4 km/h	6,4 km/h
Armement (Torpille 533 mm)	1	1
Equipage	Un	Un
Fabriqués	200	300

Description sommaire de l'armement des Commandos de la Seconde Guerre mondiale

PA

COLT 45 (US)

Alimentation (chargeur)	Calibre (en mm)	Cadence coups/minute	Poids (kilos)
7	11,43	–	1,130

PM

STEN (G.-B.)

Alimentation (chargeur)	Calibre (en mm)	Cadence coups/minute	Poids (kilos)
32	9	500	2,950

THOMSON (U.S.)

Alimentation (chargeur)	Calibre (en mm)	Cadence coups/minute	Poids (kilos)
30	11,43	700	4,8

MP 40 (Allemagne)

Alimentation (chargeur)	Calibre (en mm)	Cadence coups/minute	Poids (kilos)
32	9	500	3,7

FM et MITRAILLEUSES

FM BREN (G.-B.)

Alimentation (chargeur)	Calibre (en mm)	Cadence coups/minute	Poids (kilos)
30	7,7	500	10,150

FM BAR (U.S.)

Alimentation (chargeur)	Calibre (en mm)	Cadence coups/minute	Poids (kilos)
20	7,62	500	7,280

MG 34 (Allemagne)

Alimentation (chargeur)	Calibre (en mm)	Cadence coups/minute	Poids (kilos)
Bande - 50	7,92	800-900	12,100

MG 42 (Allemagne)

Alimentation (chargeur)	Calibre (en mm)	Cadence coups/minute	Poids (kilos)
Bande - 50	7,92	900-1200	11,500

K GUN (G.-B.)

Alimentation (chargeur)	Calibre (en mm)	Cadence coups/minute	Poids (kilos)
Chargeur circulaire de 96	7,7	1000	11,500

GRENADES

MILLS (G.-B.)	Défensive
GAMMON (G.-B.)	Percutante
W.P. SMOKE (U.S.)	Incendiaire

ENGINS ANTICHARS

P I A T (G.-B.)	Poids 14,5 kg
PANZERFAUST (Allemagne)	Poids 6,8 kg
BAZOOKA (U.S.)	Poids 5 kg

Tous avec roquette à charge creuse, portée pratique maximum 80 m, perçant de 100 à 200 mm de blindage.

Bibliographie

ADELIN Louis, *Get in! Get in!* Bas Printers Ltd., 1994
AMBROSE Stephen, *Pegasus Bridge*, Simon and Schuster, New York, 1985
BELOTE J.-M. et CORREGIDOR W.-M., *La forteresse perdue et reconquise*, Robert Laffont, 1969
BERBEN Paul, *L'attentat contre Hitler*, Robert Laffont, 1962
BERNARD H. et GHEYSENS R., *La bataille des Ardennes*, Editions Duculot (Belgique), 1984
BLOND G., *Le Débarquement*, Fayard, 1951
BOLLORÉ Gwennaël, *Commando de la France Libre*, France-Empire, 1983
BOUVET Col., *Ouvriers de la première heure*, Berger-Levrault, 1954
CARELL Paul, *Ils arrivent*, Robert Laffont, 1962
CHAPPELL Mike, *Army Commandos*, Osprey Publishing, 1996
CHATEAU-JOBERT, *Feux et Lumière sur ma trace*, Presses de la Cité, 1978
CHINNERY D. Philip, *Air Commando*, St. Martin's Paperbacks, New York, 1997
CHURCHILL Winston, *Mémoires de la Seconde Guerre mondiale*, 10 tomes, Editions de la Palatine, 1950
COGAN Frances, *Captured*, The University of Georgia Press, 2000
CORTA Henri, *Les Bérets Rouges*, Amicale SAS, 1952
DEPLANTE Henri, *La liberté tombée du ciel*, Editions Ramsay, 1977
FLAMAND R., *Paras de la France Libre*, Presses de la Cité, 1976
FLANAGAN G.I., *Corregidor*, Presidio Press, 1988
Angels at Dawn, Presidio Press, 1999
FLOWER D. et REEVES J., *The Taste of courage*, Harper and Brothers, New York, 1960
FOLEY Charles, *Commandos extraordinaires*, France-Empire, 1955
GARRETT Richard, *The Raiders*, Van Nostrand Reinhold Company, 1980
GMELINE P. DE, *Commandos d'Afrique*, Presses de la Cité, 1980
GOLLEY J., *La nuit des canons de Merville*, Presses de la Cité, 1986
HOWARTH David, *6 Juin à l'aube*, Presses de la Cité, 1959
HOWARTH Patrick, *Undercover. The Men and Women of the SOE*, Phoenix Press, London, 2000
HUGÈDE Norbert, *Le Commando du pont Pégase*, France-Empire, 1985
INFIELD Glenn B., *Skorzeny, chef des Commandos de Hitler*, Pygmalion, 1984

KEMP Anthony, *Pegasus Bridge*, Editions Mémorial, 1995
KEMP Paul, *Underwater Warriors*, Cassell Military Paperbacks, 1996
KIEFFER Commandant, *Béret Vert*, France-Empire, 1969
LADD D. James, *SBS*, Arms and Armour Press, 1983
LANDAU A. and F., *US Special Forces*, M.B.I. Publishing Company, 1999
LANE Ronald Lt.-Col., *Les Rangers à l'assaut de la Pointe du Hoc*, Heimdal, 1980
LA SIERRA Raymond, *Le Commando du 6 Juin*, Presses de la Cité, 1983
LATTRE DE TASSIGNY Gal., *Histoire de la Première Armée française*, Plon, 1949
LEAVENWORTH, *Papers*, Studies Institute, June 1985
LE MIRE Henri, *Histoire des parachutistes français*, Albin Michel, 1980
LOVERDO COSTA D., *Les maquis rouges des Balkans*, Stock, 1987
LUCAS James, *Kommando*, Cassell Military Classics, 1985
MARINE NATIONALE, *Historique de la Combattante*, 1971
MC RAVEN William, *Spec Ops*, Presidio Press, 1995
MILLOT Bernard, *La Guerre du Pacifique*, deux tomes, Robert Laffont, 1968
MONTAGNON Pierre, *La Grande Histoire de la Seconde Guerre mondiale*, 10 tomes, Pygmalion, 1990-1996
MORDAL Jacques, *Hold-Up naval à Granville*, France-Empire, 1964
MUELLE Raymond, *Le Premier Bataillon de choc*, Presses de la Cité, 1977
Le grand Commando, Presses de la Cité, 1988
NOBÉCOURT Jacques, *Le dernier coup de dés de Hitler*, Robert Laffont, 1962
O'DONNELL Patrick, *Beyond valor*, The Free Press, New York, 2000
O'NEILL Richard, *Suicide Squads*, Salamander Book, 1981
ROBICHON R., *Le Débarquement de Provence*, Robert Laffont, 1962
RYAN Cornelius, *Le Jour le plus long*, Robert Laffont, 1960
SAUNDERS Hilary Saint George, *The Red Beret*, Michael Joseph, 1956
SEGERS G. Carlo, *Donnez-nous un champ de bataille*, Didier Hatier, 1984
SHILLETO Carl, *Pegasus Bridge, Merville Battery*, Lee Cooper, 1999
SKORZENY Otto, *La Guerre inconnue*, Albin Michel
STANLEY-MOSS W., *Ill met by Moonlight*, Harrap and Co, 1950
STEIN G., *La Waffen SS*, Stock, 1966
STRAWSON John, *Le Régiment SAS*, France-Empire, 1985
SUTHERLAND David, *He who dares*, Leo Cooper Ltd., 1999
TOLAND John, *Hitler*, deux tomes, Pygmalion, 1978
WARLIMONT Gal., *Cinq ans au GQG de Hitler*, Elsevier-Sequoia, 1975

Vie et mort des Français, Tallandier, 1980
SERVICE HISTORIQUE ARMÉE DE TERRE, Vincennes.
Archives : *Bataillon de Choc*
Groupe de Commandos d'Afrique
Commandos de France

Index

TABLE

Annexes

DU MÊME AUTEUR

CHEZ LE MÊME ÉDITEUR

La France dans la guerre de 39-45
(prix littéraire 2010 de la Saint-Cyrienne)

•

Dictionnaire de la Seconde Guerre mondiale

•

Dictionnaire de la colonisation française

•

La Grande Histoire de la Seconde Guerre mondiale
10 volumes
1. De Munich à Dunkerque
(Septembre 1938-Juin 1940)

•

2. De l'Armistice à la guerre du désert
(Juin 1940-Juin 1941)

•

3. De l'invasion de l'URSS à Pearl Harbor
(Juin 1941-Décembre 1941)

•

4. Des premières victoires du Japon à Stalingrad et El-Alamein
(Déc. 1941-Nov. 1942)

•

5. Du débarquement allié en AFN à l'invasion de l'Italie
(Nov. 1942-Oct. 1943)

•

6. 6 juin 1944 : le Jour J. Genèse, déroulement, conséquences
(Oct. 1943-Juil. 1944)

•

7. De la reconquête des Philippines à la bataille des Ardennes
(Juil. 1944-Déc. 1944)

•

8. De l'assaut final contre le Japon à la capitulation du IIIe Reich
(Janv. 1945-Mai 1945)

•

9. De la décomposition du IIIe Reich à Hiroshima et à la chute du Japon
(Mai 1945-Sept. 1945)

•

10. Du procès Laval au jugement de Nuremberg
(Sept. 1945-Oct. 1946)
Également disponibles en 2 tomes, collection « Multipages »
Tome 1. Septembre 1938 à Octobre 1943
Tome 2. Octobre 1943 à Octobre 1946

•

France-Indochine
Un siècle de vie commune (1858-1954)

•

Histoire de la Légion
De 1831 à nos jours

DU MÊME AUTEUR

CHEZ LE MÊME ÉDITEUR

Histoire de l'Algérie
Des origines à nos jours
•
Histoire de l'Armée française
Des milices royales à l'armée de métier
•
Histoire des Commandos
1939-1943*
•
Histoire des Commandos
1944-1945**
•
Histoire des Commandos
1945 à nos jours***
•
La Conquête de l'Algérie
Les germes de la discorde
1830-1871
•
L'affaire Si Salah
Un récit témoignage vécu sur la guerre d'Algérie
•
La France coloniale
Tome 1. La Gloire de l'Empire
Tome 2. Retour à l'Hexagone
•
La Guerre d'Algérie
Genèse et engrenage d'une tragédie
(Ouvrage couronné par l'Académie française)
•
Les maquis de la Libération
1942-1944
•
Les parachutistes de la Légion
1948-1962
•
Pas même un caillou
Pages écrites en 1962 en Algérie dans la passion du moment
•
42, rue de la Santé
Une prison politique – 1867-1968
•
Saint-Cyr
Deux siècles au service de la France
Prix Jacques Chabannes, 2003
•
Légionnaires d'hier et d'aujourd'hui
1831-2010

Cet ouvrage a été achevé d'imprimer en août 2011
sur les presses de Normandie Roto Impression s.a.s.
61250 Lonrai
N° d'imprimeur : 112963
N° d'édition : L.01EUCN000433.N001
Dépôt légal : septembre 2011

Imprimé en France